O JOGO
DOS OLHOS

ELIAS CANETTI

O JOGO DOS OLHOS

História de uma vida
1931-1937

Tradução
Sergio Tellaroli

COMPANHIA DE BOLSO

Copyright © 1985 by Carl Hanser Verlag München Wien.

Grafia atualizada segundo o Acordo Ortográfico da Língua Portuguesa de 1990,
que entrou em vigor no Brasil em 2009.

Título original
Das Augenspiel: Lebensgeschichte: 1931-1937

Capa
Jeff Fisher

Imagem da capa
© Popperfoto/ Getty Images
Uma cena de Viena, café e dança no parque, *c.* 1930

Preparação
Mário Vilela

Revisão
Adriana Moretto
Renato Potenza Rodrigues

Atualização ortográfica
Verba Editorial

Dados Internacionais de Catalogação na Publicação (CIP)
(Câmara Brasileira do Livro, SP, Brasil)

Canetti, Elias, 1905-1994
    O jogo dos olhos : história de uma vida 1931-1937 / Elias
Canetti ; tradução Sergio Tellaroli. – São Paulo : Companhia
das Letras, 2010.

    Título original: Das Augenspiel: Lebensgeschichte.
    ISBN 978-85-359-1767-3

    1. Autores austríacos — Século 20 — Biografia 2. Canetti,
Elias, 1905-1994. I. Título.

10-10506   CDD-833.912

Índice para catálogo sistemático:
1. Escritores austríacos : Literatura austríaca em alemão :
    Biografia 833.912

2010

Todos os direitos desta edição reservados à
EDITORA SCHWARCZ LTDA.
Rua Bandeira Paulista, 702, cj. 32
04532-002 — São Paulo — SP
Telefone: (11) 3707-3500
Fax: (11) 3707-3501
www.companhiadasletras.com.br

Para Hera Canetti

SUMÁRIO

I. O CASAMENTO
Büchner no deserto *9* • Olho e respiração *24* • O início de um antagonismo *37* • O regente *48* • Troféus *57* • Estrasburgo, 1933 *63* • Anna *73*

II. DR. SONNE
Um irmão gêmeo de presente *94* • A "estátua negra" *104* • Silêncio no Café Museum *118* • Comédia em Hietzing *121* • A descoberta do homem bom *131* • Sonne *140* • A Operngasse *159*

III. O ACASO
Musil *172* • Joyce sem espelho *180* • O benfeitor *187* • Os ouvintes *195* • O funeral de um anjo *206* • Alta instância *212*

IV. GRINZING
Himmelstrasse *220* • A última versão *228* • Alban Berg *236* • Encontro no Bar Liliput *241* • O exorcismo *246* • A fragilidade do espírito *255* • Convidados aos Benedikt *260* • "Estou procurando meus iguais!" *269* • Uma carta de Thomas Mann *276* • Ras Kassa. O berreiro *282* • O bonde nº 38 *287*

V. A SÚPLICA
Reencontro inesperado *293* • A Guerra Civil espanhola *298* • Conferência na Nussdorferstrasse *306* • Hudba. Camponeses dançando *314* • Morte da mãe *326*

Sobre o autor *337*

I. O CASAMENTO

BÜCHNER NO DESERTO

Kant fängt Feuer [Kant pega fogo] — assim se chamava, então, o romance* — deixara-me desolado. A queima nos livros era algo pelo qual não podia me perdoar. Não acredito que ainda lamentasse por Kant (o posterior Kien). Tanto mal fora-lhe infligido ao longo de todo o trabalho no livro, eu havia me atormentado tanto a fim de reprimir minha compaixão por ele — não me permitindo demonstrá-la nem mesmo da forma mais velada —, que pôr um fim a sua vida pareceu-me, do ponto de vista do escritor, sobretudo uma redenção.

Para essa libertação, porém, haviam sido empregados os livros, e que *estes* se consumissem em chamas foi para mim como se fosse eu próprio a arder. Sentia-me como se tivesse sacrificado não apenas meus livros, mas também os do mundo inteiro, já que a biblioteca do sinólogo continha tudo o que havia de importante para o mundo: os livros de todas as religiões, de todos os pensadores, os da totalidade das literaturas orientais, os das ocidentais que tivessem conservado em si um mínimo que fosse de vida. Tudo isso fora consumido pelo fogo, e eu permitira que assim fosse sem ao menos uma única tentativa de salvar alguma coisa. O que restou foi um deserto, agora nada mais havia além dele. Disso eu era culpado, pois o que se passa num tal romance não é meramente um jogo, mas uma realidade pela qual temos de responder perante nós mesmos, muito mais do que a qualquer crítica vinda de fora; e, ainda que seja um medo de grandes proporções o que nos impele a escrever

---

* Canetti refere-se ao seu romance *Auto de fé*, publicado em alemão com o título *Die Blendung* [O cegamento]. (N. E.)

tais coisas, permanece sempre matéria para reflexão saber se, ao fazê-lo, não estamos ajudando a produzir justamente aquilo que tanto tememos.

A ruína instalara-se, pois, em mim, e dela não conseguia me livrar. Estampara-se já, sete anos antes, com *Die letzten Tage der Menschheit* [Os últimos dias da humanidade, de Karl Kraus]. Agora, porém, havia assumido uma forma bastante pessoal, que brotava das constantes de minha vida: do fogo, cuja conexão com a massa eu reconhecera no 15 de julho, e dos livros, com os quais me relacionava no dia a dia. O que eu emprestara ao protagonista do romance era algo tão essencial que, apesar de nossa diversidade em tudo o mais, e mesmo depois de ele ter já cumprido seu objetivo, não me foi possível tomá-la de volta incólume e impune.

O deserto que criara para mim mesmo começou a cobrir tudo. Jamais senti com maior intensidade a ameaça ao mundo em que vivíamos do que após a ruína de Kien. Mergulhei de volta num desassossego semelhante àquele anterior, sob cujo efeito esboçara a *Comédie Humaine an Irren* [Comédia humana dos loucos], com a diferença de que, nesse meio-tempo, algo decisivo acontecera, e eu me sentia culpado. Tratava-se de um desassossego que não era desprovido do conhecimento de sua própria causa. À noite, mas também durante o dia, eu percorria os mesmos caminhos. A possibilidade de me dedicar a um outro romance, ou mesmo a algum da série outrora planejada, não era mais cogitada: meu enorme intento havia sufocado impiedosamente na fumaça da queima dos livros. Em vez disso, não via agora, onde quer que me encontrasse, nada que não estivesse à beira de uma catástrofe prestes a irromper a qualquer momento.

Cada conversa que entreouvia de passagem parecia a última. Sob pressão terrível e implacável, os acontecimentos marchavam para o que, em momentos derradeiros, tinha de ser. Não obstante, vínculos os mais estreitos uniam os ameaçados ao que lhes sobreveio. Eles haviam conduzido a si mesmos para uma situação da qual não havia escapatória. Tinham-se dado ao peculiar e extraordinariíssimo trabalho de serem *merecedores* da própria ruína. Cada um daqueles cujas conversas eu ouvia parecia-me tão culpado quanto eu mesmo o era, desde que ateara aquele fogo. Porém, à exceção dessa culpa, que, como um éter particular, tudo impregnava sem nada poupar, as pessoas permaneciam exatamente as mesmas, tanto no tom quanto na aparência. As situações em que estavam eram-lhes inconfundivelmente próprias, independentemente daquele que as percebeu e acolheu. Tudo o que este fez foi dar-lhes uma direção e enchê-las de seu próprio medo, como que de um combustível. Cada cena ante a qual o ar lhe faltou, que acolheu com a paixão daquele que percebe, para quem a percepção tornou-se a única razão de ser, terminava em ruína.

Ele as registrou com grande pressa e em letras garrafais, como rabiscos nas paredes de uma nova Pompeia. Ele o fez à maneira dos *preparativos* para a erupção de um vulcão ou para um terremoto: percebe-se que ele virá muito em breve, que nada pode detê-lo, e registra-se o que se passou antes — aquilo que as pessoas faziam, separadas por seus afazeres e circunstâncias, nada suspeitando da proximidade de seu destino, aspirando a atmosfera de asfixia em seu respirar cotidiano e, por isso mesmo, respirando um pouco mais febril e obstinadamente, antes que o destino se tenha efetivamente cumprido. Lancei cena após cena no papel, cada uma possuindo existência autônoma, desconectada das demais, mas todas terminando em ruína brutal, e só por meio desta vinculando-se umas às outras. Hoje, ao examinar o que delas permaneceu, parecem-me como que nascidas das noites de bombardeio da ainda futura Guerra Mundial.

Cena após cena — foram muitas, escritas como que de um só fôlego, com uma pressa obsessiva — conduzia à ruína para, logo em seguida, ter início uma nova, ambientada em meio a outros seres humanos e nada tendo em comum com a anterior, exceto pela *merecida* ruína na qual desembocava. Era como um julgamento indiscriminado que tudo abrangia. Punido com maior rigor foi aquele que se arrogou impor tal julgamento sobre os outros, pois, pretendendo afastá-la, provocou-o. Foi ele quem enxergou o desamor desses seres humanos. Roçou-lhes de leve ao passar, olhou para eles e os abandonou em seguida. Ouviu-lhes a voz, que jamais se perdeu de seus ouvidos; carregou-a adiante, juntando-a às demais, todas igualmente desprovidas de amor; e, quando essas vozes do egoísmo, que preservara consigo, ameaçavam rebentar-lhe a cabeça, lançava no papel, pressionado, as que mais urgiam.

Naquelas semanas, o tormento maior era o quarto na Hagenberggasse. Eu já vivia ali havia mais de um ano, com as fotogravuras do altar de Isenheim. Com seus detalhes impiedosos da crucificação, elas haviam se tornado parte de mim mesmo. Enquanto trabalhei no romance, pareceu-me correta a posição que ocupavam: impelia-me sempre adiante em uma única e mesma direção, um aguilhão implacável. Delas eu *queria* padecer. Não me habituei àquelas gravuras, mas jamais as perdi de vista. Transformaram-se em algo que, aparentemente, nada tinha a ver com elas, pois quem teria sido tão atrevido e louco a ponto de comparar os sofrimentos do sinólogo aos de Cristo? E, no entanto, uma espécie de vínculo se estabelecera entre as gravuras na parede e os capítulos do livro. Precisava tanto daqueles quadros que jamais os teria substituído por outros. Não me deixava perturbar nem mesmo pelo espanto das raras visitas que recebia.

Porém, quando biblioteca e sinólogo já haviam se consumido em chamas, algo estranho aconteceu, algo pelo qual não esperava: Grünewald recuperou toda a sua força. Terminado o trabalho no romance, o pintor continuava ali, por si só. No deserto que eu criara, somente ele permanecia ativo. Quando chegava em casa, horrorizava-me com as paredes de meu quarto: tudo o que sentia de ameaçador tornava-se ainda mais intenso com Grünewald.

Por essa época, era-me impossível encontrar amparo mesmo na leitura. Não se tratava apenas de ter perdido os direitos sobre os livros, uma vez que os havia sacrificado por um romance. Mesmo quando me obrigava a superar esse sentimento de culpa e estendia a mão para apanhar um livro (como se ele ainda existisse, como se não tivesse queimado com os outros, sucumbido), obrigando-me ainda a lê-lo, ele logo me enojava — tanto mais quanto melhor o conhecesse e por mais tempo o amasse. Lembro-me da noite em que, irado, abandonei o Stendhal que, diariamente, ao longo de um ano, animara-me ao trabalho. E não sobre a mesa, mas no chão. Estava tão desesperado com minha decepção que nem ao menos o apanhei de volta: deixei-o ficar ali. De outra feita, tivera a ideia insensata de tentar Gogol, e, então, até mesmo *O capote* pareceu-me pueril e arbitrário: perguntei a mim mesmo o que algum dia me entusiasmara tanto naquela novela. Nenhuma dentre as obras que me eram familiares, aquelas que me formaram, surtia efeito. Com a queima dos livros, talvez tivesse realmente destruído todo o velho. Aparentemente, os volumes estavam ainda todos ali, mas seu conteúdo fora *incinerado*: dele não restava mais nada em mim, e cada tentativa de fazer ressuscitar o que fora reduzido a cinzas despertava raiva e resistência. Após algumas tentativas lastimáveis, todas fracassadas, não os tomei mais nas mãos. A estante com os livros verdadeiros, inúmeras vezes lidos, permaneceu intacta. Era como se eles não estivessem mais ali, eu não os *via* mais, não estendia a mão para apanhá-los — o deserto ao meu redor tornara-se completo.

Então, uma noite, num estado de espírito que não poderia ser mais desesperador, encontrei minha salvação em algo desconhecido, algo que tinha comigo em casa havia muito tempo já, sem jamais tê-lo tocado: um volume de Büchner. Já pela sua posição na estante, era impossível deixar de notar aquele livro alto, em linho amarelo e de tipos grandes, colocado ao lado de uma edição semelhante de Kleist, esta em quatro volumes, dos quais cada letra me era familiar. Soará inacreditável se disser que jamais havia lido Büchner, mas é verdade. Certamente sabia de sua importância, e acredito que soubesse também do quanto ele viria ainda a ser importante para mim. Haviam-se passado, possivelmente, dois anos desde que vira aquele volume na livraria Vienna, na Bognergasse, o comprara, o levara para casa e o colocara ao lado de Kleist.

* * *

Dentre as coisas mais importantes que urdem dentro em nós estão os encontros adiados — trate-se de lugares ou de pessoas, de quadros ou de livros. Existem cidades pelas quais anseio tanto, que é como se estivesse, desde o início, predestinado a passar nelas toda uma vida. Usando uma centena de subterfúgios, evito ir até elas, e cada nova oportunidade de uma visita que se me apresenta intensifica em mim de tal maneira a sua importância, que se poderia pensar que só por elas ainda estou neste mundo, que, não fosse por elas sempre a me esperar, eu teria já de há muito perecido. Existem pessoas sobre as quais gosto que me falem, tanto e com tanta avidez que se poderia pensar que, afinal, sei delas mais do que elas próprias. Contudo, evito ver-lhes um retrato, esquivo-me de qualquer imagem visual, como se pesasse uma justa e particular interdição sobre o conhecer-lhes o rosto. Há, também, pessoas que durante anos encontro ao passar por um mesmo caminho, sobre as quais reflito — pessoas que se me apresentam como enigmas que me são dados a desvendar — e às quais não dirijo palavra: passo mudo por elas, como elas por mim; olhamo-nos com um ar inquiridor, mantendo os lábios solidamente selados. Fico imaginando uma primeira conversa e excita-me a ideia de todas as coisas inesperadas que ela reserva para mim. Por fim, existem pessoas que amo há anos, sem que elas possam suspeitar disso. Envelheço, torno-me cada vez mais velho, e deve certamente parecer uma ilusão absurda a ideia de que algum dia eu venha a falar-lhes de meu amor, ainda que, na imaginação, viva continuamente da expectativa desse momento divino. Sem esses meticulosos preparativos para o futuro, eu não poderia existir: eles são para mim, se perscruto a mim mesmo com rigor, não menos importantes do que as surpresas repentinas que surgem como que do nada e nos subjugam de imediato.

Não é meu desejo nomear os livros para os quais venho ainda me preparando. Dentre eles estão alguns dos mais famosos da literatura mundial, de cuja importância não me permitiria duvidar, uma vez que é consenso entre todos aqueles do passado cujas opiniões foram determinantes para mim. É evidente que, após uma expectativa de vinte anos, um encontro com uma tal obra tornar-se-á algo monumental. Talvez seja essa a única forma possível de lograrmos renascimentos espirituais que nos preservem das consequências da rotina e da ruína. De qualquer maneira, assim foi que eu, então aos 26 anos, já conhecia de havia muito o nome de Büchner, e fazia dois anos tinha em casa um volume extremamente vistoso que continha sua obra.

Uma noite, num momento do mais terrível desespero — estava certo de que nunca mais escreveria, de que nunca mais *leria* algo —, apanhei aquele volume amarelo e o abri ao acaso: deparei com uma cena do *Wozzeck* (era assim que então se grafava esse nome); mais exatamente, aquela em que o Doutor se dirige a ele. Foi como se um raio tivesse me atingido. Li aquela cena e todas as demais do fragmento; reli-o seguidamente — quantas vezes, não o saberia dizer. Foram inúmeras, pois li a noite inteira e nada li daquele volume amarelo além de *Wozzeck*. Voltava sempre ao começo, e numa excitação tal que antes das seis horas da manhã saí de casa e corri até a Stadtbahn. Peguei o primeiro trem para a cidade, precipitei-me pela Ferdinandstrasse e despertei Veza de seu sono.

Ela não havia passado a corrente, e eu tinha a chave da casa. Assim havíamos combinado para o caso de uma eventual inquietação me levar até lá logo de manhã cedo. Todavia, nos seis anos ao longo dos quais já se estendia nosso amor, isso jamais havia acontecido — e, sendo aquela, sob o efeito de Büchner, a primeira vez, Veza só podia ficar alarmada.

Ela respirara aliviada ao término do ano ascético em que eu estivera trabalhando no romance. Dificilmente algum leitor subsequente terá se sentido tão aliviado quanto ela ao ver o macilento sinólogo consumir-se em chamas. Veza temera por novas vicissitudes, pela retomada e prosseguimento das aventuras. Eu havia feito uma pausa de algumas semanas antes de escrever o último capítulo do romance, "O galo vermelho" — uma hesitação que ela, erroneamente, tomou por *dúvida* de minha parte

15

quanto à conclusão. Ela imaginava que Georges, ao partir, seria subitamente tomado por incertezas; que perceberia — tarde, mas a tempo — o verdadeiro estado do seu irmão, Peter.* Como pôde tê-lo deixado sozinho! Saltaria na próxima estação e tomaria o trem de volta. Breve estaria novamente diante da casa, forçando a entrada. Sem maiores delongas, pegaria Peter e o levaria à força para Paris. Ali, este se tornaria um de seus pacientes, por certo um paciente invulgar, resistindo ao tratamento com todas as suas forças. Seria inútil, porém: pouco a pouco, também Peter encontraria em Georges o seu mestre.

Veza farejou o quanto ter-me-ia atraído dar continuidade à luta entre os irmãos na nova situação: o diálogo dissimulado entre eles, encetado no longo capítulo final, mas de forma nenhuma esgotado. A princípio, reagiu com incredulidade à notícia de que "O galo vermelho" fora finalmente escrito, e de que o sinólogo obtivera êxito em seu intento. Pensou que pretendia tranquilizá-la, uma vez que eu tinha plena consciência das restrições que ela fazia a meu modo de vida durante todo aquele período. A terceira parte do romance afetara também a ela até os ossos, e era sua convicção de que aquele meu infindável desejo de penetrar na mania de perseguição do sinólogo haveria de ter consequências perigosas para meu próprio estado mental. Assim, não era de se admirar que respirasse aliviada quando li para ela o último capítulo. Se, para mim, o período mais terrível apenas começava — meu "deserto", como o chamei —, Veza, por sua vez, teria apreciado acreditar que o pior já passara.

O que ela logo percebeu, entretanto, foi que justamente a partir daquele momento eu passei a evitá-la, bem como a todas as outras pessoas. Embora não estivesse fazendo nada em especial, eu não arrumava tempo nem para ela nem para os poucos amigos. Quando afinal a via, estava mal-humorado e emitia

---

* Peter Kien, o sinólogo, é o personagem central de *Auto de fé*. Georges Kien, médico psiquiatra, é seu irmão. Therese, mencionada adiante, é mulher de Peter. (N. E.)

apenas monossílabos. Jamais houvera esse tipo de silêncio entre nós. Uma vez, ela perdeu de tal forma o controle que disse: "Desde que morreu, seu homem de livros encarnou em você, e você é como ele. Esta é, provavelmente, sua forma de luto por ele". Em relação a mim, Veza mostrou uma paciência interminável. Eu me ressentia de seu alívio por aquela morte pelo fogo. Em outra ocasião, ela me disse: "Pena que a Therese não seja uma viúva hindu, do contrário ela também precisaria se jogar no fogo". Rebati com raiva: "Ele tinha melhor companhia do que a de uma esposa: tinha seus livros, que sabiam o que era apropriado fazer e arderam junto com ele".

Desde então, Veza esperava pela possibilidade de que eu aparecesse subitamente, uma noite ou manhã, com a notícia que ela mais temia — ou seja, a de que eu havia mudado de opinião acerca do último capítulo: que o já escrito não mais valeria; que seu estilo estaria em desacordo com o do restante do livro; que eu o teria, em suma, *riscado*. Kant voltaria, assim, ao mundo dos vivos; eu começaria tudo de novo, desde o princípio, com um segundo volume do mesmo romance, e este me ocuparia por pelo menos mais um ano inteiro.

Ela levou um grande susto quando a acordei naquela manhã do Büchner. "Está admirada por eu ter vindo tão cedo? Isso nunca aconteceu!" "Não. Eu esperava que viesse", disse ela, refletindo já, em desespero, sobre como poderia dissuadir-me de dar prosseguimento ao romance.

Eu, porém, comecei de imediato a falar de Büchner. Ela conhecia o *Wozzeck*? Claro que conhecia. Quem não? Respondeu-me com impaciência, esperando pelo pior, por aquilo que realmente me trazia ali. O tom de sua resposta tinha algo de desdenhoso: senti-me ofendido por Büchner.

"E não acha grande coisa?", perguntei, zangado e ameaçador. De repente, ela percebeu do que se tratava.

"Quem? Eu? Eu não acho grande coisa? Considero o *Wozzeck* o maior drama da literatura alemã."

Não acreditando em meus ouvidos, eu disse a primeira coisa que me veio à cabeça: "Mas é um fragmento!".

"Fragmento! Fragmento! Você chama aquilo de fragmento? O que falta nele ainda é melhor do que o que contêm os melhores dramas restantes. Deveríamos desejar que existissem mais desses fragmentos."

"Você nunca me disse palavra sobre ele. Conhece Büchner já faz muito tempo?"

"Há mais do que conheço você. Deparei com ele há muito tempo, à mesma época que com os *Diários* de Hebbel e com Lichtenberg."

"Mas calou a respeito dele! Tantas vezes você me mostrou passagens de Hebbel e de Lichtenberg... E ficou quieta quanto ao *Wozzeck*! Por quê, então? Por quê?"

"Eu até o escondi. Você não teria conseguido encontrar o Büchner aqui em casa."

"Li-o a noite inteira. O *Wozzeck*, várias vezes, do começo ao fim. Não podia acreditar que existisse algo assim. Ainda não acredito. Vim aqui para xingar você. Primeiro, pensei que talvez não o conhecesse. Mas isso logo me pareceu impossível. De que valeria todo o seu amor pela literatura se você não o conhecesse? Claro que você o conhecia! Mas escondeu-o de mim. Há seis anos conversamos sobre tudo o que há neste mundo, e nem uma *única vez* você mencionou o nome de Büchner na minha frente. E agora me diz que escondeu o livro de mim! Não é possível. Eu conheço cada canto de seu quarto. Prove! Mostre-me o livro! Onde você o escondeu? É um volume amarelo, grande. Como é que alguém poderia escondê-lo?"

"Não é nem grande, nem amarelo. É uma edição em papel-bíblia. Você vai ver por si mesmo."

Abriu o armário que continha seus livros preferidos. Lembrei-me de quando ela me mostrara aquele armário pela primeira vez. Conhecia-o melhor do que meu próprio bolso. O Büchner estaria escondido ali? Veza tirou alguns volumes de Victor Hugo. Atrás deles, pressionado contra o fundo do armário, estava a edição Insel de Büchner. Estendeu-me o volume. Não achava direito vê-lo assim, naquele formato reduzido:

tinha ainda diante dos olhos as letras grandes da noite anterior, e era naquele tamanho que queria tê-las para sempre diante de mim.

"Você escondeu outros livros de mim?"

"Não. Este é o único. Sabia que você não tiraria um Victor Hugo do armário — você não o lê mesmo. Ali atrás o Büchner estaria seguro. Aliás, ele traduziu dois dramas de Victor Hugo."

Estes ela me mostrou e, irritado, eu devolvi o livro.

"Mas por quê, então? Por que você o escondeu de mim?"

"Fique feliz por não tê-lo conhecido antes. Do contrário, acredita que você mesmo teria podido escrever algo? Büchner é, entre outras coisas, *o mais moderno* de todos os escritores. Poderia ser nosso contemporâneo, só que ninguém hoje é como ele. Não se pode tomá-lo como modelo. Só se pode sentir vergonha e dizer: 'Mas, afinal, para que escrevo?'. E, então, calar a boca. Não queria que você calasse a boca. Acredito em você."

"Apesar de Büchner?"

"Não quero conversar sobre isso agora. É necessário que existam coisas que sejam inatingíveis. Mas não devemos permitir que o inatingível nos esmague. Agora que você terminou o romance, deve ler ainda uma outra coisa. Há um outro fragmento de Büchner, uma narrativa: *Lenz*. Leia agora mesmo!"

Sentei-me e li, sem demora, o mais maravilhoso dos textos em prosa. Depois da noite de *Wozzeck*, a manhã de *Lenz* — sem um minuto de sono entre ambos. Então, ruiu em pedaços o meu romance, do qual tanto me orgulhara: desfez-se em pó e cinzas.

Foi um duro golpe, mas foi bom que isso tivesse acontecido. Após ter ouvido de mim todos os capítulos do *Kant fängt Feuer*, Veza passou a me ver como um dramaturgo. Ela temera que daquele romance eu não mais encontrasse a saída. Vivenciara quão profundamente eu havia me enredado nele e quanto ele havia tomado de mim. Naquele romance ou em outro que começasse, ela reconheceu minha inclinação fatal por tarefas que se estendem por anos. Veza tinha ainda na memória meus planos para aquela série de romances, a *Comédie Humaine an Irren*, sobre a qual lhe havia falado com frequência. A vista de

19

Steinhof, da minha janela, que a princípio a impressionara, havia muito não lhe agradava mais. Ela pressentia que o fascínio que exerciam sobre mim os desequilibrados e os desajustados havia crescido ainda mais com o trabalho no romance. Inquietava-a também minha amizade com Thomas Marek. Eu o defendia com veemência e agressividade. Quando, certa vez, excedi-me ao afirmar que aquele paralítico era mais importante do que todas as demais pessoas que, ingratas e desavisadas, caminhavam sobre as próprias pernas, ela revidou, condenando meu exagero.

Veza realmente temia por mim. A declaração de amor a todos aqueles considerados loucos, contida no capítulo "Um manicômio", deu-lhe a convicção de que eu havia ultrapassado um limite perigoso. A tendência para o isolamento, a admiração por todos os que fossem total e completamente diferentes, meu desejo de pôr abaixo todos os vínculos com uma humanidade abjeta — tudo isso dava a ela muito com o que se preocupar. Eu lhe havia contado sobre as alucinações de conhecidos meus como se se tratasse de verdadeiras obras de arte, esforçando-me, ainda, por traçar passo a passo a origem de uma alucinação semelhante, de minha própria invenção. Veza manifestara amiúde seu desagrado, também por razões estéticas, para com a *minuciosidade* de um relato que eu fizera acerca de um caso de mania de perseguição, ao que eu costumava explicar-lhe que não poderia ser de outra maneira, que o importante era justamente cada detalhe, cada minúsculo passo. Eu combatia as formas passadas de apresentação da loucura na literatura, procurando provar a ela quão pouco estas eram acertadas. Veza, por sua vez, julgava que também deveria ser possível apresentar tais estados mentais de um modo sucinto e numa espécie de crescendo. Contra isso, no entanto, eu me opunha decisivamente, alegando que essa forma privilegiava sempre a vaidade e o pavoneamento dos autores, não a questão em si. Eu sustentava que seria preciso que se compreendesse finalmente que a loucura não era algo desprezível, mas um fenômeno cheio de significados próprios e implicações que diferiam de caso para caso. Veza contestava, defendendo as classificações predominantes na psiquiatria — o que era totalmente contrário ao seu feitio, e só se dava em função de sua preocupação comigo —, demonstrando particular fraqueza pelo conceito de "insanidade maníaco-depressiva", ao passo que se comportava com maior reserva em relação ao de "esquizofrenia" — um termo que estava, então, prestes a virar moda.

Seu propósito nisso tudo — afastar-me daquele tipo de romance —, eu o conhecia bem. Estava imbuído de uma determinação feroz de não me deixar influenciar por ninguém, nem mesmo por ela, e minha arma para resistir era meu — assim pensava — bem-sucedido romance. Se, como incendiário, me sentia culpado, e sofria duramente em função dessa culpa, isso não significava qualquer restrição à validade do romance, da qual estava solidamente convencido. Embora desde sua conclusão tudo me impelisse para o teatro, parecia-me não estar absolutamente descartada a possibilidade de que, após um período de esgotamento, eu viesse a me dedicar a um novo romance, não menos alentado, tendo por tema, mais uma vez, um delírio.

Foi então, porém, que se tornaram decisivas aquela noite em que apanhei o *Wozzeck* e a manhã seguinte, na qual, em um estado de excitação e fadiga, fui surpreendido pelo *Lenz*. Encontrei neste, em poucas páginas, tudo o que era possível dizer acerca da singularidade do estado de Lenz. Teria sido temerário imaginá-lo sob a forma de um extenso romance. Fui despido de minha altivez e teimosia. Não escrevi um novo romance, e meses se passaram até que eu readquirisse a confiança em *Kant fängt Feuer*. Quando isso se deu, eu já estava possuído por *Hochzeit* [O casamento].

Se disser, entretanto, que devo *Hochzeit* àquele impacto noturno do *Wozzeck*, parecerá, antes de mais nada, presunção. Não posso, contudo, passar ao largo da verdade simplesmente para evitar transmitir tal impressão. Não *devo* evitá-la. As visões da ruína que havia alinhavado até ali estavam ainda sob a influência de Karl Kraus. Tudo o que se passava — e era sempre o pior — acontecia ao mesmo tempo e carecia de fundamentação: era ouvido e denunciado por um escritor. Denunciado *de fora*, justamente por aquele que escrevia, mantendo todas as cenas da ruína sob o seu chicote. O chicote não lhe dava sossego: impelia-o a todas as partes, detendo-se apenas quando havia algo para chicotear. Mal a pena era executada, já o chicote o impelia adiante. No fundo, era sempre a mesma coisa: pessoas em meio a seus afazeres cotidianos, pronunciando as frases mais banais, sem se aperceber de que estavam à beira do abismo. Então, o chicote vinha e as impelia para dentro dele: um mesmo abismo, no qual todas caíam. Nada teria podido preservá-las dessa queda, pois suas frases jamais se alteravam — eram-lhes talhadas sob medida, e quem lhes tomava as medidas era sempre o mesmo: o escritor com o chicote.

Em *Wozzeck* experimentei algo para o qual só mais tarde encontrei um nome: chamei-o, então, *autodenunciação*. Os personagens que nos causam maior impacto (à exceção do personagem principal) apresentam-se por si mesmos. O Doutor e o Tamboreiro-Mor distribuem golpes. Eles atacam, mas de maneiras tão distintas que hesitamos um pouco em utilizar a mesma palavra, "ataque", para ambos. E, no entanto, trata-se efetivamente de um ataque, pois é esse o efeito que exerce sobre Wozzeck. Voltadas contra este, as palavras deles, inconfundíveis, têm as mais graves consequências. Só as têm, contudo, na medida em que representam aquele que as pronuncia e que assim, com sua própria pessoa, desfere um duro golpe: um golpe que jamais se esquece, e pelo qual se poderia sempre, e em qualquer lugar, reconhecer aquele que o desferiu.

Os personagens, como disse, apresentam-se por si mesmos. Ninguém os impele com um chicote. Denunciam-se a si próprios como se isso fosse a coisa mais natural do mundo, e nisso há mais ostentação do que punição. Sejam como forem, eles se fazem presentes antes que um veredicto moral seja pronunciado a seu respeito. Por certo, pensamos neles com aversão, mas a esse sentimento mescla-se o da complacência, uma vez que os personagens se mostram diante de nós sem pressentir a aversão que despertam. Há uma espécie de inocência nessa sua autodenunciação. Nenhuma rede jurídica foi ainda armada para apanhá-los. Eventualmente, e se ocorrer, pode ser que essa rede seja lançada, mas nenhuma acusação, nem mesmo a do mais contundente dos satíricos, poderia significar tanto quanto a autodenunciação, pois esta abarca também o espaço em que vive o ser humano — seu ritmo, seu medo, sua respiração.

É certamente em função disso que, com todo o rigor, nos permitimos conferir a esses personagens o valor total da palavra "eu", palavra que o satírico puro não concede verdadeiramente a ninguém, a não ser a si próprio. A vitalidade desse "eu" não mediado, que não admite parênteses, é enorme. Ele revela mais sobre si mesmo do que qualquer juiz o faria. Aquele que julga o faz, em grande parte, na terceira pessoa. Mesmo quando se utiliza da forma direta de tratamento, forma sob a qual é dito o que há de pior a dizer, esta é usurpada. Somente quando o mergulha em seu "eu" o juiz se mostra em todo o horror que perpetra, mas nesse instante ele mesmo já se transformou em personagem e desfila diante de nós — ele, o que julga — *sua* autodenunciação, sem disso se aperceber.

O Capitão, o Doutor, o tonitruante Tamboreiro-Mor, todos eles surgem como que por si mesmos. Ninguém emprestou-lhes a voz. Em suas palavras exprimem suas próprias pessoas e, com elas, lançam-se aos golpes sobre um único e mesmo alvo — ou seja, Wozzeck —, adquirindo existência na medida em que o golpeiam. Wozzeck os serve a todos: é o centro deles. Não existiriam sem ele, mas o sabem tão pouco quanto ele o sabe. Poder-se-ia mesmo dizer que Wozzeck contamina seus algozes com sua inocência. Estes não podem ser diferentes do que são: é da essência da autodenunciação que transmitam essa impressão. A força desses personagens, de todos os personagens, reside em sua inocência. Devemos odiar o Capitão, odiar o Doutor, por que poderiam ser diferentes se ao menos assim o quisessem? Devemos esperar que se convertam? Deve o drama ser um seminário a ser frequentado por tais personagens até que eles se deixem escrever *de outra maneira*? O satírico *espera* dos seres humanos que eles sejam diferentes do que são. Ele os açoita como se fossem colegiais. Prepara-os para instâncias morais diante das quais deveriam, um dia, vir a comparecer. Sabe até como seriam, se fossem melhores. De onde tira essa certeza inabalável? Se não a possuísse, não poderia sequer principiar a escrever. Para começar, ele é destemido como Deus. Sem dizê-lo diretamente, ele O representa e sente-se bem ao fazê-lo. Não perde um minuto pensando que talvez não seja Deus nenhum, pois já que essa instância, a mais alta, existe, dela provém uma procuração: basta agarrá-la.

Existe, contudo, uma outra postura, completamente diferente, de sujeição não a Deus, mas às criaturas; de alinhamento ao lado destas e contra Aquele; que talvez vá tão longe a ponto de desconsiderá-Lo, voltando se unicamente para as criaturas, enxergando-lhes a imutabilidade, ainda que se as quisesse diferentes do que são. Não se modificam seres humanos com ódio ou punições. Eles se autoacusam, na medida em que se apresentam como são; mas trata-se de uma autoacusação, não daquela provinda de outrem. A justiça do escritor não pode consistir em amaldiçoá-los. Ele pode inventar-lhes uma vítima, mostrando nela todos os vestígios deles próprios, como impressões digitais. Tais vítimas pululam pelo mundo. Dificílimo parece ser, no entanto, tomar uma delas como personagem e deixá-la falar de um tal modo que os vestígios permaneçam reconhecíveis, não se confundindo com acusações. Wozzeck é um tal personagem. Vivenciamos o que se lhe perpetra no instante mesmo em que isso se dá: não há uma única palavra de acusação a se acrescentar. Nele, os vestígios das autodenunciações são reconhecíveis. Os que se lançaram aos golpes sobre ele estão ali e, se Wozzeck tiver um fim, *eles* permanecem vivos. O fragmento não nos mostra o fim de Wozzeck: mostra-nos o que ele *faz, sua* autodenunciação, após as dos outros.

OLHO E RESPIRAÇÃO

Meu relacionamento com Hermann Broch foi, mais do que costuma acontecer, marcado pelas circunstâncias de nosso primeiro encontro. Eu deveria fazer uma leitura de minha peça,

Hochzeit, em casa de Maria Lazar — uma escritora vienense a quem ambos, independentemente um do outro, conhecíamos. Algumas pessoas haviam sido convidadas, dentre elas Ernst Fischer e sua mulher, Ruth. Não lembro mais quais os outros convidados. Broch confirmara seu comparecimento e era aguardado: estava atrasado. Eu já queria começar, quando ele chegou, na última hora, trazendo consigo Brody, seu editor. O tempo não era suficiente para mais do que rápidas apresentações: antes mesmo que tivéssemos tido oportunidade de conversar um com o outro, dei início à leitura de *Hochzeit*.

Maria Lazar contara a Broch o quanto eu admirava *Die Schlafwandler* [Os sonâmbulos], que havia lido durante o verão daquele ano de 1932. Ele não conhecia coisa alguma de minha autoria; sequer teria podido, uma vez que nada havia sido publicado. Para mim, Broch era um grande escritor — opinião resultante do impacto que haviam causado sobre mim *Die Schlafwandler* e, particularmente, o *Huguenau* —; para ele, eu era um jovem que o admirava. Devíamos estar, então, em meados de outubro. Sete ou oito meses antes, eu havia concluído *Hochzeit*. Lera a peça para alguns amigos que depositavam esperanças em mim, mas o fizera sempre em particular, jamais para vários deles juntos.

Quanto a Broch, porém — e esta, especificamente, é a questão —, *Hochzeit* chegava-lhe com toda a força aos ouvidos sem que ele soubesse o que quer que fosse a meu respeito. Li a peça com paixão, os personagens solidamente delimitados por suas máscaras acústicas, no que jamais se modificaram, mesmo depois de décadas. A leitura, feita de um fôlego só, durou mais de duas horas. A atmosfera era densa: além de Veza e de mim, havia ali talvez uma dúzia de pessoas, mas sua presença era tão forte que a impressão era a de que esse número fosse muito maior.

Eu podia ver Broch muito bem: a maneira como estava sentado ali, diante de mim, me impressionava. Sua cabeça, semelhante à de um pássaro, parecia um pouco afundada entre os ombros. Notei seus olhos durante a cena do caseiro — a última do prólogo, que se tornou para mim a mais cara de toda a peça. A fala da agonizante sra. Kokosch ("Escute, homem, eu preciso te dizer uma coisa"), que ela tem sempre de recomeçar sem jamais conseguir completá-la, representa para mim o instante do encontro com os olhos de Broch. Se olhos pudessem respirar, os dele teriam prendido a respiração: esperavam pelo complemento da fala da mulher, cujas interrupções e persistentes retomadas eram preenchidas pelas palavras do sr. Kokosch, citando Sansão. Foi uma leitura dupla: ao diálogo lido em voz alta — que não era diálogo algum, pois o sr. Kokosch não dava ouvidos às palavras da agonizante — juntou-se um outro, subterrâneo, entre os olhos de Broch, que intercediam pela mulher, e eu, que reiteradamente me punha a dizer-lhe as palavras, deixando-me, porém, interromper pelas frases bíblicas do caseiro.

Essa era a situação, durante a primeira meia hora de leitura. Então, veio o "casamento" propriamente dito, irrompendo com grande despudor — um despudor do qual eu, à época, detestando-o tanto, não me envergonhava nem um pouco. Talvez eu não tivesse, então, uma ideia clara da verdade que continham aquelas cenas repugnantes. *Uma* de suas fontes era Karl Kraus, mas havia ali ainda uma outra influência: a de George Grosz, cuja *Ecce Homo-Mappe* eu admirara e detestara. Todavia, em sua maior parte as cenas de *Hochzeit* diziam respeito àquilo que eu próprio andara ouvindo.

Ao ler a crua parte central da peça, não dei qualquer atenção ao que se passava ao meu redor. Estava possuído, e é próprio dessa espécie de possessão que acreditemos pairar no ar, alçados por palavras horríveis e vulgares que absolutamente nada têm a ver conosco, mas que nos inflam mais e mais, de tal modo que voamos nelas, como um xamã, talvez. Mas disso eu, então, possivelmente não sabia.

Naquela noite, contudo, foi diferente. Ao longo de toda a parte central da peça, eu sentia a presença de Broch. Seu silêncio era mais penetrante que o dos outros. Ele se continha, como quem prende a respiração. Exatamente de que maneira isso se dava, eu não o sabia, mas sentia que tinha algo a ver com a respiração, e acredito que estava consciente de que ele respirava diferentemente de todas as demais pessoas. Seu silêncio contrapunha-se à barulheira de meus personagens. Havia algo de corpóreo nele: era produzido por Broch, um silêncio *gerado*. Hoje sei que tinha relação com sua maneira de respirar.

Na terceira parte da peça — a ruína propriamente dita e a dança da morte —, eu não percebia mais nada à minha volta. Absorveu-me o grande esforço exigido pelo ritmo, que é ali o fator decisivo, prendendo-me de tal forma que não teria podido dizer o que se passava com este ou aquele ouvinte. Ao terminar, já não me dava conta nem mesmo da presença de Broch. Com o passar do *tempo*, algo havia acontecido, e é possível que eu me sentisse de volta ao momento em que sua chegada era aguardada. Só que, então, ele se manifestou, dizendo que, se tivesse tomado conhecimento daquela peça, não teria escrito a sua (ao que parece, ele estava justamente trabalhando em uma peça, provavelmente a mesma que foi, à época, encenada em Zurique).

Em seguida, Broch disse algo que não desejo reproduzir aqui, embora revelasse uma acurada percepção do que está na própria gênese de minha peça. Sem conhecê-lo, eu sabia que se abalara, que realmente fora tomado por *Hochzeit*. Brody, seu editor, reagia a tudo com um sorriso solícito e irônico nos lábios, o que muito me desagradou. Nada se passara com *ele*. Aborrecera-se, talvez, com meu ataque furioso aos valores burgueses e, não querendo demonstrá-lo, ocultava-o por detrás de sua solicitude. Talvez, porém, fosse sempre daquele jeito, não se deixando abalar por coisa alguma. O que o aproximou de Broch — pois desfrutava indubitavelmente a amizade deste —, isso não sou capaz de dizer.

Os dois não ficaram ali por muito tempo: já estavam sendo esperados em algum outro lugar. Ainda que tivesse vindo ao lado do editor, o que dava a impressão de uma espécie de autoconfiança, Broch pareceu-me frágil, ao final da leitura de *Hochzeit*. Tratava-se de uma fragilidade muito bela, decorrente de acontecimentos, relacionamentos, hesitações no convívio com as pessoas, pressupondo sensibilidade. À maioria isso terá parecido fraqueza. *Eu* me permito chamá-la assim, pois entendo como mérito, como virtude mesmo, uma fraqueza de um tal nível de consciência. Quando hoje, porém, alguém do mundo dos negócios, em que Broch viveu, ou de procedência semelhante fala de sua "fraqueza", sinto vontade de esbofeteá-lo.

Não me é fácil falar de Broch, pois não sei como fazer-lhe justiça. Havia a expectativa com a qual me aproximei dele; a tempestuosa corte que lhe fiz, desde o princípio, e da qual ele tentou se desvencilhar; a cegueira de querer acreditar que tudo nele era bom; a beleza de seus olhos, nos quais, para mim, tudo se podia ler, menos calculismo interesseiro. O que há nele que eu *não* tenha visto como sublime? Quão ingênua e irrefletidamente deixei-me levar por uma espécie de obsessão, sem ocultar minha imensa ignorância! Sim, porque, se eu estava aberto e ávido de saber, tal avidez não produzira ainda qualquer fruto. Aprendera ainda muito pouco — estimo hoje, ao tentar medi-lo —, e desse pouco, aliás, nada daquilo que compunha o saber particular de Broch: a filosofia contemporânea. Sua biblioteca compunha-se sobretudo de filosofia. Ao contrário de mim, ele não se intimidava diante do mundo dos conceitos: entregava-se a eles como outros o fazem à vida noturna.

Broch foi o primeiro "fraco" que encontrei. Vencer, superar, jactar-se eram coisas que não lhe diziam respeito. Anunciar grandes projetos contrariava-lhe a natureza mais íntima, ao passo que eu, a cada duas frases, afirmava: "Vou escrever um livro sobre isso". Eu era incapaz de expressar um pensamento, mesmo uma observação qualquer, sem emendar de pronto: "Vou escrever um livro sobre isso". Não se tratava, de resto, de mera fanfarronice; afinal, escrevera de fato um longo livro, *Kant fängt Feuer* — manuscrito de cuja existência poucos sabiam — e definira um outro, sobre as massas, muito mais importante para mim, como a obra de minha vida inteira. Deste último o que havia, então, era pouco mais do que algumas experiências pessoais — muito profundas, porém — e extensas, ávidas leituras que julgava relacionadas com a "massa", mas que, na verdade, diziam respeito tanto a esta quanto a *tudo* o mais. Minha vida estava direcionada para uma grande obra. Levava isso tão a sério que, sem hesitar, era capaz de dizer: "Mas vai levar décadas". Broch só podia ver como paixão, como algo verdadeiro, essa minha vontade de abarcar *tudo* com meus propósitos e planos, essa abrangência inesgotável. O que o repelia era minha estranha tendência zelote de atrelar a melhoria do ser humano a um castigo do qual eu, sem mais, me propusera a ser o órgão executor. Isso eu aprendera com Karl Kraus, a quem *conscientemente* jamais teria ousado imitar, mas de quem incorporara uma infinidade de coisas, particularmente — no inverno de 1931-2, quando escrevi *Hochzeit* — o seu furor.

Com esse furor, que por intermédio de *Hochzeit* transformara-se em meu próprio, apresentara-me a Broch na leitura da peça. Tal furor prostrou-o, mas foi só o que de mim alguma vez logrou fazê-lo. Tudo o mais que assimilou, ele o fez de uma maneira que só muito mais tarde — na verdade, somente após sua morte — compreendi: apropriando-se daqueles impulsos da vontade alheia dos quais não podia se defender.

Broch sempre cedia: só assimilava à medida que cedia. Não era um processo, era sua natureza. Creio ter sido uma descoberta correta de minha parte associar também isso à sua maneira de respirar. No entanto, dentre as inúmeras coisas que assimilava, havia por vezes algumas por demais violentas para se deixarem armazenar calmamente. Tais incômodos, que sentia como golpes dolorosos e moralmente desaprovava, transformam-se então, mais cedo ou mais tarde, em iniciativas dele próprio. Quando, posteriormente, já como emigrado na América, Broch decidiu-se a tratar da psicologia de massas, certamente não havia esquecido nossas conversas a respeito. E, no entanto, o conteúdo do que eu dissera, a verdadeira substância, não o afetara de modo algum. A *ignorância* de seu interlocutor, cujas palavras não se haviam revestido dos matizes da terminologia filosófica dominante, permitiu-lhe desconhecer por completo o conteúdo do que fora dito, ainda que contivesse alguma originalidade. Foi a *força* do propósito que o atingiu, o clamor por uma nova teoria que um dia adquiriria existência; embora isso ainda não tivesse ocorrido a não ser sob a forma rudimentar. Broch, porém, recebeu tal intento como uma *ordem* e deixou que essa ordem atuasse sobre ele, como se a ele tivesse sido endereçada. Quando, em sua presença, comecei a falar sobre o que pretendia, o que ele ouviu foi: "Faça-o você!". Contudo, não percebeu de imediato a pressão que isso exercia sobre ele. Deixou-me, assim, levando consigo o germe de uma missão que, mais tarde, em um novo meio, desabrochou, mas sem dar frutos.

Antecipando já muitas coisas, acabo por embaraçar a linha clara do que foi nosso relacionamento, o qual, afinal, se consolidou. Entretanto, é necessário que hoje, passadas tantas décadas, eu veja tudo aquilo que realmente se passou entre nós também no princípio, sem que então o soubéssemos. Tampouco ele o sabia.

Em suas andanças apressadas, não raro Broch vinha nos visitar na Ferdinandstrasse. Eu o via como um pássaro grande e belo, mas com asas cortadas. Parecia lembrar-se de um tempo em que ainda podia voar, e jamais superara o que lhe havia acontecido. Eu teria apreciado interrogá-lo a respeito, mas ainda não ousava fazê-lo. Sua hesitação era enganosa: talvez não o desagradasse nem um pouco falar sobre si mesmo, mas refletia antes de fazê-lo. Não se podiam esperar dele confissões fluentes, como as da maioria das pessoas que eu conhecia em Viena. Tampouco teria sido de seu feitio poupar-se a si mesmo: Broch tendia, antes, a se acusar. Não havia nele qualquer traço de autocomplacência: mostrava-se inseguro. Tratava-se, porém, assim me pareceu, de uma insegurança *adquirida*. Minha maneira *determinada* de falar o irritava, mas Broch era por demais amável para demonstrá-lo. Eu o percebia, no entanto, e, depois que ele se ia, sentia-me envergonhado. Recriminava-me por ele, assim me parecia, não gostar de mim. Broch teria apreciado ensinar-me a duvidar de mim mesmo; talvez pretendesse, cuidadosamente, educar-me para isso, mas não obteve qualquer êxito nesse seu intento. Eu o tinha em alta conta. Fora tomado por *Die Schlafwandler* porque ali ele conseguira algo de que eu era incapaz. Jamais me interessara pela atmosfera, enquanto elemento literário — via-a como pertencente à esfera da pintura. Em Broch, contudo, ela se apresentava de uma maneira que nos fazia sensíveis a seu emprego. Essa qualidade eu admirava, porque admirava tudo o que me fora negado. Não que isso me confundisse quanto a meu próprio rumo, mas foi esplêndido ver que havia um outro projeto literário, bem distinto e absolutamente legítimo, cuja leitura nos libertava de nós mesmos. Tais metamorfoses propiciadas pela leitura são indispensáveis a um escritor. Ele só encontra realmente o caminho de volta para si mesmo após ter sido fortemente atraído por outros.

Cada novo texto que publicava, Broch o trazia imediatamente para a Ferdinandstrasse. Importava-lhe particularmente o que era publicado no *Frankfurter* e no *Neue Rundschau*. Não me teria ocorrido pensar que meu veredicto fosse importante para ele. Só mais tarde, alguns anos após a morte de Broch, quando da publicação de suas cartas, é que compreendi o quanto ele necessitava de aprovação. Por mais que minha maneira *peremptória* de falar o irritasse, ele acolhia de bom grado a firmeza de um julgamento que lhe dissesse respeito, até mesmo reproduzindo-o em suas cartas a outras pessoas.

Eu tinha, então, uma explicação quase mítica para as andanças apressadas de Broch. Ele, o grande pássaro, jamais superou o fato de que lhe tivessem aparado as asas. Não mais podia alçar voo até a liberdade da atmosfera única que paira sobre todos os seres humanos. Em vez disso, porém, saía à cata de cada espaço respiratório individual. Outros escritores coletam seres humanos; Broch coletava os espaços respiratórios que os circundam, que contêm o ar que estivera em seus pulmões e fora expirado. Deduzia desse ar colhido o que lhes era próprio: caracterizava os seres humanos a partir de seus respectivos espaços respiratórios. Isso me parecia algo completamente novo, algo que jamais encontrara. Sabia de escritores para os quais o aspecto visual era

31

determinante. Para outros, era o acústico. Jamais me ocorrera que pudesse haver um que se deixasse definir pelo modo como respirava.

Broch era bastante reservado e, como já disse, dava a impressão de ser inseguro. Absorvia o que quer que seu olhar abarcasse. O ritmo dessa absorção, entretanto, não era o da deglutição, mas o da aspiração. Ele não *tocava* em nada — tudo permanecia como era, imutável, conservando sua aura particular de ar. Parecia assimilar as coisas mais diversas, apenas para preservá-las. Desconfiava dos discursos violentos e, por mais que estes anunciassem uma boa intenção, farejava neles algo de ruim. Para Broch *nada* estava além do bem e do mal, e o fato de que, ao falar, ele assumisse imediatamente, já desde a primeira frase, uma postura responsável, sem dela se envergonhar, conquistou minha simpatia. Tal postura evidenciava-se também na contenção que revelava em seus julgamentos, aquilo que desde cedo denominei sua "hesitação".

Eu explicava a mim mesmo essa "hesitação" — ou seja, o fato de que Broch silenciava por longos períodos de tempo, embora se pudesse perceber que estava refletindo profundamente — como um desejo seu de não oprimir ninguém. Era-lhe penoso pensar na própria vantagem. Eu sabia que ele provinha de uma família de industriais — seu pai fora proprietário de uma fiação em Teesdorf. Broch — que, na verdade, queria ser matemático — trabalhara ali contra a vontade. Quando da morte do pai, teve de assumir a fiação a contragosto, uma vez que tinha a mãe e outros membros da família para cuidar. Uma espécie de insubordinação levou-o à universidade e ao estudo tardio da filosofia. Quando o conheci, frequentava o seminário de filosofia da Universidade de Viena, referindo--se a isso como algo de grande seriedade. Percebi em Broch uma relação com sua origem comercial semelhante à minha: isto é, uma profunda aversão que se agarrava a todos os meios possíveis para se defender daquele fato. Uma vez que, já adulto e homem maduro, teria ainda de se ocupar por tanto tempo da fábrica do pai, precisava de antídotos especialmente poderosos.

Em função de suas próprias inclinações, Broch voltou-se para as ciências exatas, não desdenhando sua absorção sob a forma acadêmica. Eu ficava imaginando-o como estudante, esse homem de intelecto ativo e rico. Se era tão sábio a ponto de permanecer inseguro, como pôde encontrar segurança em seminários? O que lhe importava era o diálogo, mas Broch portava-se como se fosse ele o aprendiz, o que eu julgava impossível na maior parte dos casos, pois era evidente que ele devia saber mais do que seus interlocutores. Isso me levou a pensar que era somente a bondade de seu coração que o impedia de *expor alguém à vergonha*.

Conheci Ea von Allesch — a companheira de Broch — no Café Museum. Eu havia me encontrado com Broch em outro lugar, e fui informado de que ele marcara um encontro com Ea e prometera me levar junto. Broch não me pareceu estar totalmente à vontade: falava de maneira diferente da usual e havia se atrasado *bastante*. "Ela está nos esperando já há um bom tempo", disse, e apressou o passo. Ao chegarmos, foi quase como se ele voasse pela porta giratória adentro, arrastando-me consigo. "Nós nos atrasamos", disse ele de imediato, quase submisso, ainda antes de me apresentar. Disse, então, o meu nome e, num tom pragmático que não mais traía qualquer apreensão, acrescentou: "E esta é Ea Allesch".

Eu já o ouvira dizer aquele nome algumas vezes, e o achara curioso, enigmático mesmo — tanto o "Allesch" quanto, mais ainda, o "Ea". Jamais havia perguntado a Broch de onde vinha aquele "Ea"; tampouco quis sabê-lo em qualquer outra ocasião. Ela deveria estar pela casa dos cinquenta: não era jovem, tinha a cabeça de um lince, mas de veludo, com cabelos avermelhados. Era bela, e eu pensei comigo, um tanto alarmado, quão bela deveria ter sido. Falava baixo e suavemente, mas de modo tão penetrante que de imediato despertava certo temor em seu interlocutor, como se, sem se dar conta, tivesse fincado suas garras nele. Mas essa impressão se devia unicamente ao fato de que ela contestava tudo o que Broch dizia. Não aprovava uma única de suas frases. Perguntou onde nos atrasáramos; pensara que não viríamos mais, pois estava sentada ali havia uma hora. Broch explicou, então, onde estivéramos, e, embora me incluísse na explicação, como se eu estivesse ali para testemunhá-lo, ela o ouvia com um ar de quem não estava acreditando em uma única palavra do que ele dizia. Não protestou, mas não estava convencida. Mais tarde, quando já estávamos sentados ali havia algum tempo, ela voltou ao assunto com uma frase articulada para exprimir seu descrédito, como se este já fizesse parte da história e ela quisesse apenas dar o parecer que acrescentaria mais um a todos os demais.

Iniciou-se uma conversa sobre literatura. Desejando desviar o assunto do nosso passo em falso, Broch lembrou sua ida à casa dela, na Peregringasse, logo após a leitura de *Hochzeit*, e o que ele comentara então a respeito da peça. Era como se estivesse pedindo a ela que me levasse a sério. Ela, por sua vez, não contestou o que se passara naquela oportunidade, mas voltou o episódio imediatamente contra ele. Contou que Broch sentira-se esmagado; que se queixara por não ser um dramaturgo; para que, afinal, havia escrito uma peça?; seria melhor que a tomasse de volta do Teatro de Zurique, onde estava. E disse mais: que, de fato, Broch iludia-se já fazia algum tempo, acreditando que tinha de escrever; quem o teria convencido disso?; uma mulher, provavelmente. As palavras dela soavam afáveis, quase insinuantes. Porém, como não havia ninguém ali a quem quisesse se insinuar, eram aniquiladoras. Tanto mais porque acrescentou ainda que já dissera a Broch, examinando-lhe a caligrafia, que ele não era escritor: sendo grafóloga, bastava a ela comparar a caligrafia de Broch com a de Musil para saber que não era um escritor.

Para mim, tudo aquilo era tão embaraçoso que me apressei em tomar o desvio oferecido pela menção de Musil, perguntando a ela se o conhecia. Sim, conhecia havia anos, desde os tempos de Allesch, antes até, *por mais tempo* do que conhecia Broch. Musil *era* um escritor, disse, mudando completamente de tom e acrescentando que este não tinha Freud em tão alta conta, não se deixando seduzir facilmente. Compreendi, então, que sua animosidade voltava-se contra tudo que era importante para Broch, ao passo que Musil permanecia intacto. Este ela havia visto com frequência, à época em que estivera casada com Allesch — velho amigo de Musil —, e ainda o via, vez por outra, muito tempo depois de terminado o casamento. Ser grafóloga significava alguma coisa para ela, que tinha também suas posições em relação à psicologia. "Eu sou Adler", disse, apontando para si mesma; "ele é Freud", apontando para Broch. Este, de fato, se entregara a Freud de uma maneira que eu poderia chamar de religiosa. Não quero dizer com isso que se transformara num zelote — como tantos outros que eu conhecia à época —, mas sim que estava impregnado de Freud como que de uma doutrina mística.

Era próprio de Broch não esconder suas dificuldades: não se ocultava por detrás de uma fachada. Não sei por que me apresentou a Ea tão cedo. Que esta não o enaltecia diante dos outros, isso ele sempre soubera. Talvez quisesse contrapor minha reverência à rejeição rude da parte dela a seus escritos, o que, à época, não compreendi. Só aos poucos descobri que Broch fora tido como um mecenas: um industrial para quem as coisas do espírito significavam mais do que sua fábrica e que tinha simpatia pelos artistas. Conservara a nobreza, mas logo se percebia que não era mais um homem rico. Não se queixava das necessidades, mas da falta de tempo. Qualquer um que o conhecesse teria apreciado vê-lo com frequência.

Broch fazia com que as pessoas falassem sobre si mesmas, se exaltassem e não quisessem mais parar. Tomava-se isso como um interesse especial seu pela pessoa em questão: suas intenções, planos, grandes projetos. Ninguém dizia a si mesmo que um tal interesse se aplicava igualmente a *todas* as pessoas, ainda que se pudesse perfeitamente depreendê-lo da leitura de *Die Schlafwandler*. Sucumbia-se, na realidade, ao seu modo de ouvir. As pessoas espraiavam-se no silêncio de Broch, jamais encontrando resistência. Poder-se-ia dizer tudo: ele nada rejeitava. Só se sentia receio na medida em que não se tivesse dito absolutamente tudo o que havia para dizer. Em conversas desse tipo, geralmente chega-se a um ponto em que, num sobressalto, a pessoa diz para si mesma: "Alto lá! Já chega! Não vá adiante!". A almejada entrega, o abrir-se a outrem, torna-se perigoso, pois como se fará para reencontrar a si mesmo, como suportar, depois, a própria solidão? Com Broch, no entanto, inexistia esse ponto, não havia um tal momento. O grito de "Pare!" não vinha, não se topava com placas de advertência ou sinais; continuava-se falando aos borbotões, cada vez mais rápido, como se estivesse embriagado. É avassalador descobrir o *quanto* se tem a dizer sobre si mesmo. Quanto mais se ousa, quanto mais longe se vai, maior a vazão. Do fundo da terra jorram as fontes escaldantes: é-se uma paisagem coberta de gêiseres.

Esse tipo de erupção não me era desconhecido: vivenciara--o em pessoas que me falavam de si. A diferença é que eu costumava *reagir* a elas: tinha de dizer alguma coisa, não podia calar. Ao falar, assumia uma postura, julgava, aconselhava, sinalizava atração ou repulsão. Na mesma situação, Broch, ao contrário, *silenciava*. Não era um silêncio gélido ou ávido de poder, como o que conhecemos da psicanálise, na qual o que ocorre é a entrega irremediável de um indivíduo a outro que, por sua vez, não se pode *permitir* nutrir qualquer sentimento, positivo ou negativo, pelo primeiro. O ouvir de Broch era interrompido por pequenas, perceptíveis pausas para respiração que testemunhavam que seu interlocutor estava sendo não apenas ouvido, mas *acolhido* — como se, a cada frase dita, tivesse entrado em uma casa e, laboriosamente, se acomodado. Os pequenos ruídos da respiração eram as honras que o anfitrião prestava ao convidado: "Seja quem for, diga o que disser, entre: você é meu convidado. Fique o tempo que quiser, volte outras vezes, permaneça aqui para sempre!". Esses pequenos ruídos compunham um mínimo de reação: palavras ou sentenças elaboradas significariam um julgamento. Equivaleriam a uma tomada de posição, antes mesmo que o convidado tivesse acomodado, na casa que o hospedaria, tudo o que trazia consigo. O olhar do anfitrião dirigia-se sempre para seu hóspede e, ao mesmo tempo, para os aposentos nos quais o estava convidando a entrar.

Ainda que sua cabeça se assemelhasse à de um grande pássaro, seus olhos não denotavam ataque ou captura. O olhar atingia uma distância que, em geral, abrangia o entorno do visitante e, em seu íntimo, o anfitrião permanecia a um só tempo próximo e distante.

Broch concedia às pessoas uma recepção misteriosa, razão pela qual estas sucumbiam a ele. Eu não conhecia, então, um único ser humano que não se tivesse viciado nela. Essa recepção não era precedida de qualquer "sinal", não continha qualquer apreciação; nas mulheres, transformava-se em amor.

O INÍCIO DE UM ANTAGONISMO

No decorrer dos cinco anos e meio em que Broch esteve presente em minha vida, fui percebendo pouco a pouco aquilo que hoje, por se tratar de uma incisiva ameaça a toda a vida, é tido como óbvio: a *nudez* da *respiração*. O verdadeiro sentido, o principal, por meio do qual Broch apreendia o mundo a sua volta, era a respiração. Enquanto outros precisam continuamente ver ou ouvir — atividade infindável da qual somente à noite, recolhendo-se ao sono, descansam —, Broch estava ininterruptamente à mercê de sua respiração. Sem poder desligá-la, procurava articulá-la mediante ruídos surdos, no limite do audível, aos quais denominei a pontuação de sua respiração. Compreendi logo que ele era incapaz de se livrar de alguém. Dele, jamais ouvi um *não*. Era-lhe mais fácil escrever um *não* quando o destinatário da negativa não estava sentado diante dele, enviando-lhe seu hálito.

Um estranho teria podido dirigir-se a ele na rua e tomá-lo pelo braço: Broch o teria seguido sem oferecer resistência. Não assisti a uma cena desse tipo, mas imaginava-a e me perguntava até onde ele teria seguido o tal estranho. Resposta: até um lugar determinado pela respiração deste. O que se chama vulgarmente de curiosidade (*Neugier*) assumia em Broch uma forma particular, a que se poderia chamar avidez pela respiração (*Atemgier*).* Compreendi, então, por intermédio dele, que a diversidade das atmosferas, sua singularidade, constitui algo sobre o qual não pensamos, algo do qual somos capazes de passar uma vida inteira sem tomar consciência. Todo ser que respira — qualquer um, portanto — podia aprisionar Broch. Para um homem de sua idade, que já vivera tanto, já se debatera sabe Deus quantas vezes com situações adversas, sua suscetibilidade era algo estupendo. Cada pessoa que encontrava representava um perigo para ele, pois dela não conseguia mais escapar. Para se libertar necessitava de alguém a esperá-lo em algum outro lugar.

Broch plantava pontos de apoio dispersos pela cidade inteira, podendo situar-se a grandes distâncias um do outro. Quando chegava a algum lugar — à casa de Veza, por exemplo, na Ferdinandstrasse —, ia direto ao telefone e ligava para Ea Allesch. "Estou nos Canetti", dizia, "logo estarei aí." Sabia que já estava sendo esperado lá e invocava uma razão respeitável para seu atraso. Mas esse era apenas o motivo superficial do telefonema, decorrente da atitude hostil de Ea para com ele. Não era somente para ela que Broch ligava. Mesmo quando acabava de chegar de lá — quando, portanto, Ea certamente sabia aonde ele havia ido —, pedia a Veza, mal esta o cumprimentava: "Posso telefonar?". Então, informava a alguma outra pessoa onde é que se encontrava. Sua ligação era sempre para alguém que o estava esperando, e, como precisava se desculpar pelo invariável atraso, parecia algo natural. Na realidade, porém, creio que o que Broch pretendia com seus telefonemas era algo completamente diverso: salvaguardar o caminho que o conduzia de um ponto a outro, preparando-se para ter de lançar-se a ele apressadamente. Nenhum assalto ou captura deveria detê-lo.

A pressa com que se movia quando, por acaso, o encontrávamos na rua era sua única proteção. Em vez de um cumpri-

---

* *Neugier* (*Neu*: novo; *Gier*: avidez, cobiça) é a palavra alemã para "curiosidade". A partir dela o autor cunhou *Atemgier* (*Atem*: respiração). (N. T.)

mento, dizia logo: "Estou com pressa". E, no entanto, o fazia de maneira amigável. Movia os braços, suas asas cortadas, como se estes quisessem alçar voo: batia-os por alguns momentos e, então, baixava-os novamente, desalentados. Eu me compadecia dele e pensava comigo: coitado, que pena que não possa voar! Por isso precisa correr sempre! Tratava-se de uma dupla fuga, essa em que Broch se via: tinha de se livrar daqueles com os quais estava, pois alguém já o estava esperando, e, no caminho, precisava ainda escapar de todos os que, eventualmente, pudesse encontrar e que procurariam retê-lo. Por vezes, eu o observava desaparecer pela rua: sua capa esvoaçava ao vento, feito asas. Apenas parecia rápido, sem realmente o ser. Juntos, a cabeça de pássaro e a capa compunham a imagem de um voo obstruído, mas jamais feio ou indigno: tornara-se uma maneira natural, incorporada, de ir adiante.

Falei primeiro do *incomparável* em Broch, o que o distinguia de todas as demais pessoas que conheci. Deixando-se de lado esses misteriosos fenômenos respiratórios que lhe determinavam a aparência e as reações físicas, conversar com Broch era algo estimulante, que despertava em seu interlocutor o desejo de fazê-lo mais amiúde. Eu me aproximara dele com uma inesgotável ânsia de reverenciá-lo. Um verdadeiro dilúvio de opiniões, convicções e projetos despencou sobre Broch. Contudo, o que quer que eu trouxesse, o que quer que empreendesse com relação a ele, era impossível apagar aquela primeira e poderosa impressão causada por *Hochzeit*, que atuara sobre ele por mais de duas horas. Essa impressão esteve por trás de tudo o que ele me disse ao longo dos anos seguintes, mas Broch era por demais amável para permitir que eu o percebesse. Jamais disse algo que me permitisse concluir que eu lhe era incômodo.

Em *Hochzeit*, a casa desmorona e todos perecem. Broch certamente reconheceu o desespero que me inspirara a escrever a peça. Era o desespero de não poucas pessoas àquela época, inclusive o seu próprio. Vê-lo expresso, porém, daquela maneira impiedosa deixou-o apreensivo, como se eu próprio fosse parte daquilo que nos ameaçava a todos. Não creio que ele tenha chegado a uma conclusão a esse respeito. Dezenove anos mais velho, Broch conhecera Karl Kraus antes de mim. A violência deste era muito maior do que a minha e significara bastante para Broch. Raramente Kraus era mencionado em nossas conversas, e jamais de maneira desrespeitosa. À época em que eu as frequentei, nunca vi Broch em uma das sessões de leitura de Kraus: não teria esquecido uma cabeça como a sua se a tivesse visto. Talvez ele evitasse as leituras desde que se dedicara a sua própria obra; talvez não suportasse mais a atmosfera sufocante. Se assim foi, ter-lhe-á sido necessariamente penoso o encontro com uma obra como *Hochzeit*, motivada por medos apocalípticos aparentados aos de Kraus. Mas isso é apenas suposição. Jamais poderei afirmar com certeza sobre o que repousavam as recônditas reações de Broch a minha pessoa. Talvez fosse apenas a corte impetuosa que lhe fiz, da qual, como fazia com toda corte, tentou escapar.

As primeiras conversas que tive com ele, no Café Museum, aconteceram no horário de almoço, mas nem eu nem ele costumávamos comer ao longo delas. Eram conversas animadas, nas quais também ele tomava parte ativamente (só mais tarde seu silêncio começou a despertar mais e mais a minha atenção). Não duravam muito, porém. Uma hora, talvez. Sempre que se tornavam interessantes a ponto de se desejar continuar conversando a vida toda, ele se levantava subitamente e dizia: "Preciso ir para a dra. Schaxl". A dra. Schaxl era sua psicanalista — Broch fazia análise havia anos —, e, como ele sempre arranjava para que nos encontrássemos um pouco antes de seu horário com ela, eu tinha a impressão de que ele fazia análise diariamente. Para mim, aquilo era como uma bofetada: quanto mais livre e abertamente lhe falava (e cada frase sua intensificava minha impetuosidade), quanto mais sábias e penetrantes as suas respostas, tanto mais profundamente eu sentia a interrupção. Sentia-me injuriado até mesmo por aquele nome ridículo: Schaxl.

Ali estavam os dois homens conversando, quando um deles — Broch, por cujas palavras eu ansiava, que havia escrito uma obra como *Die Schlafwandler* — levantava-se, interrompia uma frase pelo meio e desaparecia, dia após dia (assim eu acreditava), para ir ter com uma mulher que se chamava Schaxl e era psicanalista. Eu ficava bastante consternado. Sentia-me envergonhado por ele e mal ousava imaginar Broch tendo de se deitar num divã, dizendo coisas à doutora que a nenhum outro ser humano era dado ouvir; coisas que ele, talvez, nem sequer escrevia. É necessário ter conhecido a seriedade, a dignidade, a beleza com que Broch se sentava e ouvia, a fim de compreender como parecia humilhante que ele se deitasse para falar, sem ter diante de si um rosto que *seus olhos* pudessem fitar.

Hoje, penso que é perfeitamente possível que Broch procurasse se salvar do dilúvio de minhas palavras; que, absolutamente, não teria suportado uma conversa mais longa comigo e, por isso, marcava nossos encontros, propositadamente, para pouco antes do horário da análise.

Broch, aliás, apoiava Freud em tal medida que não se intimidava nem um pouco em empregar a terminologia deste — em seu sentido integral, sem questioná-la — numa conversa séria e espontânea. Tendo em vista sua grande cultura filosófica, isso só podia me deixar perplexo, tamanho o desagrado com que eu via isso, pois significava que Broch equiparava Freud a Spinoza, Platão e ao próprio Kant, a quem tanto admirava. Assim, pronunciava, lado a lado, palavras que haviam mergulhado na banalidade cotidiana do linguajar vienense de então e palavras consagradas pela reverência de séculos, inclusive a sua própria.

Poucas semanas após nos conhecermos, Broch perguntou-me se eu não gostaria de fazer uma leitura na Volkschochschule, em Leopoldstadt. Ele próprio já o fizera algumas vezes e teria prazer em me apresentar. Sentindo-me muito honrado com a sugestão, aceitei-a. A leitura foi marcada pelo dr. Schönwiese, o organizador, para 23 de janeiro de 1933. Antes ainda do ano-novo, levei a Broch o manuscrito de *Kant fängt Feuer*. Algumas semanas mais tarde, já em janeiro, ele me pediu que fosse vê-lo na Gonzagagasse, onde morava.

"O que o senhor quer dizer com isto?"

Essas foram suas primeiras palavras, acompanhadas de um gesto vago, apontando para o manuscrito do romance sobre a mesa. Fiquei tão espantado com a pergunta que não sabia o que responder. Teria esperado qualquer pergunta, menos aquela. O que poderia um romance querer dizer que pudesse ser resumido em umas poucas frases? Assim sendo, balbuciei algo semi-inteligível. Podia não fazer muito sentido, mas afinal eu tinha que responder alguma coisa. Broch desculpou-se e retirou a pergunta:

"Se o senhor soubesse a resposta não teria escrito o romance. Foi uma pergunta ruim essa minha."

Percebendo que eu não me sairia com nenhum discurso articulado, Broch tentou circundar lentamente a questão, excluindo tudo o que estava fora de cogitação quanto ao possível propósito de meu romance.

"Mas o senhor não estava apenas querendo escrever a história de um doido, não é? Essa não pode ter sido sua verdadeira intenção. Tampouco pretendia simplesmente retratar uma figura grotesca, à maneira de E. T. A. Hoffmann ou E. A. Poe?"

Broch aprovou minha resposta negativa a essa pergunta. Falei, então, de Gogol. Uma vez que o elemento grotesco dos personagens do romance chamara sua atenção, eu tinha de invocar aquele que fora realmente o meu modelo.

"Na verdade, fui influenciado por Gogol. Os personagens deveriam ser extremos, levados às últimas consequências, cômicos e horríveis ao mesmo tempo, de modo que não se pudesse separar o horrível do cômico."

"O senhor mete medo. É isso o que quer? Meter medo nas pessoas?"

"É. Tudo à nossa volta é assustador. Não existe mais uma língua comum. Um não entende o outro. Acho que ninguém *quer* entender o outro. Impressionou-me bastante no seu *Huguenau* que os homens estejam encerrados dentro de sistemas de valores diversos, que não seja possível o entendimento entre

42

eles. Huguenau é quase um personagem como os meus, embora isso não se manifeste na linguagem dele. Ele ainda conversa com os outros. Mas há um documento no final do livro — a carta de Huguenau, contendo sua exigência à viúva Esch — escrito na linguagem que lhe é verdadeiramente própria: a do puro homem de negócios. Ali *o senhor* leva ao extremo a separação entre esse personagem e os demais do romance. Isso corresponde exatamente ao que tenho em mente. Foi isso que quis manter *constante*, em cada personagem e em cada passagem de meu livro."

"Então não se trata mais de seres humanos verdadeiros, mas de algo abstrato. Seres humanos reais têm diversos componentes. Carregam dentro de si impulsos contraditórios que lutam uns contra os outros. Estaremos transmitindo uma imagem verossímil do mundo se não levarmos isso em conta? É-nos permitido desfigurar as criaturas a tal ponto que não sejam mais reconhecíveis enquanto seres humanos?"

"São *personagens*. Seres humanos e personagens não são a mesma coisa. O romance, como gênero literário, teve início com os personagens. *Dom Quixote* foi o primeiro romance. O que o senhor acha do personagem principal? Parece-lhe um tanto inverossímil por ser tão extremo?"

"Era uma outra época. Naquele tempo, em que grassavam ainda as novelas de cavalaria, era um personagem crível. Hoje sabemos mais sobre o ser humano. Existe uma psicologia moderna revelando coisas sobre o ser humano que não podemos simplesmente ignorar. Espiritualmente, a literatura tem de estar à altura de seu tempo. Se ficar para trás, torna-se uma espécie de *kitsch*, servindo a objetivos *extra*literários e, portanto, inadmissíveis, quaisquer que sejam eles."

"Isso significaria que o *Dom Quixote* não nos diz mais nada. Para mim, ele não é apenas o primeiro, mas o maior dos romances. Não lhe falta nada, nenhum saber moderno. Eu diria mesmo que ele evita certos erros da psicologia moderna. O autor não se propõe ali a uma investigação do ser humano, não pretende mostrar tudo o que talvez haja no interior de um

43

indivíduo; mas cria certas unidades, dá-lhes contornos nítidos e as contrapõe umas às outras. É dessa interação que surge o que ele tem a dizer sobre o ser humano."

"Muito do que hoje nos preocupa e aflige não pode de modo algum ser expresso dessa maneira."

"Certamente que não. Coisas que à época não existiam não podem ser expressas assim. Mas novos personagens podem, hoje, ser concebidos, e quem souber lidar com eles irá expressar aquilo que nos preocupa."

"É necessário que também na arte haja novos métodos. Na era de Freud e Joyce, nem tudo pode permanecer como era antigamente."

"Acredito também que hoje o romance precisa ser *diferente*, mas não porque vivemos na era de Freud e Joyce. A *substância* de nosso tempo é outra, o que só pode ser transmitido por meio de novos personagens. Quanto mais diversos uns dos outros, quanto mais extremos, maiores serão as tensões entre eles. A questão é a natureza dessas tensões. Elas nos metem medo, um medo que reconhecemos como o nosso próprio. Servem para que *ensaiemos* esse medo. Por certo, na investigação psicológica deparamos também com o medo e o constatamos. Novos meios — ou, pelo menos, aparentemente novos — são, então, empregados, devendo nos libertar dele."

"Isso não é possível. O que poderia nos libertar do medo? Talvez ele se deixe atenuar, mas isso é tudo. O que o senhor fez no romance, e também em *Hochzeit*, foi *intensificar* o medo, lançando o homem de encontro à própria perversidade, como se quisesse puni-lo por isso. Sei que seu verdadeiro propósito é forçá-lo à conversão, o que me lembra um sermão exortando ao arrependimento. Mas o senhor não ameaça com o inferno, exibe-o, e, aliás, nesta vida. Não apresenta o inferno objetivamente, de modo a que possamos percebê-lo, conhecê-lo realmente, mas exibe-o de tal maneira que já nos sentimos nele e o tememos. Será que é tarefa do escritor trazer mais medo a este mundo? Será este um propósito digno do ser humano?"

"O senhor tem um outro método de escrever romances.

Colocou-o em prática com êxito na estrutura de *Huguenau*. Opõe diferentes sistemas de valor, bons e maus, de modo a contrastá-los uns com os outros. Bem ao lado do mundo dos negócios de Huguenau, há a moça religiosa do Exército da Salvação. Com isso, o senhor estabelece um equilíbrio e nos alivia um pouco do medo que gera com a figura de Huguenau. Sua trilogia me impregnou. Lia-a de uma vez só, e ela criou em mim muitos espaços que se conservaram. Até hoje, meio ano após a leitura, esses espaços subsistem. Sem dúvida, pode-se dizer que com isso o senhor me expandiu e enriqueceu. Mas me *tranquilizou* também. A compreensão tranquiliza. É admissível que ela apenas tranquilize?"

"O senhor é pela intensificação da inquietação, até o pânico. Conseguiu-o certamente em *Hochzeit*. Dali só há um caminho possível: destruição e ruína. O senhor *quer* essa ruína? Pressente-se que quer exatamente o contrário, que gostaria de fazer algo para apontar uma saída. Porém não mostra nenhuma. Em ambas as obras, tanto em *Hochzeit* quanto no romance, o senhor conclui, dura e impiedosamente, com a destruição. Há aí uma certa disposição de não fazer concessões, a qual merece respeito. Mas isso significa que o senhor desistiu da esperança? Significa que o senhor mesmo é quem não acha a saída ou que duvida inteiramente da existência dela?"

"Se duvidasse, se tivesse realmente desistido da esperança, não poderia mais viver. Não, acho simplesmente que nós ainda *sabemos* muito pouco. O senhor gosta de recorrer à psicologia moderna. Parece-me que tem orgulho dela porque ela nasceu neste seu, por assim dizer, meio mais íntimo, nesta esfera particular do mundo vienense. Sente uma espécie de patriotismo por essa psicologia. Talvez, como se o senhor mesmo pudesse tê-la criado. Tudo o que afirma o senhor identifica de imediato a si próprio. Não precisa nem sequer procurar. Pois, para mim, essa mesma psicologia parece totalmente insuficiente. Ocupa-se do individual e, por certo, obteve algum resultado nesse campo. Mas não sabe absolutamente o que fazer com a massa, e é esta o mais importante: é sobre ela que precisaríamos saber mais, pois todo novo poder que *hoje* surge alimenta-se conscientemente da massa. Na prática, todos aqueles que estão atrás de poder político sabem como têm de operar com ela. Somente os que veem que essas operações vão conduzir diretamente a uma nova Guerra Mundial é que não sabem de que modo devem atuar sobre a massa, a fim de que ela não seja usada para a infelicidade de todos nós. Essas leis que regem o comportamento das massas precisariam ser descobertas. Essa é a questão, a tarefa mais importante nos dias de hoje, e dessa ciência não existem ainda nem mesmo os rudimentos."

"Nem pode existir. Nesse campo tudo é vago e incerto. O senhor está no caminho errado. Não poderá descobrir quaisquer leis para as massas, porque essas leis não existem. É uma pena o tempo que está perdendo com isso. O senhor já me disse algumas vezes que o encara como a verdadeira tarefa de sua vida, que está decidido a empregar anos, décadas ou mesmo a vida toda, se necessário, para cumpri-la. Seria uma vida desperdiçada. É melhor que escreva suas peças. O senhor é um escritor. Não pode se dedicar a uma ciência que não existe e jamais existirá."

Mais de uma vez tivemos conversas como essa, a respeito do estudo das massas. Como já disse antes, Broch sempre se movia com cautela diante de um interlocutor, como se pudesse causar algum dano ao dizer-lhe as coisas com demasiada firmeza. Para ele, importava sobretudo o tipo de interlocutor que tinha diante de si: sua natureza e os pressupostos mediante os quais este funcionava. Assim, raramente as conversas com Broch chegavam a ser de fato *duras*. Era-lhe impossível humilhar alguém e, por isso, evitava ter razão demais.

Eram ainda mais conspícuas as poucas ocasiões nas quais discordamos frontalmente. Broch era inexoravelmente contrário ao nome do personagem principal de meu romance. No manuscrito que eu lhe dera para ler, ele ainda se chamava Kant. O título — *Kant fängt Feuer* — também o irritava, como se isso eu pretendesse sugerir que o *filósofo* Kant fora uma criatura fria e insensível e que ali, naquele livro cruel, era forçado a pegar fogo. Broch não o dizia dessa forma, mas sim objetando que o uso daquele nome, pelo qual tinha extremo respeito, parecia-lhe inadmissível. Daí a primeira observação crítica que me fez: "O senhor precisa mudar o nome". Nisso, permaneceu intransigente. Quase toda vez que o via, ele perguntava: "Mudou o nome?".

Não lhe bastava que eu explicasse que nome e título haviam, desde o princípio, sido provisórios; que eu estava já, desde antes de o conhecer, decidido a modificar ambos, em caso de publicação do romance. Insatisfeito, Broch insistia: "Por que não imediatamente? De preferência, faça-o já no manuscrito". Em mim, isso provocava resistência: era como um comando provindo de um homem cujo feitio não era absolutamente o de distribuir ordens. Eu pretendia manter o título original, ainda que provisório, pelo tempo que fosse possível. Deixei o manuscrito exatamente como estava, esperando pelo momento em que efetuaria a modificação por vontade própria, e não sob pressão.

O segundo ponto sobre o qual Broch insistia era aquele de que já falei: a impossibilidade de uma psicologia de massas. Sua opinião não me impressionava nem um pouco. Por mais que o respeitasse como escritor e como ser humano, por maiores e mais vãos que fossem meus esforços para conquistar-lhe a simpatia, jamais sonharia em lhe dar razão apenas por respeito. Ao contrário, tencionava convencê-lo de que coisas novas poderiam surgir, de que havia nesse campo correlações que, curiosamente, jamais haviam sido consideradas. Broch parecia pouco interessado e, em geral, sorria — mas me dava ouvidos. Só ficava indignado quando eu criticava conceitos freudianos. Certa vez, tentei deixar claro que era preciso que se distinguisse entre pânico e fuga em massa. Argumentei então que, embora o pânico constituísse de fato uma genuína desagregação da massa, existiam, por outro lado, massas em fuga — como, por exemplo, se poderia observar muito bem nos bandos de animais — que não se desagregam de modo algum, mas mantêm-se unidas, e cujo sentimento de pertencerem à massa, de que estariam imbuídas, poderia lhes ser propício no curso da fuga. "Como é que o senhor sabe?", perguntou-me ele. "O senhor já foi uma gazela no meio de um bando em fuga?"

Em contrapartida, logo descobri haver algo que sempre o impressionava: a palavra *símbolo*. Quando eu falava de *símbolos de massa*, Broch ouvia com muita atenção, fazendo com que eu lhe explicasse exatamente o que entendia por aquilo. Eu andara, à época, refletindo sobre a relação entre o fogo e a massa, e como Broch — assim como cada um em Viena — tinha na memória o 15 de julho de 1927, meditava sobre o que eu dissera, volta e meia retornando ao assunto. O que realmente o agradou, entretanto, foi o que eu lhe disse acerca do mar e das gotas d'água em seu isolamento. Contei a ele a espécie de compaixão que sentia por gotas d'água isoladas em minha mão, porque apartadas do grande contexto ao qual pertenciam. Tudo o que beirasse o sentimento religioso o seduzia — nesse caso, particularmente a palavra *compaixão*, que utilizei referindo-me ao isolamento das gotas. Broch habituou-se a ver algo de religioso em meu estudo sobre as massas, e a falar dele por essa óptica. Vendo nisso uma redução de meu intento, eu me defendia, até que, afinal, desisti de discutir esse assunto com ele.

O REGENTE

Ele mantinha os lábios firmemente cerrados, para que deles não escapasse qualquer palavra de louvor. Importava-lhe, acima de tudo, a precisão do aprender de cor. Ainda bem jovem, passando dificuldades, lançava-se a textos complexos, absorvendo-os pedaço por pedaço, nos míseros momentos livres que o trabalho lhe permitia. Aos quinze anos, pálido e dormindo pouco, tocava violino em cafés noturnos, tendo sob a partitura um volume de Spinoza, cuja *Ética* decorava frase por frase nos curtíssimos intervalos. O que estudava nada tinha a ver com sua atividade: era algo à parte, um estágio paralelo de seu aprendizado. Interesses análogos a esse, tinha-os em profusão, sem que houvesse efetivamente qualquer relação intrínseca ligando uns aos outros, a não ser pelo esforço que tudo isso lhe custava. Preponderante, sempre, era sua vontade indestrutível, que precisava do novo para se exercitar e logrou encontrá-lo ao longo de toda uma vida. Essa vontade foi decisiva até a velhice — um apetite inexaurível, mas transformado em rítmico pelo contato contínuo com a música.

A ânsia de aprender, com a qual se destacou quando jovem, acompanhou-o em todas as circunstâncias posteriores de sua vida. Poder-se-ia dizer que a recebeu como uma missão, paralelamente à sua atividade profissional. A despeito de todas as dificuldades, tornou-se regente bem cedo, mas não se deu por satisfeito com o que encontrou. Reger, apenas, talvez não o realizasse plenamente, e é possível que seja essa a razão pela qual jamais se tornou efetivamente um grande regente. Mantinha-se à espreita do que fosse *diferente*, pois este permanecia ainda por aprender. Caiu-lhe como uma luva o período de renovação musical que vivenciou, pois, para se renovar, a música ramificou-se de maneira inaudita. Cada escola, contanto que fosse nova, colocava-o diante de uma tarefa, e resolver novas tarefas era o que queria e sabia fazer. Contudo, nem mesmo a mais difícil das tarefas podia ser-lhe de tal envergadura que, diante dela, as demais desaparecessem. Ele se encarregava da mais trabalhosa, aferrava-se a ela — nenhuma lhe era difícil demais —, mas também reservava para si todas as restantes que, de uma maneira ou de outra, passavam por novas, inclusive aquelas que somente no futuro se configurariam. Se, porém, o aprendizado do novo, que incorporava por completo (até onde isto é possível, sem a exclusão total de tudo o mais), constituía um de seus interesses, não era o único. O mais importante para ele era *implantar* esse novo: ou seja, com a máxima perfeição possível, apresentá-lo a um público que jamais o experimentara e que, portanto, o receberia não apenas como novo e, a princípio, irreconhecível, mas também como insólito, repugnante e, aparentemente, feio. Para o regente, tratava-se duplamente de uma questão de poder: da violação dos músicos, obrigando-os a executar o novo, e, assim

49

que tivesse estes nas mãos, da violação do público — de preferência, um que fosse particularmente renitente.

Sua singularidade, ou, poder-se-ia também dizer, sua liberdade consistia nessa violação sempre por meio do diverso, do novo; em não se apegar a uma única tendência, mas voltar-se para todas que lhe oferecessem uma tarefa difícil. Era, assim, o primeiro a ter apresentado ao público esta ou aquela peça totalmente estranha — seu descobridor, por assim dizer. Cuidava para que essas descobertas se somassem, para que as houvesse sempre em maior número; e, como seu apetite crescia com o número e a multiplicidade delas, a música por vezes não lhe bastava: sentia um enorme desejo de ampliar seu círculo de poder, incluir nele, por exemplo, o teatro. Pensava, então, em organizar festivais nos quais caberiam tanto uma nova peça quanto uma nova música. Foi num tal momento de sua vida que eu o conheci.

Hermann Scherchen estava sempre à procura do *Novo*. Quando chegava a uma cidade onde fosse atuar pela primeira vez, procurava ouvir de quem as pessoas *falavam*. Reconhecia o tom do chocante ou do inesperado na maneira pela qual um nome era pronunciado, e tratava de entrar em contato com seu portador. Chamava tais pessoas para seus ensaios, arranjando tudo de forma a receber o Novo em plena atividade, sem tempo nem mesmo para um aperto de mão, já que o ensaio esperava por ele e tinha de prosseguir. A conversa com o Novo que o interessava — e a quem já fizera saber desse interesse — precisava, então, ser adiada para uma próxima oportunidade, na qual tampouco era absolutamente certo que teria *mais* tempo disponível. O Novo, contudo, sentia-se honrado, pois já fora insistentemente informado por intermediários da importância que o regente atribuía a um encontro. A recepção inicial fora fria, mas isso se devera provavelmente à falta de tempo: todos podiam ver com seus próprios olhos a dificuldade da missão a que o regente se propusera — sobretudo numa cidade como

Viena, conhecida pelo arraigado gosto conservador em matéria de música. Portanto, não se podia levar a mal que o pioneiro estivesse concentrado em seu trabalho. Na verdade, o convidado sentia-se até agradecido pelo fato de o regente ter manifestado o desejo de um segundo encontro, numa oportunidade mais propícia. Isso era compreensível, e aguardava-se com entusiasmo. Mesmo em meio a tanta agitação, ficara claro que o regente *esperava* alguma coisa dele; e, como só se preocupava com o novo, o que esperava era, pois, algo de novo. Assim, mesmo antes que o regente soubesse o que quer que fosse a seu respeito, ele já se sentia no direito de considerar-se entre os *Novos*. Podia acontecer de encontrar-se ainda algumas vezes com o regente sem que chegassem efetivamente a conversar: a conversa seria, a cada vez, adiada, tornando-se mais e mais importante.

No entanto, quando havia entre os intermediários um ser do sexo feminino que interessava a Scherchen, o processo não era tão demorado. Ao término de um ensaio, ele se dirigia, acompanhado de um pequeno séquito, até o Café Museum, onde, calado, ouvia o candidato. Então, o regente forçava-o a falar daquilo que lhe era mais importante, normalmente uma composição — no meu caso, uma peça de teatro. Cuidava, no entanto, de não fazer um único comentário. Em tais ocasiões, o que de imediato chamava a atenção no regente eram seus lábios finos e firmemente cerrados. Poder-se-ia duvidar de que ele estivesse realmente ouvindo, tamanho era seu silêncio. Mantinha o rosto impassível e sob controle, sem trair qualquer sinal de aprovação ou rejeição, a cabeça ereta e firme sobre o pescoço um tanto gordo, os ombros inflexíveis. Quanto mais eficaz o seu silêncio, mais o outro falava, impelido, sem se dar conta, para o papel de pedinte diante de um potentado que reservava para si, pelo tempo que fosse possível, a decisão. Talvez, para sempre.

Mas Hermann não era absolutamente um homem calado. Conhecendo-o melhor, ficava-se espantado com o quanto e quão rapidamente falava. O conteúdo, porém, compunha-se principalmente de autoelogios — cantos de vitória, poder-se-ia dizer, se não soassem tão insossos e monótonos. Havia também momentos nos quais, de súbito, punha-se a alinhavar arbitrariamente tudo o que lhe passava pela cabeça. Desfiava, então, suas ideias como se estivesse autorizado e decidido a conferir-lhes força de lei. Um exemplo: "Em 1100 a.C. houve uma explosão na humanidade". Referia-se a uma explosão de criatividade artística (tinha particular afeição pela palavra explosão). Ou seja, estivera em um museu e passara rapidamente, como era de seu feitio, por objetos de origens diversas — cretenses, hititas, sírios, babilônicos. Nas placas indicando as datas, notara duas ou três vezes a presença do ano 1100 a.C. Com a rapidez de decisão e a obstinação que lhe eram peculiares, logo concluíra: "Em 1100 a.C. houve uma explosão na humanidade".

Ficava calado, inapelavelmente calado, quando estava diante de alguém que pensava em descobrir ou promover. Então, tornava-se-lhe uma questão vital não deixar escapar qualquer palavra de louvor: mantinha os lábios selados. Acostumara-se tanto a ser avaro com as palavras, especialmente as de louvor, que isso de fato determinava-lhe a expressão facial.

Foi H. quem me mandou até Anna Mahler com uma carta: não brincava em serviço. Ele a conhecera quando Anna ainda era bem jovem e estava casada com Ernst Krenek. Àquela época, ele não tinha ainda nome suficiente para esperar dela alguma atenção. Além disso, julgou-a uma pessoa ainda não totalmente instruída, pois Anna *submetia-se* a Krenek, ajudando-o em seu trabalho. Krenek compunha com grande rapidez, ininterruptamente, e ela se acocorava ao seu lado para copiar o que ele havia composto. Era ainda o período puramente musical de Anna Mahler. Ela aprendera a tocar sete ou oito instrumentos e continuava a se exercitar alternadamente em todos eles. Desde cedo deixara-se impressionar pela produtividade: para ela, a prolixidade, o compor incessante e ininterruptamente constituíam prova de genialidade. Esse culto pelo infatigável excesso permaneceu com Anna ao longo de toda a sua vida.

Respeito tinha apenas pelos criadores ou por aqueles que julgava como tais. Quando se passava da música para a literatura, impressionavam-na os romances longos: mal terminado um, já outros o seguiam. Naqueles anos em que viveu com Krenek, o culto à produtividade estava ainda restrito à música, e ela parecia disposta a servir ao jovem criador.

Krenek estava entre os primeiros na galeria de descobertas de H. À época, este por certo deve ter notado a presença de Anna Mahler, mas como serva de um outro homem ela absolutamente não o interessava. Então, ao vir para Viena munido de planos ambiciosos, H. retomou, como era de seu feitio, todos os antigos contatos, sendo convidado ao casarão da Maxingstrasse, de propriedade do editor Paul Zsolnay. Ali, reencontrou Anna na qualidade de senhora de uma casa muito poderosa: cabelos dourados, com pretensões artísticas próprias, uma escultora madura. Talvez ele a tenha visitado também no ateliê, mas isso é improvável. Em todo caso, é certo que a encontrou numa recepção nos Zsolnay. A mãe de Anna, cujo poder na vida musical vienense H. conhecia, tinha dele uma opinião ruim. Apegou-se, pois, mais ainda à filha. Sondou o terreno e escreveu uma carta a Anna, cortejando-a — carta que eu deveria entregar a ela pessoalmente em seu ateliê.

Suas intenções para comigo eram, à sua maneira, boas: arranjou-me, por exemplo, uma visita a Alban Berg. Uma leitura de *Hochzeit* em casa de Bella Band — o cenário ideal, transposição para a alta burguesia do mesmo ambiente em que a peça se desenrola — deixara-o impressionado. Não que tivesse dito palavra a respeito: permaneceu mudo como um peixe, depois de duas horas na companhia de bêbados que celebram um casamento que termina em tempestuosa ruína. Os traços de seu rosto, como de costume, permaneceram frios e imóveis; os lábios, como disse antes, firmemente fechados. Apesar disso, percebi que algo havia mudado nele: parecia-me ter, quase que imperceptivelmente, encolhido. Após a leitura, não pronunciou *uma única* de suas palavras imperiosas, nem aceitou qualquer bebida, partindo rapidamente.

Qualquer que fosse a situação, H. tinha o costume de partir abruptamente. Levantava-se e ia embora com bem poucas palavras, não mais do que as imprescindíveis, de acordo com a ocasião. Quando estendia a mão aos outros, mantinha-a bem próxima de si: nem mesmo nesse ato queria ser amável com as pessoas. Mantinha a mão não apenas próxima de si, mas também a uma altura tal que a pessoa precisava esticar-se e se elevar para alcançá-la. Era uma graça que concedia, à qual acrescentava um breve comando: quando e em que ocasião ter-se-ia de comparecer à sua presença. Como estava sempre rodeado de gente, seu comando era recebido como uma distinção e, ao mesmo tempo, uma humilhação. Em tais despedidas, desapareciam de seu rosto mesmo os mínimos traços de um sorriso: ele parecia inanimado e sério. Tratava-se de uma solenidade governamental executada diante de uma estátua que se movia aos trancos, mas poderosamente. Em geral, H. imediatamente dava meia-volta, de modo que, logo após o pronunciamento da última ordem (isto é, quando é que se deveria comparecer novamente diante dele), tinha-se diante dos olhos suas largas costas — em marcha decidida, mas nunca demasiado rápida. Como regente, estava de fato acostumado a atuar com as costas voltadas para o público, mas não se pode dizer que estas dispunham de grande riqueza de movimentos: pareciam tão inertes quanto seu rosto, que jamais ostentava qualquer expressão. Determinação, arrogância, julgamento e frieza eram tudo o que ele pretendia revelar de si aos outros.

O silêncio era seu mais seguro instrumento de opressão. H. compreendeu logo que música não era o meu forte, tanto no sentido de habilidade artística quanto simplesmente como um meio de manifestação espiritual. Assim, ele não podia representar para mim o papel de um mestre a me ensinar coisas. Um relacionamento do tipo mestre-aprendiz, sua especialidade, estava fora de questão. Eu não tocava nenhum instrumento, não era membro de nenhuma orquestra e tampouco era compositor. Portanto, ele precisava pensar em outras maneiras de me manter sob seu jugo. H. pensava em incluir também o teatro nos festivais de música moderna que pretendia organizar. Como já disse, ao ouvir minha leitura de *Hochzeit* ele ficou como que *congelado*. Teria silenciado de qualquer maneira, mas seu silêncio foi intensificado pela partida imediata — um pouco mais rápida do que era seu costume. Se já o conhecesse melhor, teria inferido, nessa sua atitude, certa perplexidade.

Concluí, no entanto, que era a atmosfera local que o repelia: a opulência oriental da dona da casa, esparramada sobre um sofá cujo comprimento mal era suficiente para acomodá-la, fazendo com que se derramasse para além dele. Não me senti nada confortável lendo a parte de Johanna Segenreich diante dela. Apesar do fato de que Bella Band, como representante da alta burguesia, provinha de um meio totalmente diferente e, frente a frente com Segenreich, não se dignaria a dirigir-lhe sequer um olhar, a cada fala desta última eu senti que ambas compunham um mesmo tipo de mulher. Não creio, todavia, que Bella tenha se sentido atingida: ouviu a leitura da peça na qualidade de anfitriã (seu filho, a quem eu conhecia, tratara com ela a realização da leitura). Em função da eventual atenção que se prestava em Viena à música moderna, H. foi agraciado com a honra de um convite: também ali ele era conhecido como um precursor, mas não mais do que isso. A massa feminina que pesava sobre o sofá comportou-se exatamente da mesma maneira que ele: não se retirou, permanecendo deitada até o final, mas sorriu tão pouco quanto H., não o honrando com um único olhar. Seria impossível dizer o que se passou em sua carne durante as cenas da ruína. Tenho plena certeza de que não sentiu medo algum, mas também não creio que H. tenha temido o terremoto.

Estavam presentes algumas pessoas mais jovens. Também estas sentiram-se, provavelmente, protegidas pela frieza de H. e pela inabalável disposição de Bella Band para o amor. Assim, fui o único a sentir *medo* durante a leitura. Nunca consegui evitá-la ao ler *Hochzeit*. Tão logo o lustre começa a balançar, sinto o fim se aproximando. É-me incompreensível como é que consigo chegar até o final das cenas da dança da morte — que, afinal, compõem um terço da peça.

* * *

No final de junho de 1933, recebi uma carta de H., remetida de Riva. Dizia-me que havia lido novamente *Hochzeit* e sentido pavor diante da atmosfera de abstração, irremediável e gélida, sob a qual tudo se passa. Afirmava, ainda, ter ficado assombrado com a força de que dispõe o escritor e com o uso que essa força faz dele. "Venha logo me visitar — de preferência, depois de 23 de julho, em Estrasburgo —, para que enfrentemos juntos essa luta."

Segundo escrevera, julgava que o escritor fosse capaz de grandes coisas, mas jamais vira tudo depender tanto do próprio homem como no meu caso. Ser capaz de algo tão novo, dominar uma técnica tão diferente, ao mesmo tempo sonâmbula e segura, acossado pelas forças motrizes tanto da sonoridade quanto da ponderação das palavras, era um grande desafio, ao qual eu deveria corresponder plenamente.

H. pedia-me que entregasse a "Anni" — como a chamava —, e somente a ela, uma carta que enviara juntamente com a minha. "O senhor poderia fazer algo com o prospecto anexo? Divulgue-o! Cordialmente, H. Sch."

Custa-me grande esforço reproduzir aqui, essencialmente, o conteúdo dessa carta. Mas não posso omiti-lo, pois seu efeito sobre minha vida foi decisivo. Foi essa carta que me atraiu para Estrasburgo, e sem as pessoas que encontrei durante minha estada naquela cidade meu romance não teria sido publicado. Ela é também a melhor caracterização de H. que posso oferecer. Seu modo de ganhar as pessoas para si, atá-las a ele, usurpá-las, usá-las, não admitiria apresentação mais sucinta.

Nem tudo em sua carta é calculismo e comando. O medo de que fala, acerca da atmosfera de abstração, irremediável e gélida, não é inventado. Sobre ele, H. escreveu mais do que aqui cito, e *pensa* realmente o que escreveu. Para ele, porém, jamais bastaria pensá-lo. Aquela mesma pessoa a quem acabara de enaltecer, ele a convoca para si, para seu festival de música moderna em Estrasburgo, onde ela nada tinha a fazer, e para onde inúmeros outros são chamados — todos músicos, no entanto, com quem H. trabalha e cujas obras vai apresentar pela primeira vez. "Venha logo me visitar" — para quê, afinal? Para quê? "Para que enfrentemos juntos essa luta." Há aí uma tremenda arrogância: que luta poderia ele enfrentar em conjunto com um escritor? O que quer é tê-lo a seu lado, alguém que possa anunciar como grande promessa, um enfeite para seu evento pululante de músicos prestes a terem seus talentos firmados. Que tipo de luta pode ser essa? Para legitimar sua convocação, embora saiba que não terá um minuto sequer para a luta, ainda que pudesse travá-la, H. justifica-a por meio de um pomposo julgamento, que revoga de imediato, falando de um suposto perigo que ameaça o sentenciado. Assim, jogado para lá e para cá, o alvo da presença fica certo de pelo menos uma coisa: do quanto precisa de H. Uma carta a "Anni", secreta, é enviada junto. Ordena-se que também esta seja entregue em algum lugar, com outros objetivos. E tudo se torna ainda mais pragmático com o prospecto anexo e o "Divulgue-o!".

Eu daria qualquer coisa para ver as cartas que H. enviou às demais pessoas, convocando-as para o festival. Os músicos vieram: tinham boas razões para tanto. Ideia particularmente inspirada foi a das cinco viúvas que H. pretendia reunir nesse festival: eram as viúvas de cinco compositores famosos. De todas as cinco convidadas, recordo-me apenas de três: as de Mahler, Busoni e Reger. Nenhuma veio. Em vez delas, estava presente uma outra, que nada tinha a ver com a ocasião: a viúva, ainda fresca, de Gundolf, toda de preto, muito alegre e receptiva.

TROFÉUS

Eu já estivera algumas vezes na Hohe Warte* em visita privada a Anna, que me recebia pela porta dos fundos da casa,

---

* Hohe Warte: colina nos arredores de Viena, onde ficava a casa de Alma Mahler. (N. T.)

antes que ela decidisse me apresentar à sua mãe. Ambos estávamos curiosos por conhecer um ao outro, ainda que por razões bastante diversas. Ela, porque jamais ouvira falar de mim, e, tendo em baixa conta a capacidade da filha para julgar seres humanos, queria certificar-se de que eu não era perigoso. Eu, porque em toda Viena se falava muito, e com particular intensidade, em Alma Mahler.

Atravessando um pátio aberto — por entre cujas pedras permitia-se, com uma naturalidade calculada, que a grama crescesse —, fui conduzido a uma espécie de santuário, onde "mamãe" me recebeu: uma mulher bastante avantajada, transbordando por todos os lados, equipada com um sorriso doce e olhos claros, bem abertos, vítreos. Suas primeiras palavras soaram como se esperasse havia tempos por esse encontro, pois já ouvira muito falar de mim. "Anninha me contou", disse prontamente, diminuindo a filha desde as primeiras palavras: que não houvesse dúvidas, nem por um único momento, a respeito de quem era importante ali, e não só ali.

Em seguida, ela se sentou, indicando com um olhar de cumplicidade que eu deveria sentar-me ao lado dela. Hesitante, obedeci. Fiquei espantado desde o primeiro instante em que a vi. Falava-se em toda parte de sua beleza. Contava-se que fora a mais bela moça de Viena, impressionando Mahler de tal forma que este — bem mais velho do que ela — a cortejara e tomara como esposa. Os comentários acerca de sua beleza circulavam havia mais de trinta anos, e, no entanto, ali estava ela: sentando-se pesadamente, um pouco embriagada, parecendo bem mais velha do que efetivamente era e tendo reunido à sua volta todos os seus troféus.

A pequena sala em que me recebeu fora decorada de modo a dispor ao alcance da mão os marcos mais importantes de sua carreira: era impossível deixar de vê-los. Ela própria era o guia desse seu museu particular. A menos de dois metros de distância, encontrava-se a vitrine onde jazia aberta a partitura da inacabada Décima Sinfonia de Mahler. Alma chamava a atenção do visitante para a partitura. Este se levantava, aproximava-se e lia

58

o grito de socorro do enfermo (a Décima Sinfonia foi sua última obra) à sua mulher: "Almschi, querida Almschi". Viam-se, ainda, outras exclamações de desespero, igualmente íntimas, pois a partitura fora aberta precisamente nessas páginas de maior intimidade. Devia ser um meio já testado de impressionar visitantes. Li aquelas palavras, escritas pela mão de um moribundo, e olhei para a mulher a quem haviam sido endereçadas. Ela as tomava, 23 anos mais tarde, como se lhe tivessem sido dirigidas naquele minuto. Esperava de todos os que contemplassem aquele objeto de exibição o olhar de admiração que a ela era devido, em respeito ao sofrimento do moribundo. Estava tão certa do efeito que as palavras na partitura produziriam que o sorriso insípido estampado em seu rosto expandia-se para acolher a homenagem. Nada pressentiu da aversão e do nojo contidos em meu olhar. *Eu* não sorri, mas ela tomou erroneamente minha seriedade como um sinal de devoção, como cabia a um gênio moribundo; e, como tudo isso se passava no interior daquele santuário que erigira para sua própria felicidade, também a devoção lhe pertencia.

Em seguida, chegou a vez do quadro pendurado na parede bem defronte a ela: um retrato de Alma pintado poucos anos após as últimas palavras do compositor. Eu o havia notado já ao entrar, e desde então ele não me saía da mente: tinha algo de perigoso, de assassino. Consternado diante da visão da partitura aberta, meu olhar se turvou, e o quadro pareceu-me o retrato da assassina do compositor. Nem tive tempo de reprimir aquele pensamento, pois ela própria se levantou, caminhou três passos em direção à parede e, bem a meu lado, apontou para o quadro, dizendo: "E esta sou eu como Lucrécia Bórgia, pintada por Kokoschka". Era um quadro do grande período do pintor. Mas deste — que, afinal, ainda vivia — ela prontamente se distanciou, acrescentando num tom piedoso: "Pena que ele não deu em nada!". Kokoschka afastara-se por completo da Alemanha — um "pintor degenerado" —, indo para Praga, onde pintou um retrato do presidente Masaryk. Dando vazão ao meu espanto diante daquela nota de desprezo, perguntei: "Como assim, não deu em nada?". "Agora está lá em Praga, como um pobre emigrante. Não pintou mais nada que preste", respondeu ela e, lançando um olhar para Lucrécia Bórgia, acrescentou: "Ali, sim, ainda demonstrava habilidade. As pessoas sentem medo diante do quadro". De fato, eu sentira medo, mas sentia-o mais ainda agora, ao descobrir que o pintor não tinha dado em nada. Cumprira seu objetivo com diversos retratos da "Lucrécia Bórgia" e agora, coitado, estava arruinado, pois não era do agrado dos novos senhores da Alemanha, e pintar o retrato do presidente Masaryk não significava muito.

Porém a viúva não concedeu muito tempo ao segundo troféu: pensava já no terceiro, que não se encontrava no santuário, mas que desejava apresentar. Bateu com força as mãos gordas, chamando: "Afinal, onde é que está a minha gatinha?".

Não demorou muito para que uma gazela adentrasse a sala, com passos graciosos: uma criatura leve, de cabelos castanhos, disfarçada de menininha, intocada pela pompa com que fora chamada — em sua inocência, mais jovem do que os dezesseis anos que devia ter. Espraiava timidez, mais do que beleza, ao seu redor; uma gazela angelical, vinda do céu, não da arca. Levantei-me de um salto para barrar-lhe a entrada naquele ambiente corrupto, ou pelo menos a visão da assassina com seu veneno, junto à parede. Mas esta, jamais abandonando seu papel, já tomara, inapelavelmente, da palavra:

"Bonita, não? Bom, esta é Manon, minha filha. Do Gropius. Esta não tem mesmo igual. Você concede isso a ela, não é, Anninha? Qual o problema em ter uma irmã bonita? Tal pai, tal filha. O senhor já viu Gropius alguma vez? Um homem bonito, grande, exatamente aquilo que chamam ariano. Do ponto de vista racial, o único homem que combinou comigo. No mais, foram sempre judeuzinhos que se apaixonaram por mim, como o Mahler. Sou favorável a qualquer um dos dois tipos. Pode ir agora, gatinha. Espere um pouco: dê uma olhadinha lá em cima, veja se o Franzl está escrevendo seus poemas. Não o perturbe, se estiver. Se não, diga-lhe que desça."

Com essa missão a cumprir, Manon — o terceiro troféu —

deixou a sala, tão intacta quanto entrara: a missão não parecia incomodá-la. Senti um grande alívio ao pensar que nada poderia afetá-la, que permaneceria sempre como era, que jamais seria como a mãe: como o quadro venenoso na parede, como a velha e vítrea senhora derretida no sofá.

(Não sabia, então, de que forma terrível o futuro me daria razão. Um ano mais tarde, essa criatura de andar leve e gracioso ficaria paralítica. Ao chamado da mãe — o mesmo bater de palmas —, seria empurrada até ela numa cadeira de rodas. No ano seguinte, estaria morta. "À memória de um anjo", dedicou Alban Berg sua última obra.)

Num quarto na parte de cima da casa, logo abaixo do telhado, ficava o púlpito onde Werfel escrevia. Fazia-o em pé. Uma vez em que a visitei lá em cima, Anna me mostrara o quarto. A mãe não sabia que eu já conhecia Werfel de um concerto ao qual acompanhara Anna. Esta se sentara entre nós dois. Durante a música, senti um olho me espiando: o dele. Para me ver melhor, ele girara o corpo bem para o lado direito. Quase o mesmo tanto, meu olho esquerdo voltara-se em sua direção, para melhor poder observar a expressão de seus olhos. Olhares fixos se encontraram: sentindo-se flagrados, desviaram-se, a princípio; depois, não havendo mais como ocultar o interesse mútuo, prosseguiram em seu intento.

Não sei qual concerto estava sendo executado. Se eu fosse Werfel, lembrar-me-ia desse dado melhor do que de qualquer outro. Mas eu não era um tenor. Estava apenas apaixonado por Anna, nada mais. Ela não sentia vergonha de mim, embora eu estivesse vestindo uma calça esporte, em vez de um traje apropriado para um concerto. Só na última hora eu ficara sabendo que estava sobrando uma entrada e que ela me levaria junto. Sentada à minha esquerda, era para ela que, imperturbável, eu dirigia meu olhar furtivo — ou assim acreditava —, mas, naquela mesma direção, topei com o olho direito arregalado de Werfel. Ocorreu-me, então, que sua boca assemelhava-se à de uma carpa e que aquele olho estava em perfeita harmonia com ela. Logo, meu olho esquerdo se comportaria da mesma maneira.

Foi nosso primeiro encontro: desenrolou-se ao longo de uma música e entre dois olhos que, separados por Anna, não podiam se aproximar mais. Os olhos dela — o que tinha de mais belo; olhos que, uma vez postos sobre alguém, este alguém jamais os esqueceria — ficaram de fora daquele jogo: uma distorção grotesca, se se considerar quão inexpressivos e crus eram o meu olhar e o de Werfel.

De fora daquele jogo ficaram também as palavras, uma vez que estávamos sentados ali, mudos, em meio a um concerto. Werfel era um mestre no emprego fluente e patético delas (o maior dentre seus contemporâneos, Musil, deu-lhe o nome de Friedl Feuermaul [literalmente, "boca de fogo"]). Tampouco eu tinha a língua presa — na presença de Anna, por exemplo —, mas ambos calamos, entregues ao concerto. Talvez nossa inimizade tenha sido decidida já naquele primeiro encontro, o que teve pesadas consequências sobre minha vida — a hostilidade dele e a minha aversão.

No momento, porém, eu me encontrava ainda sentado em meio aos troféus de Alma, a qual, nada sabendo daquele encontro no concerto, acabara de mandar seu terceiro troféu em busca do quarto — que se chamava Franzl — com a finalidade de trazê-lo para baixo, se não estivesse escrevendo poemas. Parece que era exatamente o que estava fazendo, pois não veio naquela oportunidade — o que apreciei muito, já que estava sob o impacto devorador da regurgitante viúva e de seus troféus anteriores. Aferrei-me àquele impacto, queria preservá-lo em mim sem ser perturbado nesse intento pelo palavrório "Ó, homem!" de Werfel.* E assim foi. Não me lembro mais do momento em que fui embora, de como foi a despedida. Em minha memória, continuo sentado ao lado da imortalidade, ouvindo as imutáveis palavras de Alma sobre "judeuzinhos como o Mahler".

---

* Canetti faz aqui uma referência ao tom "patético" da poesia de Franz Werfel. Por exemplo, seu poema *An den Leser* [Ao leitor] principia: "O meu único desejo, *Ó Homem*, é ter contigo afinidades! / Sejas tu negro, acrobata, ou repouses ainda no fundo seio maternal [...]". (N. T.)

ESTRASBURGO, 1933

Não sei o que Hermann Scherchen pretendia com minha participação no seu festival de música moderna em Estrasburgo. Eu não tinha contribuição alguma a dar ao rico programa. Os eventos tinham lugar duas vezes por dia, no conservatório. Músicos do mundo todo haviam vindo. Alguns hospedaram-se em hotéis; a maioria foi convidada a ficar em casas de cidadãos locais.

Meu anfitrião foi o professor Hamm, um conhecido ginecologista que morava na Cidade Velha, não muito longe da igreja de São Tomás, na Salzmanngasse. Era um homem muito ocupado, mas foi pessoalmente me buscar no escritório do conservatório (onde eu fora designado para ser seu hóspede), conduzindo-me a pé até a Salzmanngasse. Já no caminho, falou-me de algumas peculiaridades da velha cidade. Fiquei perplexo ao chegarmos diante de sua bela e imponente casa. Sentia a proximidade da catedral: não ousara sonhar que ficaria hospedado tão próximo daquele que era o alvo de meus desejos, pois fora principalmente por causa da catedral que eu aceitara o convite para ir a Estrasburgo. Adentramos o vestíbulo, mais espaçoso do que seria de esperar em uma rua tão estreita. O professor Hamm conduziu-me, então, por uma larga escada, até o pavimento superior, e abriu a porta do quarto de hóspedes: grande, bastante confortável, decorado ao estilo do século XVIII. Já na soleira da porta, fui tomado pelo sentimento de que não seria apropriado que eu dormisse naquele quarto, um sentimento tão intenso que emudeci. O professor — um homem bastante caloroso, com um ar acentuadamente francês — esperara de mim uma expressão de encantamento; afinal, quem teria podido desejar para si um quarto de hóspedes mais belo? Assim, sentindo a necessidade de explicar onde é que eu me encontrava, mostrou-me a vista para a torre da catedral, que parecia ao alcance da mão, dizendo: "No século XVIII, esta casa foi uma hospedaria — chamava-se Auberge du Louvre. Herder morou aqui durante um inverno. Estava doente, não podia sair, e era aqui que Goethe vinha

63

visitá-lo diariamente. Não sabemos com certeza, mas diz a tradição que foi neste quarto que Herder morou".

A ideia de que Goethe tivesse conversado com Herder naquele mesmo quarto dominou-me por completo.

"Foi realmente aqui?"

"Foi certamente nesta casa."

Olhei abismado para a cama. Parado junto à janela, onde ele me mostrara a vista para a catedral, eu não ousava caminhar pelo quarto. Mantinha os olhos na porta pela qual havíamos entrado, como se aguardasse a visita a que ele se referira. Mas isso ainda não era tudo. Logo ficou patente que o professor Hamm pensara em mais do que a lendária tradição daquela casa. Ligeiro, encaminhou-se para o criado-mudo, ao lado da cama, retirando dali um pequeno volume, um antigo almanaque de bolso (creio que da década de 1770), que estendeu em minha direção.

"Um presentinho", disse ele. "Um *Almanaque das musas*.* Ele contém poemas de Lenz."

"De Lenz? De Lenz?"

"Sim, em primeira edição. Pensei que poderia interessá-lo."

Como é que ele descobrira? Eu acolhera aquele jovem poeta em meu coração, como um irmão. Minha familiaridade com ele era diferente daquela que tinha com os grandes, Goethe e Herder: tinha-o como alguém a quem se havia cometido uma grande injustiça, alguém cuja grandeza havia sido fraudada. Lenz, sempre um escritor da vanguarda, que eu conhecera da mais maravilhosa das obras em prosa alemã — aquela narrativa de Büchner —, Lenz, a quem a morte transtornava e a quem não foi dado acertar-se com ela. Ali, em Estrasburgo, onde naquele momento a vanguarda se encontrava, ainda que a da música, Lenz estava em seu lugar. Ali encontrara seu ídolo,

---

* Várias coletâneas de poesias publicadas regularmente ao final do século XVIII tiveram por título *Almanaque das musas*. Schiller editou uma delas de 1796 a 1800. (N. T.)

Goethe, motivo também de sua ruína. E ainda ali, sessenta anos mais tarde, estivera Büchner, seu discípulo, que graças a ele conduziu o drama alemão à sua plenitude, em um fragmento. Disso tudo eu já sabia então, e tudo convergira para Estrasburgo. Mas como é que o professor sabia que aquilo significava tanto para mim? Ele teria gelado de pavor se tivesse lido *Hochzeit*, e talvez tivesse mesmo hesitado em me deixar entrar em sua casa. Porém, aliado ao orgulho que sentia por ela, ele possuía também o instinto de um verdadeiro anfitrião, e me tratou de uma maneira que mais tarde — talvez — eu tenha feito por merecer. Convidara-me já a dormir no mesmo quarto em que Herder havia recebido Goethe, e quem no mundo mereceria tal honra? Mas, além disso, oferecera-me ainda o *Almanaque* que continha os poemas de Lenz. Isso me tocou intimamente, pois ali havia ainda algo a ser reparado: Lenz nunca fora realmente aceito no santuário ao qual também ele pertencia. Minha mala foi trazida para cima, e eu me instalei naquele quarto.

Durante o dia, uma enorme quantidade de eventos tinha lugar no festival: dois concertos por dia (não se tratava, absolutamente, de música ligeira), conferências (como, por exemplo, a de Alois Hába sobre sua música, que utilizava quartos de tom), conversas com novos conhecidos, alguns muito interessantes. O que me agradava particularmente nessas conversas era o seu assunto, música, e não literatura, pois discussões públicas sobre literatura eu, já naquela época, não suportava mais. Havia também recepções oferecidas pelos notáveis locais e encontros noturnos, após os concertos. Tinha a sensação de estar com todo o meu tempo tomado, embora — ao contrário dos músicos — eu não estivesse fazendo absolutamente nada. Todavia, na qualidade de convidado pessoal de Scherchen, minha presença ali não era questionada por ninguém. É de admirar que ninguém tenha me perguntado: "O que você escreveu?". Não me sentia de modo algum um embusteiro, pois havia escrito *Kant fängt Feuer* e *Hochzeit*, além de ter a consciência de que, como os compositores presentes, havia feito algo de *novo*. Tampouco me incomodava o fato de que, à exceção de H., ninguém mais conhecia essas obras.

65

Tarde da noite, porém, retornava àquele quarto, que, com toda a certeza, só para mim era precisamente o de Herder no Auberge du Louvre, e o sentimento de que não me cabia estar ali não queria me abandonar. Noite após noite, era a mesma aflição, uma espécie de medo: a consciência da profanação é sua punição pela insônia. Quando a manhã chegava, no entanto, eu não me levantava cansado. De bom grado, mergulhava novamente nas atividades do festival, sem jamais pensar, ao longo do dia, naquilo que mais uma vez enfrentaria à noite. Para esse desassossego concernente ao passado — passado no qual fora parar como que por engano, mas ao qual gostaria de ter pertencido havia apenas uma compensação, tão maravilhosa, aliás, que diariamente eu lhe reservava um tempo; a catedral.

Eu estivera uma única vez em Estrasburgo: na primavera de 1927, retornando de Paris para Viena. Detivera-me na Alsácia somente para ver a catedral e, em Colmar, o altar de Isenheim. Permanecera, então, apenas por umas poucas horas em Estrasburgo, e procurara pela catedral. De repente, na Krämergasse, vi-me diante dela — era um final de tarde. O brilho vermelho da pedra na enorme fachada oeste era algo com o qual não havia contado: todas as fotos da catedral que eu vira até então haviam sido em preto e branco.

Agora, seis anos mais tarde, retornava àquela cidade — não por poucas horas, mas por semanas, por um mês inteiro. Tudo se passara de uma maneira bastante casual, ou aparentemente casual. Em sua irrequieta procura por pessoal, H. me convidara. Aceitando o convite, estanquei, contra a vontade, minha violenta e recente paixão por Anna, pela qual também H. fora responsável, ao tentar me utilizar como mensageiro. Na verdade, a despeito de todas as dificuldades aparentes, não hesitei em aceitar o convite. Havia já começado a escrever a *Komödie der Eitelkeit* [Comédia da vaidade], em cuja primeira parte trabalhava ainda. Por conseguinte, duas coisas me prendiam a Viena, duas coisas bastante importantes: a primeira paixão desde que conhecera Veza e, depois do romance e de *Hochzeit*, um terceiro trabalho literário, nascido sob o impacto dos acontecimentos na Alemanha. Após a queima dos livros, a *Komödie* queimava--me os dedos. Com Anna, as coisas só começaram a andar mal quando, em razão de dificuldades com o passaporte, minha partida — questão já decidida — foi retardada. Enquanto me esperava, indo de repartição em repartição, a *Komödie* tornava--se algo cada vez mais presente. Escrevi a pregação de Brosam enquanto aguardava por meu visto, no consulado da França.

Se me pergunto hoje o que me deu o último empurrão em direção a Estrasburgo — à exceção da poderosa vontade de Scherchen, que nos submetia a todos —, a resposta é o próprio nome Estrasburgo: aquela breve visão da catedral, já de tardezinha, e tudo o que eu sabia sobre a passagem de Herder, Goethe e Lenz por aquela cidade. Não creio que, à época, isso estivesse claro para mim — afinal, provavelmente nada me era, então, mais irresistível do que aquela imagem da catedral. Mas meu sentimento pelo *Sturm und Drang* na literatura alemã era bastante intenso, e estava vinculado à lembrança daquela minha curta estada em Estrasburgo. Agora, essa mesma literatura estava em perigo, e precisamente naquilo que mais a distinguira no passado: o ímpeto pela liberdade. Ameaçado, ele constituía o verdadeiro conteúdo da peça da qual eu andava então imbuído. Estrasburgo, porém, o berço de tudo aquilo, era ainda livre. Assim, seria de admirar que tivesse atraído a mim e à minha *Komödie*, da qual apenas uma pequena mas poderosa parte já estava escrita? E Büchner, por intermédio do qual eu ficara conhecendo Lenz, não estivera também naquela cidade? Não era ele, havia dois anos, a fome de *todo* o teatro para mim?

A Cidade Velha não era grande. Continuamente eu me via, como que sem querer, diante da fachada da catedral. Ainda que esse encontro não fosse intencional, era verdadeiramente o que desejava. As figuras nos portais me atraíam: os profetas e, em particular, as virgens tolas. As virgens sábias não me tocavam. Creio que foi o sorriso das tolas o que conquistou minha simpatia. Apaixonei-me por uma delas, que me pareceu a mais bela de todas. Mais tarde, encontrei-a na cidade e a levei para diante de sua imagem; sendo o primeiro a fazê-lo. Admirada, contemplava a si própria em pedra. Assim, o forasteiro teve a sorte de descobri-la em sua própria cidade e convencê-la de que já estava ali desde muito antes de seu nascimento: sorridente, no portal da catedral, como uma das virgens tolas. Na realidade, revelou-se que ela não era nem um pouco tola: seu sorriso é que seduzira o artista a alinhá-la em meio às sete figuras do portal à esquerda. Também entre os profetas encontrei um habitante da cidade, que acabei por conhecer ao longo daquelas semanas. Tratava-se de um especialista na história da Alsácia, um homem hesitante e cético que não falava muito e escrevia menos ainda. Só Deus sabe como é que viera parar no meio daqueles profetas, mas estava lá. Se não o levei também, eu próprio, até diante do portal, disse-lhe, contudo, e à sua vivaz esposa, onde é que poderiam encontrá-lo. Cético como sempre, ele não disse palavra acerca de minha descoberta, mas sua mulher concordou comigo.

No entanto, o verdadeiro evento ao longo daquelas ricas semanas, fervilhante de pessoas, odores e sons, era minha subida ao topo da catedral. Eu a repetia diariamente, sem falta. Não o fazia com cautela ou paciência, mas com pressa, chegando lá em cima já sem fôlego. Um dia que não começasse assim não era verdadeiramente um dia, pois eram essas subidas que determinavam sua contagem. Assim sendo, permaneci em Estrasburgo por mais dias do que aqueles que o mês contém, já que, por vezes, lograva também à tarde desaparecer na torre, apesar de tudo o que havia para ouvir. Invejava o homem que morava lá em cima, pela vantagem que desfrutava na longa subida pela escada em caracol. Eu sucumbira à vista dos telhados enigmáticos da cidade, mas também a cada pedra que roçava na subida da torre. Via juntos os Vosges e a Floresta Negra, não me iludindo quanto àquilo que os separava naquele ano. Oprimia-me ainda a guerra terminada quinze anos antes, e sentia que poucos anos me separavam da próxima.

Eu caminhava até a torre concluída, postando-me a poucos passos da placa onde Goethe, Lenz e seus amigos haviam inscrito seus nomes. Pensava em Goethe, em como ele esperara por Lenz, o qual, numa carta radiante a Caroline Herder, informara-lhe: "Não posso escrever mais. Goethe está aqui comigo e me espera há meia hora no alto da torre da catedral".

Nada era mais estranho ao espírito dessa cidade do que o festival de Scherchen. Eu não era um inimigo do moderno, pelo menos não da arte moderna. Como poderia sê-lo? À noite, porém, após o término do último evento do dia, quando me sentava no Broglie — o café mais nobre da cidade — entre músicos que me eram estranhos, a maior parte dos quais não podia se permitir pratos caros, eu ficava observando H. degustar seu caviar. Ele sempre pedia caviar com torradas — era o único a fazê-lo —, e eu me perguntava se ele ao menos teria notado que havia uma catedral naquela cidade. Esgotado pelo longo dia de trabalho, mas sem permitir que o cansaço transparecesse, H. comia seu caviar e pedia uma segunda porção. Gostava de ser observado comendo caviar — ele, o único a fazê-lo — e, se observado com suficiente cobiça, pedia ainda uma terceira porção. Para si próprio, naturalmente: uma alimentação concentrada para o homem que trabalhava pesado. Sua mulher, Gustel, raramente participava dessa ceia tão tardia: esperava por ele no hotel, onde tinha ainda tarefas diversas a desempenhar para o marido. H. não suportava pessoas inativas ao seu redor. Como numa orquestra, tinha um uso específico para cada uma delas.

Não podia censurar-se por aquela tensão contínua, já que a que ele próprio estava submetido superava a de todos os demais. H. ficava no Broglie até por volta da meia-noite, comendo caviar e bebendo champanhe, ainda que já tivesse convocado uma cantora para um teste no hotel, na manhã seguinte logo às seis. Nenhuma hora era cedo demais para ele, que sempre fazia o dia iniciar-se alguns minutos mais cedo — e, uma vez que tomava a dianteira com sua assustadora aplicação, ninguém teria ousado queixar-se do horário. Todo o trabalho no festival era feito sem remuneração. Os músicos haviam comparecido pelo entusiasmo, em honra da nova música. O conservatório e as salas de concerto foram cedidos de graça. Finalmente, trabalhava também de graça o homem mais importante: aquele que, de acordo com seu próprio julgamento, fazia bem mais do que todos os outros juntos. Foram inúmeros concertos, todos bem-sucedidos. A música era difícil, inusitada, não acontecia por si só. Como um demônio, o capitão estava atento a tudo, não permitindo que nada de indesejável ocorresse. Era um feito importante, em que o principal ficava a cargo, em última instância, mais do regente do que dos compositores, pois era aquele o responsável pela apresentação de obras as mais diversas, a maioria das quais em primeira audição — sem ele, nada teria acontecido. Permitia-se a alguns selecionados habitantes da cidade, amantes da cultura, que viessem até o café na Place Broglie, à noite, sentar-se à mesa de Scherchen. Estes haviam feito por merecer tal deferência ou porque hospedavam participantes do festival — que, assim, os convidavam —, ou em função das grandes recepções que davam. Concedia-se-lhes, pois, que observassem H. comer seu caviar, o qual todos julgavam bem merecido, tanto quanto o champanhe. Um deles, que eu sabia ser médico ateu, voltou-se para mim uma noite e disse, admirado: "Ele me lembra Cristo".

Mas o dia não terminava ali. Bem depois da meia-noite, as pessoas continuavam reunidas, em grupos bem menores, no Maison Rouge — o hotel de H. Agora, estavam presentes apenas os iniciados, por assim dizer — nem habitantes da cidade nem músicos comuns, mas os maiorais, aos quais coubera ficarem hospedados no Maison Rouge: o jovem Jessner e sua mulher, também ele um diretor teatral (encenaria o *Pauvre Matelot*, de Milhaud, no Stadttheater); a viúva Gondolf, que já deixara Heidelberg e que, embora o marido tivesse morrido havia pouco, gostava de tomar parte nas alegres e, por vezes, galhofeiras conversas noturnas. Quando H. não estava calado ou dando alguma ordem, tornava-se cínico. Os seletos presentes sentiam-se honrados com isso e entravam no jogo.

* * *

Vale a pena examinar o momento em que esse festival de música moderna teve lugar: algumas semanas após a queima dos livros na Alemanha. Fazia seis meses, estava no poder o homem de nome impronunciável. Dez anos antes, suas tropas estavam enfronhadas Rússia adentro, fincando sua bandeira no ponto mais alto do Cáucaso. Estrasburgo, a anfitriã do festival, era uma cidade sob administração francesa, na qual se falava um dialeto alemão.

A cidade conservara, em suas ruas e casas, um caráter "medieval" que se tornou penoso aos narizes dos visitantes, em função de uma greve dos lixeiros que já durava semanas. A catedral, no entanto, pairava acima até desse mau cheiro, e cada um era livre para buscar a salvação torre acima. O organizador do encontro, que, na qualidade de regente, desenvolvera trejeitos ditatoriais, negava-se, apesar disso, a se apresentar na nova Alemanha, onde, em razão de sua origem imaculada e da capacidade de trabalho teutônica, teria sido agraciado com as maiores honras. Nessa atitude, ele era um dentre poucos, motivo pelo qual ela é aqui reverenciada. H. conseguiu concentrar em Estrasburgo uma espécie de Europa só de músicos que abraçavam novos caminhos — uma Europa corajosa e confiante, pois que caminhos seriam esses se não contassem com um futuro?

Naquela época, eu vivia em mundos bastante diversos. Um de seus polos era o conservatório, no qual passava a maior parte do dia. Ao entrar no edifício, era-se recebido por um barulho de ensurdecer. Instrumentos eram praticados em cada uma das salas, o que é natural em conservatórios, ainda que naquele virtualmente todas as salas, mesmo as menores, estivessem sendo utilizadas. Mas o que ali se praticava era, em grande parte, inaudito. Em outros conservatórios, acreditamos reconhecer as peças que estão sendo estudadas. Em geral, trata-se de uma confusão composta de unidades bem conhecidas. Sentimos vontade de sair correndo, afugentados pela trivialidade do familiar, em que, se o que se compõe é um caos, cada componente deste permanece, todavia, reconhecível e indestrutível. Naquele conservatório, ao contrário, tudo era novo e estranho — tanto os sons isolados quanto o seu conjunto —, e talvez fosse isso o que sempre fascinava e atraía. Eu me espantava com a resistência daqueles músicos, os quais não apenas superavam as dificuldades que a nova empreitada lhes oferecia, mas, além disso, trabalhavam naquele inferno — ou seja, estudavam em meio a todo aquele barulho e conseguiam ainda avaliar se haviam melhorado ou não.

Talvez eu deixasse o conservatório com tanta frequência apenas para poder adentrá-lo novamente, pois ao deixar o barulho para trás mergulhava no mau cheiro das ruas. Era impossível acostumar-se a ele: permanecia-se sempre consciente de sua presença. Jamais se vira tamanho mau cheiro, e, como se tornasse a cada dia mais forte, não havia nada comparável a ele quanto à capacidade de se fazer sentir, à exceção justamente do caos acústico do conservatório.

Foi então, naquelas ruas, que me assaltou o pensamento sobre a *peste*. Não mais que de repente, sem qualquer transição ou preparação, eu me vi no século XIV: uma época de cujos movimentos de massa eu sempre me ocupara. Lera pela primeira vez sobre isso na Crônica de Limburg, e sempre lia a respeito: os flagelantes, a peste, as queimas de judeus. Agora, hospedado na casa de um médico, decorada com requinte, eu estava vivendo em meio a tudo isso, a um passo da rua, onde o lixo e o mau cheiro predominavam. Em vez de evitá-los, animei-os com as imagens do meu horror. Via mortos por todas as partes e o desamparo dos que ainda estavam vivos. Parecia-me que as pessoas esquivavam-se umas das outras naquelas ruas estreitas, como se tivessem medo de serem contaminadas. Eu jamais tomava o caminho mais curto para ir da Cidade Velha até os bairros novos e pomposos, onde estava situado o edifício principal do festival. Ia em zigue-zague por todas as ruas possíveis. É impressionante o número de caminhos que se deixam interligar em uma área tão limitada. Fartava-me daquele perigo, e meu intento era não escapar dele, qualquer que fosse o preço. As portas das casas pelas quais passava permaneciam fechadas, não vi uma única se abrir. Imaginava o interior das casas cheio de moribundos e mortos. Aquilo que do outro lado do Reno era visto como um desabrochar, eu já o sentia ali como resultado final da guerra, que ainda não começara em parte alguma. Não antevia o que aconteceria nem mesmo dali a dez anos — como teria podido prevê-lo? —, mas olhava seis séculos para trás, e lá estava a peste, a massa de mortos que se espraiava irresistível e que, de novo, nos ameaçava do outro lado do Reno. As procissões de suplicantes desembocaram todas na catedral, e de nada valeram contra quaisquer pestes. Na realidade, a catedral existia por si própria, sua ajuda consistindo na permissão de que se ficasse diante ou dentro dela e na continuidade de sua existência, sem sucumbir a peste alguma. Era o velho movimento das procissões que se transmitia até mim: reuníramo--nos por todas as ruas e caminhávamos juntos para a catedral. E ali estávamos todos, eu sozinho — talvez se tratasse de um agradecimento e não de um pedido: um agradecimento por nos ser permitido estar diante dela, pois nada desabara sobre nós, e a torre, o mais esplêndido dos esplendores, permanecia em pé. Por último, era-me permitido escalá-la e, lá de cima, observar o ainda não destruído. Quando, no alto da torre, eu respirava fundo, era como se a peste, que novamente tentava propagar-se, tivesse sido impelida de volta para seu velho século.

ANNA

A incapacidade das mulheres de resistir a H. era espantosa. Ele parecia verdadeiramente *dirigir* para si o amor delas, as quais, mal tendo assumido seu posto junto a ele, eram já destituídas. Aceitavam seus destinos porque, por meio do trabalho musical, prosseguiam existindo para ele. Quando elas tinham algum trabalho a lhe prestar, H. mantinha-se tão preciso e consciencioso quanto antes. Assim, algo da antiga atmosfera sempre se salvava, e nenhuma perdia a esperança de que ele pudesse, de repente, voltar a se interessar por ela. Ciúme não havia: cada uma se sentia, a cada oportunidade, distinguida por ele, e tratava de preservar para si, em segredo, essa distinção. Possibilitar a ocorrência de tais oportunidades, protegê-las de qualquer publicidade, era mais importante do que uma predisposição ciumenta e raivosa contra as outras. Com ações resultantes do ciúme nada se teria conseguido com ele. H. não era influenciável. Via-se como um autocrata que fazia o que queria, e o era.

Havia, no entanto, uma exceção: uma mulher que estava — poder-se-ia dizer que por razões históricas — comprometida com o ciúme e que fazia uso abundante desse compromisso. Gustel — que, ao longo daqueles dias em Estrasburgo, pertencia oficialmente a H. — era sua quarta mulher. Não o era havia muito tempo: juntara-se a ele definitivamente fazia algumas poucas semanas. Antes disso, hesitara longamente em se tornar sua quarta esposa, e tinha boas razões para tanto, pois fora também a primeira. Ela o apoiara nos primeiros tempos, em Berlim, quando ele ainda não era ninguém e pretendia ser alguém unicamente com o trabalho. Gustel era sua índia, lembrando uma até mesmo no tom avermelhado da pele. Era uma mulher calejada, decorrência de seu próprio mutismo e lealdade. Raramente falava, mas quando o fazia as palavras saíam-lhe ásperas e prementes. Então, era como se estivesse no pelourinho, firmemente decidida a nada ceder e capaz de sustentar tal contenção. Desde o princípio, ela o ajudou por meio de seu trabalho, assumindo para si toda a papelada — cartas, contratos, informações —, tudo o que dizia respeito a organização passava pelas mãos dela, que jamais deixou de colaborar para que o marido atingisse seus objetivos. Mesmo quando estes começaram a se tornar mais próximos, mesmo quando se transformaram em realidade e ela viu que, a cada êxito dele, inúmeros e incalculáveis tormentos acumulavam-se sobre ela, Gustel permaneceu em seu pelourinho, criando novos mártírios para si própria. Também H. era calado: podia-se arrancar dele tão pouco quanto dela. Gustel calava sobre sua infelicidade; H., sobre sua felicidade. Ambos tinham lábios finos e solidamente cerrados.

Quando ele, ainda bastante jovem, foi a Frankfurt assumir a direção dos concertos da Saalbau, como sucessor de Furtwängler, ficou conhecendo Gerda Müller — a Pentesileia de minha juventude, uma das mais fascinantes atrizes de seu tempo. Por causa dela, e sem maiores cerimônias, deixou Gustel. Ao unir-se a Gerda Müller, foi abençoado exatamente com o oposto do que Gustel era. Nela havia paixão, aberta e intensa, personagens poderosos e violentos em jogo e uma força que existia em função dela própria, não a serviço de outrem. Para ela, o pelourinho não era virtude alguma, pois teria significado incapacidade. Talvez o interesse de H. pelo teatro tenha despertado nessa época. Deve ter sido um período turbulento também para ele, ainda que não o mais turbulento de sua vida. Gustel retirou-se por completo, forçada a tentar uma vida regular e sem tormentos. Encontrou um homem com quem viveu satisfeita durante sete anos.

H. pouco me falou sobre Gerda Müller. Falou-me, sim, sobre a mulher que a sucedeu em sua vida: a única que escapou de H. contra a vontade dele. Também esta era atriz, mas, enquanto Gerda Müller refugiou-se no álcool, Carola Neher vivia uma vida de aventuras, e somente as mais audaciosas atraíam-na de fato.

Algum tempo depois de Estrasburgo — um ou dois anos mais tarde —, eu estava visitando Winterthur, onde H. dirigia a orquestra de Werner Reinhardt. Assisti a um de seus concertos e, posteriormente, tarde da noite, estive com ele em seu quarto. Pressenti nele uma inquietação diferente daquela que lhe era própria, a ânsia de oprimir, de dominar. Ele próprio parecia oprimido, como se alguém o tivesse derrotado. O concerto, no entanto, correra bem, certamente não pior do que o de costume. Embora já fosse bem tarde, H. pediu-me que ficasse. Olhava o quarto em torno de si de uma maneira estranha, como se estivesse vendo fantasmas. Seu olhar não se fixava em coisa alguma, mas vagava irrequieto para lá e para cá. Nem uma só vez olhou para mim. O que queria era que eu o ouvisse. Assustei-me um pouco com aquele olhar errante, que absolutamente não conhecia nele, mas permaneci quieto. Subitamente, ele irrompeu a falar, com uma paixão que eu não esperava: "Foi aqui, foi neste quarto, que tivemos nossa última conversa. Falamos a noite inteira". Então, seguiu-se, aos trancos, um relato quase ofegante sobre a última conversa entre ele e Carola Neher.

Ela queria deixá-lo, ele implorou que ficasse. Carola queria fazer alguma coisa, aquela vida era por demais estreita para ela. Queria abandonar tudo, sua vida de atriz, sua fama e ele, H., de quem escarnecia chamando-o de regente-marionete. Sentia desprezo por ele se apresentar diante daquele público de concerto. Para quem ele regia, quem justificava o suor que lhe escorria pelo rosto? Que tipo de suor era aquele? Um suor falso, que não contava. Para ela, o que contava era um estudante bessarábio que conhecera, o qual queria colocar a própria vida em jogo, nada temia, nem a prisão nem o pelotão de fuzilamento. H. sentiu que ela falava sério, mas tinha certeza de que poderia detê-la. Até aquele momento, sempre triunfara, inclusive sobre as mulheres, e, se alguém tivesse que partir, esse alguém seria *ele*. E só partia quando lhe convinha. H. empregou todos os meios possíveis para convencê-la a ficar. Ameaçou trancá-la no quarto; disse-lhe que precisaria protegê-la de si própria, que ela corria ao encontro da própria morte, que aquele estudante não era ninguém, um jovem imaturo sem qualquer experiência de vida. Insultou o rapaz e devolveu a ela tudo o que acabara de ouvir contra seus concertos. Carola parecia tornar-se insegura quando H. atacava a *pessoa* do estudante. Ela afirmou que eram as ideias dele que levava a sério, não ele em si: fosse um outro com as mesmas ideias, e tão profundamente comprometido com elas, não a impressionaria menos. O combate durou a noite inteira. H. pretendia vencê-la pelo cansaço. Carola era de uma tenacidade imperturbável: cedeu praguejando à guerrilha física de H. Finalmente, já de manhã, ele julgou tê-la derrotado, pois Carola adormecera. Contemplou-a satisfeito, antes de adormecer ele próprio. Quando acordou, ela havia desaparecido, para nunca mais voltar.

H. esperou durante dias, semanas, pelo retorno de Carola. Esperava por alguma notícia, que jamais veio. Não sabia onde ela estava. Ninguém tinha uma pista sequer. Mandou investigar e descobriu que também o estudante desaparecera. Carola fugira com ele, conforme havia ameaçado. De todos os teatros onde era conhecida, vinha a mesma informação: ela desaparecera sem deixar pistas e não escrevera a ninguém. *Ele* era o que mais sabia, após a luta daquela noite. Sentia-se como se a tivessem arrancado de dentro dele. Incapaz de superar isso, não conseguia mais trabalhar. Desabou, sentindo-se acabado.

O estado de H. era tão desesperador que pediu a Gustel que voltasse para ele. Disse que precisava dela e jurou que jamais a deixaria novamente; que ela podia impor condições, que jamais a enganaria outra vez, mas que ela tinha de voltar imediatamente, senão ele morreria. Gustel rompeu um relacionamento de sete anos com um homem que só lhe fizera o bem, e voltou para H., com quem só experimentara o pior. Impôs rígidas condições, que ele aceitou. H. prometeu dizer-lhe somente a verdade: ela sempre saberia o que estava se passando.

As impressões que tive de H. naquelas semanas em Estrasburgo foram aguçadas por circunstâncias cujo significado completo nenhum de nós dois logrou avaliar. Ele me usara como mensageiro em Viena, mandando-me até Anna com uma carta, maneira pela qual eu a conheci. Eu desconhecia o conteúdo daquela carta, mas ele me incumbira de entregá-la nas mãos de Anna e de ninguém mais. A ordem fora rigorosa, mas sem que ele fizesse grande estardalhaço a respeito. Telefonei a Anna, que me pediu que fosse até seu ateliê, em Hietzing.

Eu a vi antes que ela me visse. Vi seus dedos pressionando a argila de uma escultura em escala sobre-humana. De seu rosto, não via nada: ela ainda estava de costas para mim. O ranger alto do cascalho, que me entrava pelos ouvidos, ela parecia não ouvir. Imersa naquela figura de formas ainda imprecisas, talvez não quisesse ouvi-lo. Talvez a visita que lhe fora anunciada não parecesse naquele momento especialmente oportuna. Eu me apegava à carta que deveria entregar. Acabara de entrar na estufa que lhe servia de ateliê, quando, com um movimento brusco, ela se voltou para mim, olhando-me no rosto. Já não tão distante de Anna, eu me senti capturado por aquele olhar. Daquele momento em diante, seus olhos não mais me deixaram. Não foi um assalto, pois eu tivera tempo de me aproximar, mas uma surpresa: uma inesgotabilidade para a qual eu não estava preparado. Anna era feita de olhos, tudo o mais que se via nela era ilusão. Era isso o que se sentia de imediato, mas quem teria tido a força e a percepção para reconhecê-lo? Como admitir algo tão extraordinário: que os olhos sejam mais vastos do que a pessoa à qual pertencem? Em suas profundezas há lugar para tudo o que já se pensou, e, uma vez que o espaço para tanto se oferece, tudo deseja ser dito.

Existem olhos que tememos porque seu objetivo é dilacerar. Estão à caça da presa, que, uma vez avistada, nada mais será do que presa — ainda que consiga escapar, ficará marcada como tal. A rigidez desse olhar implacável é medonha: jamais se altera, nenhuma vítima pode influenciá-la, prefigurou-se para sempre. Todo aquele que cai em seu território transformou-se em vítima, não há nada que possa fazer. Conseguiria salvar-se apenas através de uma completa metamorfose. Como esta não é possível no mundo real, por ela criaram-se mitos e homens.

Um mito é também o olho cujo objetivo não é dilacerar, ainda que jamais liberte o que avistou. Esse mito transformou--se em realidade, e aquele que o experimentou recorda-se com medo e tremor do olho no qual, impelido, afogou-se. Esta é a amplidão e a profundeza que ofereço: mergulhe em mim com tudo o que você é capaz de pensar e dizer; diga-o e afogue-se!

A profundidade de tais olhos é infinda. Nada do que neles submerge alcança-lhes o fundo. Nada é devolvido à tona. O que se passa, então? O lago desse olho não tem memória: demanda e acolhe. Tudo o que se tem lhe é dado, tudo o que conta, que compõe a substância mais íntima do ser humano. Não é possível sonegar-lhe o que quer que seja. Nenhuma violência é praticada, nenhum arrebatamento. A entrega é feliz, como se o entregue tivesse nisso sua razão de ser e por nenhum outro motivo adquirisse existência.

Eu não era mais um mensageiro quando entreguei a carta a Anna. Ela não a recebeu, mas apontou com um gesto de cabeça para uma mesa, no canto da sala, cuja presença eu não havia notado. Caminhei três passos, depositando ali a carta, a contragosto. A contragosto, talvez, porque agora tinha a mão livre para estender a Anna, o que não queria fazer. Estendi-a não de todo. Anna olhou para *sua* mão direita, suja de argila, e disse: "Não posso dar a mão ao senhor assim".

Não sei o que foi dito em seguida. Esforcei-me por reencontrar aquelas primeiras palavras, as minhas e as dela. Submergiram. Anna estava toda contida em seus olhos. De resto, era quase muda: sua voz, ainda que profunda, jamais significou alguma coisa para mim. Talvez ela não gostasse de falar, renunciando, tanto quanto possível, à própria voz: sempre tomava emprestado a dos outros, quer na música, quer na companhia de outras pessoas. Preferia *agir* a falar e, como não fora dotada para o tipo de ação que seu pai realizara, tentava criar *forma* com os dedos. Preservei aquele primeiro encontro com Anna na medida em que o libertei de toda palavra: das dela, porque não havia ali, talvez, o que preservar; das minhas, porque meu espanto em relação a ela não havia ainda encontrado palavras audíveis.

Sei, no entanto, que algo já fora dito antes mesmo que ela me convidasse à mesa e ambos nos sentássemos. Ela queria ler alguma coisa de minha autoria, ao que respondi, sem me envergonhar, que não havia qualquer livro meu publicado, apenas o manuscrito de um longo romance. Anna perguntou-me, então, se da próxima vez eu traria o manuscrito; contou-me que gostava de ler romances longos, não apreciava narrativas curtas. Depois, mencionou o nome de seu professor, Fritz Wotruba, com quem aprendia a esculpir. Eu já ouvira falar dele — era admirado por sua independência e temido por sua violência. Não estava em Viena no momento, segundo ela, que me disse ainda ter sido anteriormente pintora, tendo estudado com De Chirico, em Roma.

Anna não deu atenção à carta de H., que permanecia fechada sobre a mesa, onde ela não poderia deixar de vê-la. Lembrei-me, então, de minha missão, como se tivesse acabado de receber uma *ordem* de H., e perguntei hesitante: "Não gostaria de ler a carta?". Ela a apanhou com má vontade e passou rapidamente os olhos por seu conteúdo, como se fossem três linhas. Mas a carta era mais longa e, a despeito de a caligrafia de H. — como eu sabia — ser difícil de entender, ela parecia já ter compreendido tudo numa primeira passada de olhos. Então, lançou-a sobre a mesa como se a estivesse jogando fora, de modo que a carta veio parar bem próxima de mim. "Não é interessante", disse ela. Eu a olhei espantado. Presumira que havia entre eles algo como uma amizade e que H. pretendia comunicar-lhe alguma coisa importante com aquela carta, tão importante que não podia enviá-la pelo correio, por isso confiando-me a missão. "O senhor pode ler", acrescentou ela, "mas não vale a pena." Não li.

Como eu poderia ainda me preocupar com a mensagem de H., se Anna a dispensava daquela maneira? Por um lado, não me dei conta do caráter ultrajante do comportamento dela, do desprezo que daquele modo demonstrava por H.; mas, por outro, não era mais um mensageiro, não me sentia mais limitado, pois ela me exonerara de meu cargo. A desenvoltura com que ela jogara a carta para o lado, sem qualquer sinal de raiva ou desagrado, me havia sido comunicada. Nem me ocorreu perguntar se ela queria que eu levasse até ele alguma resposta ou se a enviaria diretamente, sem se utilizar do intermediário.

Deixei-a levando uma nova incumbência: a de voltar em breve, trazendo o manuscrito. Retornei três dias depois — foi-me difícil esperar tanto tempo. Ela leu o romance de imediato, não creio que alguma outra pessoa o tenha lido tão rapidamente. A partir de então, passou a me ver como um indivíduo propriamente dito, e a me tratar como se eu fosse um ser humano provido de todo o necessário, até mesmo de olhos. Anna esperava de mim muitos outros livros como aquele, e falou disso a outras pessoas. Insistia em me ver, mandando cartas e telegramas. Eu jamais soubera de um amor que tivesse começado com telegramas, o que me deixou perturbado. No início, não entendia a rapidez com que uma frase sua podia chegar até mim.

Anna intimou-me a escrever para ela, dando-me um endereço através do qual as cartas lhe chegariam às mãos. Eu deveria colocá-las num envelope bem fechado e seguro que, a seguir, deveria ser enfiado em um outro envelope e endereçado a *fräulein* Hedy Lehner, na Porzellangasse. Esse era o nome de uma jovem modelo que ia diariamente ao ateliê de Anna: uma moça bela, ruiva, com um rosto de raposa. Eu a via rapidamente quando ia até lá: ela sorria de um modo quase imperceptível e desaparecia sem dizer palavra. Certa vez, cheguei quando ela acabara de trazer uma carta minha. Anna ainda nem sequer a havia aberto, que dirá lido — tomava cuidado com as cartas, pois a qualquer momento alguém podia entrar inesperadamente no ateliê. Confessou-me, então, que lhe custava um grande esforço falar comigo antes de ter lido a carta e que, naquelas circunstâncias, seria melhor que eu não tivesse vindo. Embora eu contasse muitas estórias a Anna — que gostava de estórias —, eram as cartas que lhe falavam mais de perto, cartas nas quais eu a enaltecia.

"Tambores e trompetes", era assim que ela chamava o que eu lhe escrevia, transpondo minhas frases para a linguagem com a qual estava mais familiarizada. Ela jamais recebera cartas como aquelas. Eram muitas, às vezes três num mesmo dia. Nem sempre *fräulein* Hedy Lehner podia levá-las de imediato. Teria chamado a atenção se ela aparecesse no ateliê diversas vezes num mesmo dia, e, como Anna encontrava-a sob rigorosa vigilância (à qual aquiescera), era já uma concessão que lhe tivessem permitido ter a modelo, concessão que não pretendia pôr a perder. Anna sempre respondia a essa efusiva eloquência, frequentemente por meio de telegramas (mandados por Hedy, quando esta deixava o ateliê). Estes lhe eram o meio mais apropriado, uma vez que ela não tinha facilidade com as palavras, mas Anna era orgulhosa e queria também em cartas agradecer por tanta e tão engenhosa exaltação.

Anna ocultava tantos segredos que eu a achei misteriosa. Não me ocorreu o quanto ela tinha a silenciar, nem a importância vital que, para ela, assumira persistir em meio a todo o seu silêncio. É fato que tinha facilidade em esquecer, e essa era sua sorte. Mas outros podiam lembrá-la do passado. Silêncio maior era o de suas esculturas, às quais dedicava grande esforço. Via o trabalho pesado como algo honroso, o que herdara já do pai, mas que também lhe fora enfaticamente relembrado por seu jovem professor, Wotruba, que esculpia na pedra dura. Ela também modelava, particularmente cabeças, o que não era trabalho pesado, mas algo bem diferente: era seu único acesso a seres humanos que não era bloqueado pelos hábitos dominadores e amorosos da mãe.

Anna não se consumia em suas cartas, mas procurava *reagir*: enquanto servissem a esse propósito, dava-se por contente com elas. Quando não queria mais reagir, nas épocas de desilusão — frequentes, uma vez que era cega para pessoas que não estivesse modelando, e particularmente para aquelas que decidira amar —, voltava-se totalmente para a música. Tocava muitos instrumentos, mas era sempre ao piano que se recolhia. Raramente a ouvi tocar, evitando as oportunidades de fazê-lo, razão pela qual permaneceu um mistério para mim o que de fato significavam para Anna aquelas sessões solitárias. Eu desconfiava de uma música que concedia espaço à escultura.

A intensidade luminosa da fama que envolvia Anna Mahler era tão grande que eu jamais a teria julgado capaz de qualquer maldade. Ainda que alguém pudesse ter vindo me mostrar um testemunho de próprio punho das coisas mais abomináveis que ela teria pensado, feito ou confessado, eu não teria dado crédito nem a esse alguém, nem à autenticidade da caligrafia. Era-me fácil preservá-la como algo intocável, tanto mais porque vinha-me logo à mente a imagem oposta, a de sua mãe, à qual eu podia atribuir tudo o que percebia de penoso ao redor de Anna. Ali estavam as duas: de um lado, a luz muda que se alimentava de seus golpes de cinzel e de puro enaltecimento; do outro, a velha senhora, insaciável e ligeiramente embriagada. O estreito laço que as unia não me confundia: via a filha como vítima — e, se é verdade que somos vítimas daquilo que desde cedo vemos incessantemente à nossa volta, minha visão estava correta. Que H. tivesse me escolhido como mensageiro era, possivelmente, uma prova do quão inofensivo me considerava. Levava-se tão a sério que o peso de uma carta que escrevera tinha de suplantar em muito o de qualquer mensageiro. Contudo, pode ser também que me considerasse particularmente inofensivo porque me ouvira lendo *Hochzeit*. A atmosfera da peça parecera-lhe glacial, o que o levava a julgar o autor um inveterado inimigo de todo prazer. É possível até que lhe tenha parecido espirituoso utilizar uma tal criatura como portadora de uma carta de amor. Entretanto, ele não recebeu resposta alguma, nem mesmo uma recusa. Quando, entre um ensaio e outro, eu o vi em Estrasburgo, logo após nossa chegada, uma das três frases que pronunciou, à sua maneira compulsiva, foi perguntar se eu havia entregado suas cartas a "Anni". "Claro", disse eu, acrescentando com grande espanto: "Mas então ela não respondeu?". Dessa minha pergunta ele inferiu que eu a vira mais de uma vez e que, talvez, desfrutasse a intimidade dela. Era uma suspeita, por enquanto. Na qualidade de ditador, ele tendia sempre à suspeição. "Mas então ela não respondeu?" soou-lhe como se eu a conhecesse bem o suficiente para saber que ela costumava responder. Era razoável que assim pensasse. Por outro lado, porém, o desprezo por um jovem desconhecido e insignificante era-lhe tão grande e natural que quis destruir a suspeita imediatamente. Envidou, pois, todos os esforços por concluir daí que não havia conclusão alguma a tirar.

No decorrer dos primeiros dias em Estrasburgo, H. procurou provocar-me com frases sarcásticas sobre Anna: que seus cabelos loiros eram tingidos; que antes haviam sido cinzentos como um rato — enfatizando a palavra "cinzento", como se essa fosse a cor dos cabelos dela desde os vinte anos, quando era ainda a senhora Ernst Krenek (época em que H. a conhecera), precocemente envelhecida. E ia além, indagando se o andar de Anna não me chamara a atenção: alguém que andava daquele jeito não podia ser uma mulher. Eu ficava desconcertado diante de *cada uma* de suas observações e a defendia com tal paixão e furor que ele logo percebeu tudo: "Você está mesmo apaixonado", disse, "eu não o julgava capaz disso de modo algum". Não admiti coisa alguma, menos por discrição do que por odiá-lo por aqueles comentários. Mas eu falava dela num tom tão grandioso que teria sido uma estupidez não notar que eu a amava. Foi num momento singular que H. impeliu-me a me arvorar em paladino de Anna, pois, não muito tempo após a chegada em Estrasburgo, deparei com um telegrama e uma carta enviados por ela, dando-me o fora. Após dois meses, ou pouco mais, chegara ao fim para Anna o que ainda iria me perseguir por anos. Ela não me recriminava por coisa alguma, nem apresentava qualquer razão. Abrira a carta decisiva com a seguinte frase: "Eu acho, M., que não te amo". O nome irlandês que ela me havia dado era tão irreal quanto as cartas anteriores, nas quais jurara seu amor. Foi, pois, num tal momento que H., ignorando a infelicidade que se abatera sobre mim — e que, assim pensava eu, ele havia causado, pois supus que só podia ter sido minha viagem a Estrasburgo que a decepcionara tanto —, intentou destruir, frase após frase, a imagem que eu tinha de Anna. O prazer que lhe dava aquela empreitada odiosa era evidente. H. dizia coisas cada vez piores sobre ela, e eu pensava, por vezes, que ele estava só esperando pela oportunidade de me dizer coisas mais horríveis ainda.

Entre seus ensaios e concertos, nós nos víamos brevemente no Broglie, quando ele devorava seu caviar com torradas, ou, mais demoradamente, no hotel, tarde da noite, quando apenas o círculo mais íntimo estava reunido, trocando maldades. Todavia, ele preferia dizer-me aquelas coisas dolorosas quando estávamos a sós. Por fim, não demorou muito, veio sua advertência propriamente dita: "Afaste-se dela. Ela não é para você. Você é muito inexperiente e ingênuo": H. ofendia-me a cada frase, o que me magoava, mas as ofensas que mais me atingiam eram aquelas dirigidas contra Anna. Estas vinham logo. Certa vez, quando voltou a se referir ao modo como ela andava, com o qual alguma coisa estaria errada, H. se saiu com algo tão repugnante que mesmo hoje sou incapaz de reproduzi-lo aqui. Fitei-o estarrecido, mas também incrédulo, como se tivesse ouvido mal. H. não se furtou ao prazer de repetir a frase. "Mas por quê? Por quê?", perguntei, tão horrorizado que não parti para cima dele de imediato. O que afirmara fora tão monstruoso que atingia a si próprio mais do que a ela. H. notou, então, que havia ido longe demais: "Escute, não se exalte tanto com isso. Há mais coisas entre o céu e a terra do que aquelas que você se permite sonhar".

Não perguntei como ele descobrira aquilo. Sabia que ele estava mentindo, e também sabia por quê. Lembrava-me de como Anna havia jogado sua carta para o lado, dizendo: "Isto não é importante". O que Anna sentia por ele era indiferença. Sempre o jogara para o lado, como fizera com a carta diante de mim. H. não interessava a ela, nem mesmo como músico, que dirá como homem. *Havia* regentes que a interessavam, com os quais se relacionava — como filha de seu pai, tinha o direito de determinar quem ela considerava um bom regente. H., para ela, era uma espécie de condutor de banda militar, e, nesse sentido, sua aparência e seus modos em nada lhe favoreciam. Ele, que se esforçava por descobrir obras novas e difíceis, era relegado a um plano inferior ao daqueles que, certamente, ter-se-iam resguardado até mesmo de tomar nas mãos uma obra moderna e não familiar. A rejeição de Anna o atingia duramente. H. estava tentando fincar pé em Viena: se nada significava para a mãe de Anna, uma pessoa de grande influência, tanto mais importante teria sido que significasse algo para a filha de Mahler. Como esta não queria saber dele, H. só podia mesmo dizer dela as coisas mais insultuosas.

Era uma situação tensa, de ruptura, aquela em que, de repente, me vi. Não fosse pela própria Estrasburgo, pela história literária da cidade e pelo rico número de personalidades musicais proeminentes que ficara conhecendo em poucos dias, todas ao mesmo tempo, não tivesse tudo isso me ocupado tanto, não sei se teria juntado a força necessária para ficar. Eu estava em queda livre de um céu claro ao qual fora alçado. Uma mulher a quem admirava muitíssimo, que julgava bela e via como o fruto fecundo de um grande homem, me aceitara em seu mundo: lera meu romance e o julgara digno de seu amor. O romance nem mesmo existia na forma de livro, e somente alguns sabiam de sua existência. Poucos, também, sabiam da peça que eu lera na presença do regente, em razão da qual ele me convidara para um festival de novos músicos. Assim, devia esse convite a *Hochzeit*, e o amor de Anna, a *Kant fängt Feuer*. Logo após a chegada a Estrasburgo, subi ao alto da torre onde Goethe esperara por Lenz. Lá em cima, estive diante da placa em que ambos haviam inscrito seus nomes. Aos pés da catedral, na Cidade Velha, fui recebido em uma das belas casas e alojado no quarto no qual, segundo se dizia, Herder jazera doente e recebera a visita de Goethe. Talvez a peculiar interpenetração de meu sentimento de felicidade com a veneração pelos espíritos que ali haviam vivido tivesse conduzido a uma perigosa *hubris*. Talvez tivesse, no quarto em que deveria dormir, concebido planos inauditos — um novo sonhador do templo — e abandonado o verdadeiro, penoso intento a que me propusera. Quis a minha sorte, porém, que eu fosse, quase que naquele mesmo momento, assaltado pela infelicidade. Três dias após minha chegada, recebi a carta e o telegrama de Anna, no escritório do conservatório. Em meio à agitação infernal dos ensaios, diante de centenas de olhos, eu os abri e li suas palavras gélidas. Ela não me recriminava por coisa alguma, mas nada mais sentia por mim. Afirmava, sem reservas ou indulgência, que não era de mim que havia gostado, mas somente de minhas cartas. Acrescentava, ainda, que não andava conversando com ninguém, que se recolhera a seu piano e tocava sozinha, para si própria. Embora nenhuma emoção transparecesse naquela carta, sentia-se ali certa tristeza, muito contida, por sua desilusão. Anna desejava continuar recebendo cartas minhas, sem oferecer, contudo, a perspectiva de respondê-las. Eu não era mais importante: fora lançado de volta à terra. Porém, estava livre para alcançar as alturas por meio de cartas, e só por meio destas. Havia algo de quase sublime no modo como ela lidava com as pessoas, como se tivesse um direito natural de elevá-las e depô-las sem explicação ou cautela, como se o atingido devesse ficar agradecido pelo mais duro dos golpes, simplesmente porque este partira dela.

O sentimento de aniquilação que se espraiou em mim foi, no entanto, mantido em suspenso por uma luta cavalheiresca que tive, ao mesmo tempo, de travar por ela. Cada vez mais, H. procurava rebaixá-la. O mais difícil de suportar era o fato de que seus insultos estavam permeados por uma curiosa espécie de lascívia, calculada para despertar-me o ciúme. Ele próprio agia motivado pelo ciúme, iludindo-se acerca de uma felicidade que pressupunha ser a minha, mas que eu não possuía, rebaixado que fora. Eu repelia cada uma das vulgaridades que ele dizia, motivado por seu desejo de vingança; era tão obstinado quanto ele, ainda que não tão seguro de meu veneno quanto ele do dele. De início, agi ainda com comedimento, a fim de não nos expor — a mim e a ela, como se ainda houvesse algo entre nós — diante dele. Posteriormente, contudo, como ele piorasse cada vez mais, desconhecendo quaisquer fronteiras para seus insultos, despi-me de todo escrúpulo e passei a falar de Anna como o fazia nas cartas que outrora escrevera e que, a partir daquele momento, não mais deveria escrever. Na luta contra a vileza de H., subsistia, intacto e inexorável, tudo o que supostamente houvera entre mim e ela. Não podia lamentar, contar a ele a nova verdade, mas proclamava a antiga com tamanha força e convicção que H., afinal, perdeu a fala e silenciou, enfurecido diante de minha fé inabalável.

Como H. dizia tudo publicamente — ou endereçado ao público em geral —, deve ter causado particular estranheza a todos que o circundavam, toda a sua corte, o fato de que, por vezes, desejasse ficar a sós comigo — não por muito tempo, mas, de qualquer maneira, recolhia-se, *expressis verbis*, à minha companhia. "Preciso falar com C.", dizia então. Soava como se tratasse de algo importante. Esses poucos minutos, subtraídos à sua intensa atividade, eram dedicados exclusivamente aos confrontos em torno de Anna. H. saboreava meus veementes contra-ataques, pois estes jamais consistiam em ataques à sua pessoa, mas sim em desagravos à honra da atingida — desagravos que contrastavam de tal modo com suas próprias calúnias obscenas que ele *necessitava* deles. Sem eles, H. não podia viver: precisava de ambos, das calúnias e dos desagravos. Talvez eu próprio precisasse disso — o que, porém, só hoje me ocorre — para escapar à dor da humilhação que Anna me infligira.

Para os demais, porém, que nada desconfiavam do conteúdo dessas conversas, a aparência era a de que H. se *aconselhava* comigo sobre certas questões, como se houvesse um relacionamento de confiança mútua entre nós, necessário à vigorosa atuação de H. ao longo daquelas semanas musicais.

A própria Gustel, que tinha de vigiá-la à sua maneira, era dessa opinião. H. a chamara de volta, alegando ser ela imprescindível e, para convencê-la do quanto o era, para animá-la à nova função, prometera-lhe verdade absoluta. Gustel tinha a obrigação de zelar para que ele não se metesse em novas confusões. Seu desmoronamento após a fuga de Carola Neher, que o abandonara do modo mais vergonhoso e sem quaisquer "circunstâncias atenuantes", estava ainda muito próximo. Fora a primeira vez que um caso com uma mulher, ou, mais exatamente, uma derrota frente a uma mulher, subtraíra-lhe a capacidade de trabalho. Isso provocara nele, o destemido, um pavor mortal, levando-o realmente a procurar abrigo junto da primeira esposa, Gustel. H. não a estava iludindo ao confiar-lhe o novo posto: vigiá-lo para que mulher alguma pudesse fazer mal a ele.

Era, portanto, o direito de Gustel tentar descobrir o que ele discutia comigo naqueles minutos de intimidade. Ela se aproximou de mim e, para conquistar minha amizade e, talvez, também o meu auxílio, falava sobre si própria — ela, que era uma pessoa ríspida e bastante fechada. Gustel sofria indizivelmente com tudo o que H. fizesse que envolvesse mulheres, e havia muitas naquele festival: algumas cantoras, dentre elas uma extremamente sedutora, exuberante e disposta a tudo; mas também uma maravilhosa violinista, que H. já conhecia de Viena — uma criatura pueril, que encantava pela originalidade de suas frases e por uma naturalidade que, no entanto, revelava um poderoso intelecto. Esta última provinha de uma família altamente musical. Um de seus prenomes fora-lhe dado em homenagem a Mozart — bastante apropriado, aliás: ela tinha música em cada um de seus nervos, era sua própria respiração. Nela, era natural o que um homem como H. adquirira por meio de uma aplicação sobre-humana. Os ritmos que tinha de tocar, tomava-os como uma forma de obediência; para ela, as partituras eram preceitos, no mais puro sentido da palavra; regente e partitura eram uma única e mesma coisa: o que quer que um regente ordenasse, tratava-se de um prolongamento, uma extensão da partitura. Ela teria dado a própria vida por uma partitura e, portanto, também pelo seu mestre. Amadea — chamo-a pelo segundo nome, o que herdara de Mozart, e que na realidade as pessoas abreviavam — não fazia qualquer distinção entre os senhores reinantes da música. Diferenciava muito bem as obras propriamente ditas, ante as quais tinha posições e convicções decididas. Suas aptidões não eram meramente de natureza técnica: conhecia bem Bach — talvez, o seu deus principal — e Mozart, mas também compositores totalmente novos, diante dos quais o experimentado público musical de Viena recuava como que diante do demônio. Foi das primeiras a tocar obras de Alban Berg e Anton von Webern, tendo sido até mesmo chamada a Londres para apresentá-las. Estava, porém, à mercê das instruções dos verdadeiros beneficiários de todas as obras, os regentes — não de suas pessoas, pois destas nada sabia, mas de suas ordens, distribuídas com a consciência do próprio poder. Em Estrasburgo, era convocada para ensaios logo às seis da manhã por H., com quem já trabalhara em Viena, e, como era um ser absolutamente sincero e franco, não conseguia ocultar a servidão que a unia a ele, tornando-se o verdadeiro objeto da vigilância ciumenta de Gustel.

Eu não entendia muito de música. Jamais estudara teoria musical. Ouvir certamente me dava prazer, mas não me competia emitir um veredicto sobre o que ouvia. Impressionavam-me os compositores mais diversos — Satie e Stravinski, Bartók e Alban Berg —, mas com um desconhecimento de causa que, em questões literárias, não teria consentido a mim mesmo.

Tanto mais importante era-me, pois, observar com acuidade as pessoas presentes ao festival, e particularmente a diversidade de suas reações umas para com as outras. As impressões que tive delas foram indeléveis. Embora jamais tenha tornado a ver a maioria daquelas pessoas, tenho-as, passados cinquenta anos, clara e precisamente diante dos olhos. Seria reconfortante para mim, hoje, poder dizer a cada uma delas como é que eu as via naquela época. O objeto principal de minhas experiências durante o festival foi aquele que o organizou, seu coração pulsante. Estudei-o precisa e impiedosamente: nenhuma palavra, nenhum silêncio, nenhum movimento seu me escaparam. Finalmente tinha diante de mim, isolado, o espécime que queria compreender e retratar: um déspota.

Após o sucesso do festival, anunciou-se, a título de encerramento e último encontro entre os participantes, uma festa a ser realizada em Schirmeck, nos Vosges. Muitos teriam preferido partir antes, mas pretendia-se, naturalmente, como que agradecer H. por todo o seu enorme esforço: a festa seria em sua homenagem, e, por isso, quase todos ficaram.

Lá estávamos nós em uma pousada, reunidos em torno de longas mesas ao ar livre. Diversos discursos foram proferidos. H. pediu-me expressamente que dissesse algumas palavras acerca de minhas impressões do festival: justamente por não ser músico, mas escritor, seria importante que eu me manifestasse a respeito. Vi-me, assim, na difícil situação de precisar dizer algo que correspondesse à verdade, sem, no entanto, deixar transparecer nada dos aspectos mais obscuros que identificara em H., e que, para mim mesmo, não estavam ainda maduros o suficiente para serem expressos. Assim sendo, falei da maneira como ele reunia as pessoas e do modo irresistível pelo qual fazia com que elas produzissem algo em conjunto. Minhas palavras devem ter-lhe parecido demasiado objetivas, e demasiado neutras. Com certeza, H. desejava de mim muito mais uma adulação, como as que ouvira da maioria dos oradores naquela noite. Mais para o final da festa, terminada a parte oficial e podendo já retornar ao seu estilo costumeiro, ele se vingou.

H. fora aclamado um mestre da regência. De fato, o que é que não conseguira fazer com seus pupilos ao longo daquelas poucas semanas do festival? Agora, porém, tendo já bebido convenientemente, queria relaxar. Então, atribuiu a si próprio uma outra habilidade da qual nenhum dos presentes sequer suspeitava. Subitamente, anunciou que queria ler a mão de todos — não de um ou de alguns poucos, mas de todos. Só precisava olhar a mão de uma pessoa para conhecer-lhe o destino, afirmou, acrescentando que não nos afobássemos, que cada um teria a sua vez, que o melhor seria que formássemos uma fila. Assim foi feito: a princípio com alguma hesitação, mas, logo que ele começou a exercitar seu dom, metade dos presentes levantou-se das longas mesas, formando a fila solicitada. H. concentrava-se em cada indivíduo, os primeiros sendo aqueles que haviam se sentado ao seu redor. Como em tudo o mais, era rápido também naquilo: não tomava por muito tempo uma mão estendida — bastava uma olhadela. Decidido, como era de seu feitio, pronunciava a sentença, limitando-se a determinar quanto tempo a pessoa iria viver. Outros dados — características, perspectivas para o futuro — não o interessavam. Ditava a cada um os anos de vida que lhe cabiam, sem explicar como chegara àquele número. Não falava mais alto do que o habitual, apenas os que estavam mais próximos ouviam o que dizia.

Terminada a leitura, viam-se rostos satisfeitos, mas também consternados. Todos retornavam para seus lugares e se sentavam em silêncio. Não comentavam os resultados, e ninguém perguntava "O que ele disse?" ao vizinho que voltava. Contudo, era perceptível a mudança na atmosfera. As brincadeiras haviam cessado. Os felizardos, os que tinham ainda uma longa vida pela frente, guardavam sua felicidade para si; mas mesmo os outros, obrigados a viver menos, não incorriam em revolta ou lamentação. H., aparentemente absorto na leitura das mãos, prestava cuidadosa atenção a quem vinha e a quem não vinha. As mãos que estava lendo pertenciam, em sua maioria, a pessoas que lhe eram indiferentes, e ele concluía a leitura apenas por formalidade. Aguardava, porém, a presença de outras mãos, e, como eu me demorasse bastante, senti que ele me espreitava. Eu estava sentado bem próximo dele — defronte, em diagonal — e não dava sinal de que fosse me levantar para aguardar na fila. Algumas vezes, entre uma mão e outra, ele me dirigia um rápido olhar. Então, de repente, num tom cortante e tão alto que a mesa inteira ouviu, disse: "O que é que há, C., está com medo?". Não desejando permitir que me imputassem aquele medo diante da sentença de H., levantei-me e caminhei alguns passos em direção ao final da fila. "Venha logo de uma vez", ele disse, "senão você ainda vai acabar me escapando." Aproximei-me a contragosto. Por uma única vez, ele desobedeceu a ordem da fila, tomou avidamente minha mão e, mal tendo lançado um olhar para ela, decretou: "Você não vai chegar aos trinta". E acrescentou uma explicação, o que ainda não fizera com ninguém: "A linha da vida está interrompida, veja aqui!". Então, deixou que minha mão caísse, como algo inútil, e, encarando-me radiante, sussurrou: "Eu vou chegar aos 84. Vivi apenas a metade da minha vida. Tenho só 42". "E eu, 28." "Não vai chegar aos trinta! Você não vai chegar nem aos trinta!" Disse-o ainda uma vez, dando de ombros. "Não há nada a fazer. De que adiantaria?" Com aquele tempo de vida pela frente não se podia fazer mais coisa alguma. Mesmo os dois anos que H. me atribuía de nada valiam: o que é que se pode fazer em dois anos?

Eu me afastei. Ele já me tinha por liquidado, mas o jogo ainda não terminara. Havia outros na fila, e ele tinha que pronunciar sua sentença sobre cada um. Na maioria dos casos, a leitura prosseguia mecanicamente, apenas porque as pessoas estavam ali. Não faria diferença se fossem moscas. De alguns ele realmente fazia questão de ler a mão, nem sempre eu sabia por quê. Sentei-me novamente no meu lugar, defronte dele, e fiquei ouvindo. Alguns escaparam, fingindo-se de bêbados: não reagiam aos apelos de H. A maioria veio ouvir os variados destinos que cabiam a cada um. Àqueles que jamais o haviam molestado com sua oposição, ele se mostrou condescendente, permitindo-lhes atingir a meia-idade — um pouco mais, um pouco menos. Aos 84 ninguém chegaria. Uma série de naturezas inofensivas e submissas atingiria os sessenta e poucos anos. Mas estes não eram os alvos preferidos de H., pois nestes últimos caprichava mais na pontaria. O que lhe importava, evidentemente, era dispor de todos. Não dispensava melhor tratamento às mulheres — havia algumas presentes — do que aos homens. Todas iriam morrer mais cedo do que seus respectivos maridos. Das viúvas, não tinha nada a dizer: mulheres que não precisasse tomar de alguém arrefeciam-lhe o desejo. Aos trinta, ninguém teria de morrer, além de mim.

II. DR. SONNE

UM IRMÃO GÊMEO DE PRESENTE

Naquele ano de 1933, sob o impacto dos acontecimentos na Alemanha, nasceu a *Komödie der Eitelkeit*. No final de janeiro, Hitler chegara ao poder. Daquele momento em diante, cada acontecimento que se seguiu parecia sinistro, de um significado sombrio. Tudo me dizia respeito muito de perto, sentia-me envolvido em tudo que se passava, como se tivesse estado presente a cada uma das cenas de que tinha notícia. Nada fora previsto. Explicações, ponderações, mesmo ousadas profecias eram nada, se comparadas à realidade. O que ocorreu foi, em cada detalhe, algo inesperado e novo. O contraste entre a pequenez das ideias propulsoras e seu efeito era incompreensível. Em meio a tanta perplexidade, porém, uma coisa era certa: aquilo só poderia desembocar numa guerra — e não numa guerra acanhada, insegura de si própria, mas numa que irromperia orgulhosa e voraz, como as guerras bíblicas dos assírios.

Sabia-se disso e, no entanto, acalentava-se a esperança de que a guerra poderia ainda ser evitada. Mas como se poderia evitar o que ainda não fora compreendido?

Desde 1925, eu me impusera a tarefa de descobrir o que é a massa e, mais do que isso, a partir de 1931, como é que dela brota o poder. Já ao longo desses anos, era raro o dia no qual meus pensamentos não estivessem voltados para o fenômeno da massa. Eu não queria tornar as coisas mais fáceis para mim, simplificando a questão. Parecia-me sem sentido destacar um ou dois aspectos do fenômeno, negligenciando todos os demais. Por essa razão, não era de admirar que não tivesse ainda ido muito longe. Eu estava no encalço de alguns fatores, como, por exemplo, a conexão entre a massa e o fogo, ou a tendência de crescimento da massa — uma característica que esta compartilha com o fogo —, mas, quanto mais me ocupava disso, tanto mais certo me parecia que eu me lançara a uma tarefa cujo cumprimento demandaria a melhor parte de minha vida.

Para tanto, eu estava disposto a ter paciência, mas os acontecimentos não se mostravam tão pacientes. Em 1933, quando o mundo foi colhido pela grande aceleração que arrastaria tudo consigo, eu não tinha ainda qualquer teoria que pudesse contrapor a ela, e senti uma intensa necessidade interior de expressar o que não entendia.

Um ou dois anos antes — e, a princípio, sem relação com os acontecimentos da época —, ocorrera-me a ideia da proibição dos espelhos. Quando eu ia à barbearia cortar os cabelos, era-me incômodo ficar olhando continuamente para minha própria imagem, sempre diante de mim. Sentia-a como um constrangimento, uma limitação. Assim, meu olhar desviava-se para a direita e para a esquerda, e, sentadas ao meu lado, estavam pessoas fascinadas consigo próprias. Contemplavam-se cuidadosamente, estudavam-se, faziam caretas para obter um conhecimento mais exato de seus traços; não se cansavam, pareciam jamais ter o suficiente de si próprias e, o que mais me espantava, não percebiam que eu as observava o tempo todo, tão ocupadas estavam exclusivamente consigo próprias. Eram todos homens, moços e velhos, respeitáveis alguns, outros nem tanto, tão diferentes entre si que era quase impossível de acreditar, e, no entanto, tão semelhantes em seu comportamento: cada um adorando a si próprio, absorto diante da própria imagem.

O que me aturdia particularmente era a insaciabilidade dessa autocontemplação. Então, certa vez, observando dois exemplares grotescos, perguntei-me que consequências haveria se repentinamente se proibisse às pessoas esse mais caro de todos os momentos. Existiria, aliás, uma proibição forte o suficiente para apartar os seres humanos de sua imagem e semelhança? Por quais descaminhos mergulharia a vaidade, se acossada com violência? Era um jogo divertido, e inócuo, conjecturar acerca de tais consequências. Porém, quando a situação na Alemanha chegou às queimas de livros, quando vi que proibições estavam sendo, subitamente, decretadas e cumpridas, com que imperturbável obstinação elas se prestavam à criação de massas entusiasmadas, foi como se um raio tivesse me atingido, e a brincalhona proibição dos espelhos tornou-se séria para mim.

Esqueci o que havia lido sobre massas, o pouco que havia apreendido a respeito: deixei tudo para trás e comecei de novo do princípio, como se confrontado pela primeira vez com um fenômeno de caráter tão universal. Escrevi, então, a primeira parte da *Komödie der Eitelkeit*, a grande tentação. Cerca de trinta personagens — falando de maneiras as mais diversas, mas todos vienenses até a última sílaba povoam um lugar que parece tão familiar quanto o parque de diversões do Prater. Trata-se, entretanto, de um parque como jamais se viu, dominado por uma fogueira que se torna cada vez maior ao longo das cenas que ali se desenrolam, atiçada e alimentada pelos personagens em ação. A título de acompanhamento acústico, ouve-se o quebrar de espelhos, estilhaçados por bolas, em barracas montadas com esse propósito. Os próprios personagens carregam para ali seus espelhos e imagens: os primeiros para serem estilhaçados; as últimas, para queimar. Um pregoeiro pronuncia as palavras que dão início a essa diversão popular, e o que se ouve com mais frequência e maior veemência em sua fala é a palavra "Nós!". As cenas são ordenadas como que numa espiral: primeiro, mais longas, nas quais personagens e acontecimentos explicam-se mutuamente; depois, cenas cada vez mais curtas. Mais e mais, tudo remete ao fogo: no princípio, de maneira distante; depois, numa aproximação paulatina, até que, por fim, um personagem transforma-se ele próprio em fogo, atirando-se nele.

Ainda hoje sinto na carne a obsessão daquelas semanas. Havia um ardor em mim, como se fosse eu aquele personagem que se transforma em fogo. Contudo, a despeito do furor que me impelia adiante, precisava abster-me de toda palavra imprecisa, e o freio doía-me na boca. Diante dos olhos, em meus ouvidos, surgia a massa que o longo pensar ainda não dominara. Como o velho porteiro Franzl Nada, sucumbi sob o peso dos espelhos. Como Franzi, sua irmã, fui preso e trancafiado por causa do irmão perdido. Na pele do pregoeiro Wondrak, eu açoitava a massa para que seguisse adiante; na de Emilie Fant, gritava, desalmado e hipócrita, por minha desalmada criança. Transformei-me eu próprio nos personagens mais repugnantes, procurando uma justificação nos que amava e haviam sido pisoteados.

Não esqueci um único desses personagens. Cada um deles permaneceu mais vivo em mim do que as pessoas que eu conhecia à época. Todas as fogueiras que desde criança haviam me impressionado juntaram-se ao fogo da queima das imagens.

O ardor que tinha em mim ao escrever essas cenas não havia me deixado quando fui para Estrasburgo. Ao empreender a viagem, estava ainda no meio da primeira parte da *Komödie*, e o espantoso é que nada se tenha perdido em meio às semanas febris que passei naquela cidade. Tinha-a definitivamente configurada na cabeça, como jamais aconteceu com qualquer outra obra que me propusera a escrever. Passei o mês de setembro, posterior ao festival, em Paris, e retomei o trabalho exatamente do ponto em que o interrompera em Viena. Concluí a primeira parte e fiquei como que embriagado por ela. Conseguira — assim pensava — realizar algo novo, ou seja, representar dramaticamente a massa: sua formação, sua densidade crescente, sua descarga. Muitas das cenas da segunda parte foram também escritas em Paris. Sabia muito bem o que aconteceria a seguir; tinha claro diante dos olhos até mesmo a terceira parte.

Não retornei a Viena como um derrotado. A gélida rejeição de Anna me atingira, mas não me perturbara como o teria feito, talvez, em uma outra época. Sentia-me tão seguro sob a proteção da *Komödie* que telefonei a ela, como se nada tivesse acontecido, anunciando uma visita a seu ateliê. Ao telefone, assumi uma postura fria e indiferente que a agradou: era assim que *ela* realmente se sentia. Anna ficou aliviada por eu não ter dito uma palavra sobre o que acontecera entre nós; ela odiava cenas dolorosas, recriminações, amargura e lamentação. Estava satisfeita por ter agido de acordo com seu impulso mais forte: o de liberdade. Mencionei, no entanto, a *Komödie*, da qual lhe falara antes de minha partida, e, embora peças de teatro pouco significassem para ela, expressou algum interesse — que manifestasse verdadeiro entusiasmo tampouco era minha expectativa. Desde que me conhecera, Anna queria promover um encontro meu com seu jovem professor, Fritz Wotruba. Este estivera ausente de Viena, anteriormente à minha ida a Estrasburgo, mas já estaria novamente na cidade, segundo ela. Disse-me, então, que pediria a ele que viesse visitá-la no mesmo dia em que eu iria, de modo que pudéssemos almoçar juntos em seu ateliê.

Foi uma ideia inteligente da parte dela. Era a primeira vez que a via, após o rompimento: o caminho pelo jardim, o ranger do cascalho — que me pareceu bem mais alto do que o tinha na lembrança —, a estufa que lhe servia de ateliê, Anna vestindo o mesmo avental azul, mas postada mais para a lateral da escultura, que ocupava o centro da sala. Ela não tinha os dedos na argila; seus braços estavam para baixo, seu olhar dirigido ao jovem que, ajoelhado diante da escultura, trabalhava em sua porção inferior. Quando entrei no ateliê e Anna disse meu nome, ele estava de costas para mim e não se levantou. Não retirou os dedos da argila, mas continuou a moldá-la. Ainda de joelhos, voltou a cabeça em minha direção e disse, numa voz profunda, encorpada: "O senhor também se ajoelha diante de seu trabalho?". Era um gracejo que servia de desculpa por ele não ter prontamente se levantado para me dar a mão. Nele, porém, mesmo um gracejo tinha peso e significado. Com o "também", dava-me as boas-vindas, equiparando seu trabalho ao meu; o "ajoelha" expressava uma expectativa: ou seja, a de que eu levasse meu trabalho tão a sério quanto ele levava o dele.

Foi um bom começo. Dessa primeira conversa, retive na memória apenas aquela pergunta inicial. Tenho-o, por certo, diante dos olhos, sentando-se à mesa, logo a seguir, bem defronte de mim, ocupado com seu escalope de vitela. Anna mandara servir a comida para nós dois, mas ela própria não tomou parte no almoço: em pé, às vezes andava pelo ateliê, voltando em seguida para junto da mesa, a fim de ouvir a conversa. Sua participação era, portanto, parcial. Comida pouco significava para ela: podia trabalhar dias sem pensar em comer. Dessa vez, porém, tratava-se também de consideração: queria me oferecer algo e, além disso, pensava também em Wotruba, a quem estimava pelo trabalho na pedra mais dura, pela determinação e firmeza inabalável de propósitos. Por isso empenhara-se em ajudá-lo, tornando-se sua primeira discípula. Promovendo meu encontro com ele, acreditava estar propiciando-nos alguma coisa, razão pela qual nos abandonou totalmente à nossa primeira conversa, sem se intrometer ou desviar a atenção para si. Anna demonstrou muito tato ao fazê-lo, pois, tivesse ela se afastado completamente, nós nos teríamos sentido como empregados para os quais a mesa é posta num canto. Ela arrumava uma coisa ou outra para fazer no ateliê, mas voltava sempre para junto da mesa, onde, em pé, acompanhava a conversa, como se ali estivesse para nos servir, mas sem se deter demasiadamente, a fim de não incomodar com sua presença. Poucos meses antes, Anna não teria deixado escapar uma única palavra dessa ou de qualquer outra conversa: decidira, então, que eu não lhe era indiferente, e pautava-se por essa decisão. Agora, tendo tomado a decisão contrária, podia demonstrar tato, deixando-nos livres para conversar.

Desde que começáramos a comer, entretanto, a conversa ficou prejudicada. Eu não tirava os olhos das mãos de Wotruba — alongadas, os nervos à mostra, fortes e, no entanto, de uma sensibilidade inaudita, como se constituíssem seres à parte, com uma linguagem própria. Em vez de prestar atenção a suas palavras, observava-lhe as mãos, as mais belas que já vira. Sua voz — que me agradara quando ouvi aquela primeira pergunta — deixou-me momentaneamente; sob o primeiro impacto das mãos, ela nada me dizia. Talvez por isso eu tenha esquecido o conteúdo da conversa. Wotruba cortava perfeitos pedacinhos de carne, quase quadrados em seu formato, e os levava rápida e decididamente à boca. A impressão causada era mais de determinação do que de avidez — cortar parecia ainda mais importante do que engolir —, mas era inconcebível que o garfo fosse se deter a meio caminho da boca, que ele fosse fazer alguma pergunta, ou que a boca não fosse se abrir porque seu interlocutor estava falando. O pedacinho de carne desaparecia pronta e inexoravelmente, e outros o seguiam num ritmo veloz.

Como a carne estivesse fibrosa, empenhei-me em remover os piores pedaços antes de comer. Encontrava-os em número cada vez maior, recortando ao redor dos pedacinhos de carne. O que cortei fora deixei no prato. Todo esse girar da carne para lá e para cá, essa hesitação, esse remexer e cortar, essa evidente má vontade em comer o que tinha diante de mim, compunha um contraste tão grande com o comportamento de Wotruba que ele, embora concentrado no prato à sua frente, acabou percebendo. Seus movimentos tornaram-se um pouco mais lentos, ele olhou para a devastação no meu prato: era como se nos tivessem sido servidos pratos inteiramente diferentes, ou como se pertencêssemos a duas espécies distintas. A conversa, que, aliás, fora interrompida por seu rígido ritual ao comer, adquiriu um outro caráter: ele se espantou.

Wotruba espantou-se diante da criatura à sua frente, que tratava um pedaço de carne de modo tão indigno. Por fim, perguntou-me se *deixaria* tudo aquilo no prato. Disse-lhe algo sobre a carne estar fibrosa, o que para ele pouco significava, uma vez que comia seus pedacinhos quadrados com tudo o que eles continham. Não havia com o que implicar em formas tão perfeitas. Aquele meu remexer na carne o repugnava. Desse primeiro encontro, ficou-lhe uma impressão de displicência que, como fiquei sabendo mais tarde, Wotruba relataria à sua mulher logo depois, ao chegar em casa.

Por essa época, quando Fritz Wotruba tornou-se meu amigo íntimo — logo nos considerávamos irmãos gêmeos —, minha autoconfiança como escritor atingiu um ponto culminante.

À agressividade que experimentara e admirara em Karl Kraus juntou-se a do escultor, cujo trabalho consistia no golpear cotidiano da pedra mais dura. Wotruba era a figura mais indômita presente em minha vida. O que quer que discutíssemos ou fizéssemos tinha um caráter dramático. Grande era o desprezo pelos outros, os que tomavam o caminho mais difícil, não temendo concessões ou, talvez, nem sequer sabendo o que pretendiam. Como seres únicos, nós nos lançávamos pelas ruas de Viena. Lançando-se era, realmente, como Wotruba se movia: surgia impetuosa e subitamente, exigia ou tomava o que queria e lançava-se adiante, antes mesmo que se soubesse se estava satisfeito. Eu gostava dessa sua maneira de se mover, temida por muitos e conhecida de todos.

Sentia-me o mais próximo dele quando estava em seu ateliê. Dois arcos sob o viaduto da Stadtbahn lhe haviam sido concedidos pela municipalidade de Viena, a título de ateliê. No interior de um deles — ou defronte, se o tempo estava bom —, Wotruba golpeava a sua pedra. Na primeira vez em que fui até lá, ele estava trabalhando numa figura feminina, deitada. Golpeava duramente a pedra, deixando evidente a importância que dava à sua dureza. Subitamente, saltava de um ponto a outro da escultura — bem distantes entre si —, fincando, então, o seu cinzel com fúria renovada. Era claro o quanto trabalhava com as mãos, o quanto dependia delas; não obstante, a impressão que se tinha era a de que cravava os *dentes* na pedra. Uma pantera negra — assim ele me parecia —, uma pantera que se alimentava de pedra: rasgava-a e fincava-lhe os dentes. Nunca se sabia que ponto atacaria a seguir. Eram sobretudo esses saltos que lembravam um felino predador, só que não partiam de uma determinada distância, mas de um ponto a outro da escultura. Wotruba dedicava-se a cada ponto com energia concentrada. A força do ataque equivalia à do impacto de um salto de certa amplitude.

Àquela época, quando o visitei pela primeira vez — a figura feminina que estava esculpindo era para o túmulo da cantora Selma Kurz —, tais saltos provinham de cima; daí, talvez, eu ter pensado em uma pantera, que, de cima de uma árvore, salta sobre sua vítima. Eu acreditava, então, que ele dilacerava sua vítima. Mas dilacerar granito? Que tipo de dilaceramento era aquele? A despeito de sua soturna concentração, não se podia esquecer por um só momento com que tipo de material Wotruba se debatia. Observei-o longamente. Ele não sorriu *uma única vez* sequer. Sabia que estava sendo observado, mas não se mostrava gentil. Havia uma seriedade absoluta naquele seu trato com a pedra. Compreendi que ele se mostrava como efetivamente era. Sua natureza era tão forte que Wotruba escolhera para si o mais difícil. Para ele, dureza e dificuldade eram uma só coisa. Quando, de repente, saltava, era como se esperasse o revide da pedra e a este se antecipasse. O que estava me apresentando era um assassinato. Levou muito tempo até que ele percebesse que ele precisava matar. Não se tratava de um assassinato às ocultas, deixando apenas pistas irreconhecíveis para trás, mas de um em cuja prática se demorava, até que dele resultasse um monumento. Em geral, estava sozinho ao cometê-lo, mas sentia também, por vezes, a necessidade de agir diante de olhos alheios, sem se alterar, sendo inteiramente ele mesmo: não um ator, mas um criminoso. Wotruba queria alguém que compreendesse a seriedade que atribuía ao que fazia. Se a arte é constantemente caracterizada como um jogo, a dele não era. Com seus crimes teria povoado a cidade e o mundo. Eu fora até seu ateliê munido da opinião usual de que o que lhe importava na pedra era sua *permanência*, o fato de que nada do que fizesse com ela poderia se decompor ou perecer. Contudo, ao observar seu *processo* de trabalho, aquela ação inexplicável, entendi que o que lhe importava era a *dureza* da pedra e nada mais. Ele tinha de debater-se com ela. Precisava da pedra da mesma forma como outros precisam de um pedaço de pão. Mas tinha de ser o bloco mais duro, e era essa dureza que ele exibia.

Desde o princípio levei Wotruba a sério: ele era sério a maior parte do tempo. Para ele, as palavras tinham sempre significado: quando *queria* alguma coisa, falava, e suas palavras *exigiam*; quando me contava sobre algo que o afligia, não havia ambiguidade nelas — quão poucas pessoas se conhece cujas palavras *valem*! Foi, possivelmente, meu ódio contra o universo comercial que me impeliu a procurar por tais palavras. O vaivém das palavras ditas apenas para serem, logo em seguida, retiradas; seus contornos movediços, seu desvanecer-se, dissolver-se, embora ainda presentes; sua refração prismática, sua iridescência; o ousar pronunciá-las antes que elas próprias o desejem; a covardia que se lhes impõe, sua conduta servil — como eu estava farto desse aviltamento das palavras. Tomava-as tão a sério que até mesmo me repugnava distorcê-las por brincadeira. Queria-as *intactas* e em toda a sua força. Reconhecia que cada um as utilizava à sua própria maneira. Distorcê-las não por brincadeira, mas na ausência de um melhor juízo, conferindo-lhes a feição precisamente daquele que as empregou, sendo-lhe própria e nele se transformando — uma tal distorção eu respeitava, deixava-a intacta, não teria ousado tocá-la: *explicá-la* me repugnaria mais do que qualquer outra coisa. Eu sucumbira à terrível seriedade das palavras — uma seriedade que valia para todas as línguas, e por meio da qual cada uma delas tornou-se inviolável.

Wotruba possuía essa terrível seriedade das palavras. Encontrei-a após ter experimentado o oposto dela por quase um ano e meio em F., um outro amigo. Para este último, as palavras não tinham qualquer sentido inviolável: eram continuamente distorcidas a serviço da sedução. F. as empregava assim e assado, as alterações podiam suceder-se em questão de horas, sempre aparentando uma firmeza próxima da convicção. Vivenciei a maneira como ele incorporava coisas que eu dizia, como transformava em suas as minhas palavras, de uma tal forma que eu próprio não lhes teria podido identificar a origem. Assim, podia ocorrer de ele se utilizar de minhas palavras para polemizar comigo, ou, o que era ainda mais notável, consigo próprio. Sorria, então, extasiado ao me surpreender com uma frase que, dias antes, ouvira de mim, exigindo o devido aplauso para seu feito, talvez até mesmo considerando-o, de fato, surpreendente. Mas, em sua imprecisão, sempre alterava alguma coisa na frase, de modo que meu próprio pensamento me irritava, apresentado naquela versão diferente. Então, eu refutava sua versão, e ele parecia convencido de que discutíamos um com o outro, de que havia ali duas opiniões em jogo, quando, na realidade, tratava-se de uma opinião lutando contra sua distorção, ele se distinguindo por nada mais do que a ligeireza desta última.

Wotruba, porém, sabia o que havia feito e jamais o esquecia. Tampouco esquecia o que seu interlocutor dissera. Era como numa luta corpo a corpo. Ambos os corpos estavam sempre ali, jamais desapareciam, permaneciam impenetráveis. Talvez soe incompreensível dizer que só nas conversas apaixonadas que tive com ele compreendi o que é a *pedra*. Não esperava encontrar em Wotruba compaixão pelos outros. Nele, a bondade teria parecido algo ridículo. Importavam-lhe duas coisas, e apenas estas: o poder da pedra e o poder das palavras. O poder, portanto, mas em uma composição tão inaudita de seus elementos que se podia tomá-lo como uma força natural, tão pouco criticável quanto uma tempestade.

A "ESTÁTUA NEGRA"

Nos primeiros meses de nossa amizade, eu jamais vira Marian sem Fritz Wotruba a seu lado. Juntos precipitavam-se em minha direção, juntos detinham-se bem próximos de mim. Como, então, de imediato, começava-se a falar de algum empreendimento, de algo que seria necessário levar a cabo; de um inimigo teimoso, uma pedra no caminho de uma missão a ser cumprida, uma criatura da Viena oficial, contra a qual seria necessário opor uma outra, de inclinação mais favorável; como Marian era o aríete que, decidido, avançava contra toda e qualquer muralha, como tinha de relatar com precisão milimétrica os pormenores de sua luta, sem passar por cima do mais insignificante dos detalhes, Wotruba deixava a seus cuidados a condução da minuciosa conversa, salpicando-a aqui e ali com um grunhido de confirmação. Mas mesmo o pouco que ele dizia em tais ocasiões soava vienense em todas as sílabas, ao passo que a veloz torrente das palavras de Marian — que nada ou ninguém poderia interromper — fluía num alemão literário, mal se notando o sotaque renano. Ela era de Düsseldorf, mas, a julgar pelo modo como falava, poderia ser de qualquer outra parte da Alemanha, à exceção do sul. Marian tinha um jeito premente e monótono de falar, sem elevações ou quedas do tom de voz, sem pontuação ou articulação e, particularmente, sem pausas. Era um matraqueado impiedoso do qual, uma vez começado, era impossível escapar antes que ela tivesse dito *tudo*, e tratava-se sempre de um relato minuciosíssimo — relatos breves ninguém jamais ouvira dela. Não havia salvação: diante de Marian, todos ficavam paralisados, como se uma pedra tivesse se instalado sobre o interlocutor, ou como se ele próprio tivesse se transformado em uma. Tampouco se podia pensar em *fingir* ouvi-la. Seu ataque verbal era de tal ordem que se tinha, necessariamente, de absorver cada frase. Tratava-se, porém — e só agora o percebo claramente —, de um cinzelar uniforme que se tinha de suportar. Eu próprio, contudo, jamais fui aquele de quem ela queria arrancar algo, mas o amigo a quem fazia seu relato. Nem ouso imaginar como se sentiam os verdadeiros alvos de seus ataques. Para estes havia uma única possibilidade de se livrarem dela: conceder o que ela exigia para Fritz. Se, ao contrário, a interrompessem — seja porque a repartição fechava a uma determinada hora, seja porque a vítima estava sendo chamada ao telefone ou por um superior —, ela voltaria quantas vezes fossem necessárias. Não admira que afinal vencesse.

Marian viera ainda bem moça para Viena, tornando-se aluna de Anton Hanak, em cujo estúdio encontrou o também aluno Fritz Wotruba, jovem aprendiz. De Viena, onde acabou por se estabelecer, não assimilou um mínimo do sotaque, embora tenha ouvido diariamente, durante décadas, o carregado vienense de Wotruba. A fidelidade deste à língua que aprendera nas ruas de Viena era de um fanatismo que eu jamais vira igual. Nunca aprendeu outra língua. Mais tarde, ao arriscar algumas palavras em inglês ou francês, soaria ridículo, como um peticionário gago, um mendigo estropiado. Era capaz, como todo cidadão de Viena, de produzir um alemão culto, oficioso, quando necessário, e, como era inteligente e *escrevia* um bom alemão, não soava ridículo. Fazia-o, contudo, tão a contragosto, sentia-se tão pressionado, que sofríamos junto com ele, respirando aliviados quando voltava a ser ele próprio, com seus tons inatos. Destes, Marian jamais assumiu um mínimo que fosse — ela que sempre viveu para ele e para seus interesses, que desde cedo abriu mão de ser, ela própria, escultora em favor dele, que jamais teve um filho, que falava incessantemente e *por ele*. Transformava imediatamente em ação o que ouvia de Wotruba. Quando saía atrás de seus intentos, ela nada ouvia, nada tinha em mente a não ser aquilo que estava precisamente pretendendo conseguir para Fritz. Falava e falava — tudo o mais não lhe dizia respeito. Quando ele estava junto, o falatório não o incomodava nem um pouco — naquela época, pelo menos. Quando eu estava a sós com ele, Wotruba dizia-me tudo, creio, que lhe passava pela cabeça ou que o afligia. Mas nem uma única vez reclamou do *jeito de falar* de Marian. De tempos em tempos, fugia, desaparecendo por uns dias. Marian, então, temia muito por ele e saía a procurá-lo por toda parte, às vezes em minha companhia. Não acredito, porém, que Wotruba fugisse da torrente de palavras de sua mulher, mas sim da fama prematura, do mundo da arte no qual se via preso, talvez até de algo mais profundo: da *pedra* com a qual se debatia. Esta era para ele como uma espécie de prisão, e não havia nada que Wotruba temesse mais do que a prisão. A mais profunda compaixão de que era capaz, sentia-a por felinos enjaulados.

Fritz e Marian convidaram-me para almoçar na Florianigasse, 31. Fritz sempre morara ali, o caçula de uma numerosa família de oito irmãos e irmãs. Agora, apenas ele e Marian ainda viviam na casa, junto com a mãe e a irmã mais nova. A mãe faria a comida, para que pudéssemos os três sentar sossegados e almoçar. Já haviam falado a ela sobre mim. Era uma mulher muito curiosa e tinha um temperamento raivoso. Se algo não a agradava, tinha o costume de arremessar pratos na cabeça das pessoas. O alvo precisaria, então, abaixar-se com grande rapidez para não ser atingido. Tinha-se de passar pela cozinha para se chegar à sala de estar. Era uma bela sala, disseram-me que Marian decorara a seu gosto, onde se podia sentar e conversar confortavelmente. Fritz combinara de vir me buscar para que eu não precisasse atravessar a cozinha sozinho, senão levaria um prato na cabeça. Perguntei-lhe, então, se sua mãe não desejava que eu fosse. Respondeu-me que a visita a alegrava, tanto é que ela própria faria o *Schnitzel* [escalope de vitela], era uma boa cozinheira. Ora, mas por que então jogaria um prato na minha cabeça? Isso não era possível prever, explicou-me ele, não havia um motivo, ela o fazia por prazer, gostava de se enfurecer. Quando ele se atrasava para a refeição, por exemplo: se estava trabalhando lá, sob o viaduto, completamente absorto, e vinha comer duas horas mais tarde do que dissera que viria, então lá vinham os pratos. Nenhum o acertara ainda, estava acostumado. A mãe era temperamental mesmo, uma camponesa húngara que viera a pé para Viena, quando moça, e trabalhara em boas casas de família. Nestas, diante dos patrões, precisara conter seu temperamento. Guardara-o para os oito filhos, que não lhe deram moleza: neles teve de descarregar sua fúria. "E, se nos atrasarmos, ela vai soltar os cachorros em cima de nós. Nem sempre ela arremessa pratos."

Havíamos, portanto, combinado tudo. Wotruba insistiu em me escoltar, mais do que era de seu feitio. Ele, o despreocupado, que jamais fazia segredo da força que tinha, mostrava-se preocupado e muito falante. Respeitava a mãe e a estimava justamente por aquelas coisas contra as quais estava me prevenindo. Tive a sensação de que estava querendo me impressionar com ela. Parecia uma mulher debilitada, mas isso era ilusório: era forte, tenaz, páreo para qualquer um. Se lhe dava uma bofetada, você jamais esquecia. Seguia sempre usando o lenço na cabeça, como no campo, na Hungria. Nunca mudara em nada: permanecera a mesma em todos aqueles anos de Viena. Perguntei se ela não sentia orgulho dele. Nunca se sabia ao certo, Wotruba respondeu, ela nada deixava transparecer, sobretudo diante de uma visita. Escritores a impressionavam, isso era certo. Gostava de ler, mas, por via das dúvidas, seria bom tomar cuidado.

Fritz veio me buscar com quase uma hora de atraso. Depois de tudo que me contara, eu estava inquieto. Ele parecia almejar um confronto com a mãe. "Hoje você vai ver", disse-me, quando finalmente apareceu. "Precisamos nos apressar." Ele jamais se desculpava por estar atrasado, mas daquela vez certamente teria podido explicá-lo. Eu estava irritado e sentia já o prato na cabeça, bem antes de dobrarmos a Florianigasse. Ao entrarmos na cozinha, Fritz ergueu o dedo em sinal de advertência. A mãe estava diante do fogão: primeiro, vi o lenço na cabeça; depois, a figura pequena e um tanto curvada. Ficou quieta, nem sequer voltou-se em nossa direção. Preocupado, o filho entortou a boca para me dizer, bem baixinho: "Opa! Cuidado!". Tínhamos de atravessar a cozinha para alcançar a sala. Wotruba agachou-se, dando-me um violento puxão para que eu também o fizesse. Quando estávamos já no vão que dava acesso à sala, veio o prato — bem na direção da cabeça de Fritz, mas alto demais. Então, ela limpou as mãos no avental e veio até nós. "Com esse aí eu não falo", disse-me, com sua voz aguda e sotaque húngaro, dando-me efusivamente as boas-vindas. Ele fazia de propósito, afirmou ela, porque gostava de deixar a mãe furiosa. Ela sabia que ele se atrasaria bastante, para que ela fizesse seu número. Por isso mesmo, só começara a fazer o *Schnitzel* bem tarde: não estava, pois, ressecado e nos agradaria a todos.

Na sala, reluziam o tampo de vidro da mesa e o aço das poltronas, uma modernidade um tanto programática que combinava com os propósitos de Marian, embora não com sua pessoa. Pendurados nas paredes brancas, quadros de Merkel e Dobróvski — presentes dos próprios pintores ao jovem escultor que incorporava a vanguarda da Secessão, o mais moço e controvertido de seus membros. Não havia um único objeto supérfluo na sala, o que contribuía para evidenciar ainda mais os quadros: atraíam-me, sobretudo, as paisagens arcádicas de Merkel, que já haviam me chamado a atenção anteriormente. Não havia uma porta ligando sala e cozinha, apenas o vão aberto. A mãe não vinha até a sala, mas na cozinha ouvia cada palavra, participando intensamente da conversa — com os ouvidos, pelo menos. Os pratos eram passados para a sala através de um vão na parede, feito especialmente com essa finalidade. Marian os trazia de lá para a mesa. Sobre esta, estava já o enorme *Schnitzel*: nele consistia o almoço. Wotruba me assegurou que a carne não estava fibrosa e que seria melhor que eu não ficasse remexendo nela, como fizera na casa de Anna, ou a mãe se ofenderia. Então, curvou-se sobre a carne e a comeu em silêncio, em grandes pedaços quadrados. Nem por uma *única* vez tirou os olhos dela: enquanto seu prato não se esvaziou, ele não participou da conversa com uma única sílaba ou gesto.

Marian, sozinha, encarregou-se da conversação. Primeiro, falou extensamente sobre o pecado que eu cometera no ateliê de Anna, ao cortar a carne fibrosa em pedaços minúsculos e, simplesmente, deixá-la no prato. Fritz contara-lhe que o prato ficara coberto dos pedaços de carne desprezados, e que jamais em sua vida vira algo assim. "Tinha um sujeito nervoso na casa da Mahler", Fritz lhe dissera, logo que chegara em casa, demonstrando-lhe o que eu fizera com a carne. Dali em diante, o assunto passara a ser mencionado com frequência, durante as refeições, de modo que ele a deixara bastante curiosa, e ambos haviam chegado à conclusão de que eu não era apenas um inimigo de carne fibrosa, mas de carne mesmo, e agora se poderia ver se isso era verdade ou não. Porém, ela logo percebeu que a conclusão era falsa, e, assim que terminei meu prato, uma segunda e igualmente enorme porção de *Schnitzel* me foi servida, sem que nada me fosse perguntado. Marian desculpou-se por praticamente não comerem outra coisa, sobretudo uma sobremesa, que quase nunca havia; Fritz jamais tocava num queijo, não comia queijo desde a infância e tampouco compota, pois não suportava que cortassem frutas em pedacinhos. Quando, duvidando de tais afirmações, olhei para ele, Wotruba confirmou-as com um grunhido: palavra, não pronunciou uma única enquanto havia carne no prato. Eu, porém, estava interessado em tudo que lhe dissesse respeito, mesmo naqueles detalhes pessoais; do contrário, teria fugido, dado o conteúdo da conversa. Mas ouvia atentamente, como se falasse ali de suas esculturas. A mãe perguntou da cozinha: "Ele está comendo ou fuçando de novo na comida?". Também ela estava informada acerca dos acontecimentos daquele meu primeiro encontro com Fritz. Marian levou até ela meu prato vazio para, pessoalmente, oferecer prova de que eu comera tudo, razão pela qual uma terceira porção de *Schnitzel* me foi oferecida, porção esta que recusei com palavras elogiosas acerca das duas primeiras.

Terminando de comer, Fritz reencontrou sua voz, e eu comecei a ouvir coisas interessantes. Perguntei-lhe se começara a esculpir trabalhando já, direto, com *pedra*, pois suas mãos não possuíam absolutamente marcas disso. Já me referi aqui ao quanto elas estavam carregadas de sensibilidade. Seu toque, ao nos cumprimentarmos, nunca me foi indiferente: senti-o sempre de forma renovada ao longo das décadas pelas quais se estendeu nossa amizade. No princípio, porém, suas mãos despertavam em mim a lembrança de duas outras mãos, muito próximas uma da outra, reunidas numa *única* pintura — ambas tão expressivas que nenhuma sobrepujava a outra. Lembravam-me o dedo de Deus na *Criação de Adão*, no teto da Capela Sistina, e não sou capaz de dizer por quê, já que é de um único dedo que a vida se transmite para a mão de Adão, ao passo que Fritz oferecia-me a mão inteira. Por certo, ao tocá-la eu sentia aquela mesma força vital que emana do dedo de Deus para o futuro homem. As mãos de Wotruba lembravam-me, também, o próprio Adão, sua mão inteira.

As pedras haviam entrado logo cedo em sua vida, disse ele, mas não começara com elas. Era ainda bem pequeno, não tinha nem seis anos de idade, quando, uma vez, arrancou a massa do vidro da janela para modelar. Os vidros se soltaram, um deles caiu e se espatifou. Descoberto, acabou apanhando. Repetiu o feito, não tinha mais nada com que modelar e precisava fazê-

-lo. Pão era ainda mais difícil de conseguir: eram oito crianças. Além disso, massa de vidraceiro era melhor do que pão para modelar. Apanhou de novo, mas da mãe, o que não seria nada, comparado a uma surra do pai.

O pai bateu tanto nos irmãos mais velhos que estes se transformaram em criminosos. Mas isso só fiquei sabendo mais tarde. Fritz raramente falava dele, a quem todos os filhos detestavam; e, ao alcance dos ouvidos da mãe, que não saiu da cozinha, não tocou no assunto. O pai fora um alfaiate tcheco, que morrera havia muito. O irmão mais velho fora condenado por roubo seguido de homicídio e morrera miseravelmente na penitenciária de Stein an der Donau. Isso ele só me confiou quando já havíamos nos tornado irmãos gêmeos. O estigma da violência pesou muito sobre Wotruba. Ao saber do destino daquele irmão, comecei a compreender sua maneira sinistra de se debater com a pedra. A polícia estava sempre de olho nos irmãos Wotruba. Fritz, o mais novo, bem mais novo do que seus irmãos rebeldes, não podia andar pela Florianigasse sem ser interceptado por um policial. Ainda bem pequeno, assistira às surras que o pai dava nos irmãos: execuções com um cinto de couro e terrível gritaria. A crueldade dele impressionava-o mais do que os crimes dos irmãos. Estava convencido de que o pai, com aquelas surras, educara os filhos para serem criminosos. No entanto, enxergando a brutalidade e crueldade do pai, ocorria-lhe também que, talvez, tudo aquilo tivesse se *transmitido* para os filhos.

O temor dessa herança jamais o abandonou: transformou-se em medo-pânico da prisão e penetrou em seu relacionamento cotidiano com a pedra. Esta — a mais dura e compacta — mantinha-o cativo; Wotruba aferrou-se a ela, penetrando-a cada vez mais fundo com seus golpes. Diariamente, durante horas, debatia-se com ela: para Wotruba, a pedra tornou-se tão importante que não podia viver sem ela — importante não tanto quanto o pão, mas quanto a carne. É quase inacreditável, mas sua obra se deve à luta entre o pai e os irmãos, e ao destino destes. Nenhum sinal disso se pode depreender dela: o vínculo é tão profundo que penetrou na essência do *material* utilizado. É necessário conhecer a história de Fritz, as fugas sempre presentes em sua vida, o amor apaixonado por animais presos — ser humano algum podia causar-lhe tanta pena quanto um tigre enjaulado —, seu temor a descendentes, aos quais o instinto assassino poderia se transmitir. Em vez de um filho, tinha um *gato*. Seria necessário saber tudo isso (e muito mais, se quiséssemos ser precisos) para compreender por que Wotruba precisou se afastar tanto do caráter carniforme da pedra — de resto, também presente em suas primeiras obras, como no famoso torso.

Ao vê-lo naquela sala — decorada segundo os princípios da Bauhaus, mas com os quadros arcádicos de Georg Merkel e elegantes Dobróvski nas paredes (o restante da casa, particularmente a cozinha, mantidos como eram ao tempo das surras do pai, a mãe imperando em seu lugar — mas o que eram pratos arremessados espatifando-se, perto das infindáveis e duras sovas do pai?) —; ao assistir à reação furiosa da mãe contra nosso atraso, o abaixar-se diante dos pratos, não percebi que ali já se tratava de um processo *civilizatório*, de uma conquista. O pai, distante; o irmão, na penitenciária, talvez já morto — em vez deles, o jogo com a mãe, a ênfase dada a ela, que resistira a tudo e agora, por intermédio do filho mais novo, alcançara uma outra vida, mais digna, mas sem que se tivesse renunciado à mais ínfima parte do cenário de outrora — a casa, a cozinha, as pedras da Florianigasse.

Em minha primeira visita ao ateliê sob o viaduto da Stadtbahn, vi a figura enorme e ereta de um homem esculpido em basalto negro. Nenhuma obra de um escultor vivo jamais me tocara tanto. Postado diante dela, ouvi a passagem do trem sobre o viaduto. Ouvi-a algumas vezes, de tanto tempo que passei diante da escultura. Em minha memória; não sou capaz de separar a figura do barulho. Ela nascera ali — um trabalho longo e muito difícil —, sob aquele barulho. Havia um número razoável, ainda que não demasiado grande, de outras figuras para ver. A impressão não era a de um ateliê entulhado de coisas. Composto de dois grandes arcos sob o viaduto, num deles ficavam as esculturas que teriam atrapalhado Wotruba no trabalho em uma nova. Fritz preferia trabalhar do lado de fora, quando o tempo não estava muito ruim. De início, repugnavam-me a austeridade do lugar e o barulho dos trens. Porém, como não se via nada supérfluo, como tudo ali me atraía e era importante, eu rapidamente me adaptei ao ateliê, percebendo que o local era correto, que não poderia de modo algum ser mais apropriado.

Embora pretendesse demonstrar meu respeito pelo artista, não dediquei à maioria das obras a atenção necessária, uma vez que a "estátua negra" (Der Schwarze Stehende) — como passamos a chamá-la desde então — não me deixava em paz. Era como se eu tivesse vindo exclusivamente por sua causa. Tentava libertar-me, mas ela reagia emudecendo-me, e eu me sentia no dever de dizer alguma coisa. Onde quer que me postasse, no que quer que procurasse me concentrar, meu olhar acabava sempre retornando para a "estátua negra". Observei-a, assim, de todos os ângulos imagináveis, rendendo-lhe, com o silêncio que ela infundira em mim, a maior das homenagens.

Essa estátua desapareceu. Conforme me contou Wotruba, ela foi enterrada durante a guerra, e depois não mais foi encontrada. Havia sido bastante criticada, e é possível que ele não mais desejasse responder por ela. Mais tarde, quando a emigração nos separou — ele estava vivendo na Suíça; eu, na Inglaterra —, talvez a lembrança de minha paixão por essa escultura o oprimisse e ele, tendo trilhado na emigração caminhos inteiramente diversos dos meus, não quisesse, ao regressar a Viena, vincular-se a uma obra que fizera aos 25 anos. É verdade que essa escultura, pelo modo constante como eu costumava lhe falar dela, barrou-lhe o caminho para coisas novas. Obstinado como ele, eu acabei por me tornar um incômodo para Fritz. Quando, pela primeira vez depois da guerra, ele foi me visitar em Londres, tomei a "estátua negra" como medida para tudo o que ele fazia à época, deixando transparecer minha decepção. Seu período efetivamente novo — no qual, como só eu pude perceber, retomou e superou em muito o que fizera no início da carreira — não começou antes de 1950. Assim, desapareceu a obra que me uniu a ele, aquela que determinou minha visão de Wotruba desde a primeira vez em que a vi, no outono de 1933, até o momento em que, 21 anos mais tarde, no final de 1954, escrevi meu ensaio sobre ele, no qual jamais desejaria mudar uma única palavra.

Hoje, tenho plena consciência do que haveria a se criticar na "estátua negra". Por isso, devo falar unicamente do que experimentei ao vê-la naquele primeiro dia.

A escultura, negra e em escala sobre-humana, tinha uma das mãos, a esquerda, oculta às costas. O antebraço distanciava--se acentuadamente do corpo, formando um ângulo reto com o braço. Assim, o cotovelo erguia-se imponente, como que se preparando para rechaçar qualquer um que se aproximasse demais. O triângulo vazio formado pelo busto e por ambas as partes do braço, o único e notável vazio que a estátua mostrava, tinha algo de ameaçador: remetia à pergunta acerca da mão que não estava visível, em cujo encalço eu teria ido de bom grado. A impressão era a de que a mão estava escondida, e não, digamos, amputada. Eu não ousava procurar por ela: o encanto sob o qual me encontrava proibia-me de abandonar meu posto de observação. Antes de empreender tal busca, o que fatalmente acabaria acontecendo, certifiquei-me da visibilidade da outra mão. Do lado direito, reinava a paz. O braço direito jazia estendido junto ao corpo, a mão aberta alcançando as proximidades do joelho, parecendo serena e desprovida de qualquer propósito hostil. Sua serenidade era tanta que meu pensamento não se ocupou dela, em função mesmo do modo tão singular como a outra mão se ocultava.

A cabeça oval repousava sobre um vigoroso pescoço, que se afilava um pouco em sua posição superior, do contrário teria sido mais largo do que a própria cabeça. O rosto estreito, achatando-se para a frente, áspero e mudo — em que pese toda a sua simplificação, mais rosto do que máscara —; o rasgo da boca, firme e dolorosamente fechado a qualquer confissão.

Busto e abdômen, claramente delimitados, chatos como o rosto, dominados por fortes ombros cilíndricos. A região dos joelhos, elevada quase que a semicírculos; os grandes pés, nitidamente projetados para a frente, lado a lado, aumentados, imprescindíveis para suportar o peso do basalto. O órgão sexual, nem oculto nem importuno, menos sujeito a uma conformação própria do que o resto.

Chegou, então, o momento em que me libertei, à procura da mão oculta. Encontrei-a — inesperadamente — enorme e estendida transversalmente sobre a porção inferior das costas, a palma voltada para fora, em escala sobre-humana mesmo em relação àquela escultura. Assustei-me, é verdade, diante do poder daquela mão. Não se podia atribuir-lhe qualquer mal, mas era capaz de tudo. Até hoje estou convencido de que a escultura nasceu em função daquela mão; de que aquele que a esculpiu no basalto precisava escondê-la, pois o poder dela era demasiado; de que a boca, que não queria falar, calava a existência da mão, e de que os cotovelos, ameaçadores, voltados para fora, protegiam o acesso a ela.

Estive inúmeras vezes no viaduto. Minha paixão por aquela escultura transformou-se no cerne de nossa amizade. Observava o trabalho das mãos de Wotruba durante horas, desgastando-me tão pouco quanto ele. Porém, por mais excitante que fosse a nova obra na qual ele estivesse trabalhando, eu jamais me dedicava a ela sem antes prestar minha homenagem à "estátua negra". Por vezes, encontrava-a já ao ar livre: sabendo que eu viria, Fritz, por minha causa, trouxera-a para fora do ateliê. Outras vezes, ele a colocava atrás da porta aberta de um dos arcos, onde eu podia observá-la isoladamente, sem ser perturbado pelas outras esculturas. Sobre a *mão*, nunca falei — sobre quantas coisas mais conversamos! —, mas Fritz era por demais perspicaz para deixar de perceber que eu compreendera algo que ele precisava dizer por meio do basalto, pois era orgulhoso demais para fazê-lo com palavras. Um de seus irmãos era Caim e havia matado; Fritz passou a vida inteira carregando consigo o medo de um dia precisar matar. Que nunca o tenha feito, deveu-

-o à pedra. Em sua "estátua negra", ele revelou — a mim, pelo menos — o que o ameaçava.

Talvez aquela figura tenha dado expressão ao que havia de mais imutável em Wotruba. A esse imutável pertencia também sua linguagem. As palavras dele estavam carregadas da força com que as retinha. Não era uma pessoa calada, manifestava-se acerca de muitos assuntos. Mas sabia o que estava dizendo: conversa fiada jamais ouvi dele. Mesmo que não tratassem de uma questão concernente a seus verdadeiros interesses, suas frases tinham sempre uma *direção*. Quando cortejava alguém, podia dizer coisas que soavam francamente calculistas. Cuidava, então, com evidente exagero, para que fossem levadas na brincadeira, embora estivessem de fato ligadas a um firme propósito. No entanto, era capaz também de despir-se de todas as suas metas e falar de um modo tão claro e veemente que as pessoas sucumbiam a ele, tornando-se igualmente claras e veementes. Para tanto, jamais se expressava numa outra língua que não aquela do distrito vienense com cujas pedras do calçamento brincara quando criança. Perplexo, seu interlocutor então percebia que tudo, literalmente tudo, se podia dizer naquela língua. *Não* era a língua de Nestroy, através da qual, havia tempos, eu me convencera de que havia um idioma vienense que oferecia possibilidades espantosas de expressão — um idioma que estimulava às formulações mais ágeis e sedutoras, tão cômico quanto profundo, inesgotável, vário, de uma agudeza sublime, que jamais um ser humano deste desbaratado século logrará dominar por completo. A língua de Wotruba tinha com a de Nestroy, talvez, uma única coisa em comum: a aspereza — precisamente o contrário daquilo que é geralmente, e pelo mundo todo, estimado e mal-afamado como a doçura vienense.

Falo de Wotruba como ele era *então*, aos 26 anos, quando o conheci, possuído pela pedra e por propósitos dela inseparáveis, desprovido de qualquer poder, impregnado de uma ambição cujo sentido nem por um momento ele punha em dúvida, tão certo de seu trabalho quanto eu do meu, de tal modo que imediatamente sentimos um ao outro — sem receio, hesitação, vergonha ou presunção — como irmãos. Podíamos nos dizer coisas que ninguém mais teria compreendido, pois o que tínhamos ainda de provar ao mundo outorgávamo-nos mutuamente como a coisa mais natural. Sua crueldade repugnava-me, tanto quanto minha "moral" repugnava a ele. Mas resolvíamos essa questão da maneira mais magnânima. Eu explicava a mim mesmo sua crueldade como decorrência da dureza de seu processo de trabalho. Ele interpretava minha "moral" como uma forma de zelar pela pureza de meu propósito artístico, tomando-a como o equivalente de sua ambição, para a qual não havia limite que bastasse. Quando ele externava seu ódio pelo *kitsch*, éramos um só coração e uma só alma. Ouvia-o, então, como se ele estivesse falando de corrupção. Para mim, *kitsch* era o que se fazia meramente por dinheiro; para ele, o que era macio e demasiado fácil de moldar. Eu crescera ameaçado pelo dinheiro; ele, pela prisão do irmão.

Dei-lhe o manuscrito de *Kant fängt Feuer* para ler. Fritz não ficou menos impressionado com o romance do que eu ficara com a "estátua negra". O personagem Fischerle o apaixonou. Ele conhecia bem o meio em que Fischerle vivia, e melhor ainda o caráter obsessivo de sua ambição. Não tinha a menor objeção a fazer à inescrupulosidade do anão que jogava xadrez: ele próprio não se teria deixado intimidar por nada, se se tratasse de arranjar uma pedra. Para Fritz, não havia "exagero" em Therese: já tinha visto pessoas mais duras. O contorno preciso dos personagens o agradou. Naturalmente, Benedikt Pfaff, o policial aposentado, pareceu-lhe correto, mas assim lhe pareceu também o assexuado sinólogo, o que muito me admirou. Ele só não podia suportar o irmão deste, o psiquiatra. Fritz perguntou-me se eu não havia cometido um *erro* ali, motivado pelo amor por meu próprio irmão mais novo, sobre quem lhe falara. Ninguém, acreditava ele, poderia ter tantas peles: eu havia construído um personagem ideal; o que um escritor faz em seus livros, Georges Kien fizera em sua vida. Wotruba gostou do "gorila" e, comparado a este, o médico lhe causava grande aversão. No fundo, Fritz viu no "gorila" o mesmo que Georges Kien, mas irritou-

-se com este último por ele ter se prestado a uma conversão. Nutria, à época, grande desconfiança em relação a conversões, e explicou-me que preferia até mesmo Jean, o ferreiro, aquele homem velho e limitado, ao bem-sucedido psiquiatra. Deu-me grande crédito pelo fato de, no final do livro, o psiquiatra fracassar, provocando, através de uma conversa malograda, a morte do sinólogo pelo fogo. Que tenha falhado tão misera-velmente — disse-me ele uma vez —, reconciliou-o finalmente com o personagem.

SILÊNCIO NO CAFÉ MUSEUM

No Café Museum, aonde ia diariamente desde que voltara a morar em Viena, deparei com um homem que chamou minha atenção porque estava sempre sentado sozinho e não falava com ninguém. O fato em si não seria algo tão raro: havia muitos que iam ao Café para ficarem sozinhos em meio ao grande número de pessoas. Chamou-me a atenção, porém, que aquele homem se escondesse obstinadamente por detrás de seu jornal. Só muito raramente mostrava o rosto, e quando o fazia eu me espantava diante de uma fisionomia que me era conhecida: a de Karl Kraus. Que não era ele, eu o sabia: num lugar como aquele, frequentado por pintores, músicos, escritores, Kraus não teria conseguido um minuto de paz, a não ser que estivesse na companhia de outras pessoas. Apesar disso, embora não fosse ele, parecia teimosa-mente determinado a se esconder. Era um rosto bastante grave e não se movia, o que eu jamais vira em Karl Kraus. À leitura do jornal eu creditava um traço de dor, quase imperceptível, que por vezes pensava identificar. Eu me flagrava esperando pelos raros momentos nos quais seu rosto se mostrava. Interrompia frequen-temente a leitura de meu jornal para me certificar de que ele ainda estava absorto na leitura do seu. Ao entrar no Café Mu-seum, a primeira coisa que eu fazia era procurar por ele, e, não sendo possível ver-lhe o rosto, reconhecia-o pela rigidez do braço a segurar o jornal — um objeto perigoso ao qual se agarrava, que teria de bom grado afastado de si e que, apesar disso, lia com grande atenção. Procurava me sentar em lugar de onde pudesse observá-lo continuamente, de preferência defronte dele, em diagonal. Seu silêncio, que logo se tornou importante para mim, intimidava-me, e eu jamais teria me sentado em alguma mesa livre a seu lado. Na maioria das vezes, eu próprio estava sozinho, não conhecia ainda quase ninguém dentre os frequentadores do local. Não ser perturbado era, para mim, tão importante quanto o era para ele. Ficava ali, sentado diante dele, por uma hora ou mais, sempre na expectativa dos momentos em que vislumbraria seu rosto. Havia distância entre nós: sem saber quem era, eu tinha por ele grande respeito. Por sua concentração, eu o sentia como se ele fosse de fato Karl Kraus, mas um Karl Kraus que eu jamais conhecera: calado.

Ele estava ali todos os dias. Em geral, já ao chegar encontrava-o no Café. Não ousava supor que estivesse esperando por mim. Seguramente, contudo, sentia-me impaciente quando ele não estava, como se *eu* estivesse esperando por ele. Então, fingia concentrar-me na leitura do jornal — não teria sequer sabido dizer o que estava lendo —, dirigindo olhares constantes na direção da porta de entrada. Ele sempre vinha — uma figura alta, caminhando com um ar cerimonioso e arredio, quase arrogante, como se não desejasse que ninguém se aproximasse dele, mantendo distância dos tagarelas. Lembro-me de meu espanto ao vê-lo caminhar pela primeira vez, um pouco como se cavalgasse em minha direção: nem sobre um cavalo teria podido manter uma postura mais ereta. Esperara ver um homem de menor estatura, com as costas curvadas. No entanto, era a cabeça responsável por aquela surpreendente semelhança: uma vez sentado, ele se transformava novamente em Karl Kraus, escondido por detrás dos jornais aos quais dava caça.

Como nada soubesse acerca daquele homem, nada tinha a dizer sobre ele.

Durante um ano e meio vi-o assim: ele se transformou num fragmento mudo de minha vida. Jamais o mencionei a quem quer que fosse, e a ninguém indaguei a seu respeito. Tivesse ele faltado um dia àqueles encontros no Café Museum, provavelmente eu teria, afinal, perguntado por ele ao garçom.

Eu pressentia, àquela época, uma mudança que em mim se delineava com relação a Karl Kraus, antes mesmo que ela se desse por completo. Já não o via com muito bons olhos e não ia mais a todas as suas leituras públicas. Todavia, não o questionava em meus pensamentos e tampouco teria ousado contestá-lo. Não suportava qualquer inconsequência da parte dele e, mesmo quando esta não era ainda efetivamente palpável, eu desejava que se calasse. Assim, a imagem de Kraus que via diariamente no Café Museum tornou-se uma necessidade para mim, e dela eu não queria mais ser privado. Tratava-se de uma imagem, não de um sósia, pois, quando aquele homem se levantava ou caminhava, nada tinha em comum com Karl Kraus. Sentado, porém, lendo seu jornal, parecia-se tanto a ponto de ser confundido. Ele não escrevia nem jamais tomava notas. Lia e se ocultava. Nunca era um livro o que estava lendo: embora se pressentisse que devia ter lido muitos, ficava apenas lendo jornal.

Eu costumava escrever algumas coisas no Café, e de modo algum me agradava a ideia de que ele pudesse observar-me ao fazê-lo. Parecia-me insolente escrever em sua presença. A um de seus olhares fugidios, eu cuidadosamente largava o lápis. Estava sempre alerta: minha verdadeira, suprema atenção estava voltada para o momento da aparição de seu rosto, que, num átimo, desaparecia novamente. O ar de inocência que eu ostentava deve tê-lo enganado: não acredito que ele tenha me flagrado escrevendo uma única vez. Minha opinião, porém, era de que ele via tudo, não só a mim, e de que desaprovava o que via, por isso recolhendo-se tão rapidamente para detrás do jornal. Tinha-o como um mestre em ver as pessoas por dentro, talvez porque eu soubesse que Karl Kraus o era. Para fazê-lo, ele não precisava de muito tempo, nem tampouco persistia. Talvez — assim eu esperava — não lhe importasse nem um pouco o que via, pois ocupava-se das questões mais importantes; era visível o quanto o jornal o enojava. Erros de impressão haviam se tornado indiferentes para ele. Não cantava coisa alguma de Offenbach, não cantava, simplesmente: percebera que sua voz não era apropriada para o canto. Lia também jornais estrangeiros, não apenas os vienenses ou alemães. Um jornal inglês estava sempre no topo da pilha que o garçom lhe trazia.

Era-me conveniente que ele não tivesse um nome: tão logo eu o tivesse sabido, ele teria cessado de ser Karl Kraus, pondo fim ao processo de transformação do grande homem que eu tão ardentemente desejava. Só mais tarde percebi que no decorrer daquele relacionamento silencioso algo em mim se cindiu: as forças da veneração desvincularam-se paulatinamente de Karl Kraus, voltando-se para sua imagem muda. Foi uma transformação profunda em minha organização psíquica, na qual a veneração sempre desempenhou um papel central. Que tal modificação tenha ocorrido em silêncio intensificou-lhe o significado.

COMÉDIA EM HIETZING

Três meses após meu retorno de Estrasburgo e Paris, ocupei-me da conclusão da *Komödie der Eitelkeit*. A segurança com que escrevi a segunda e a terceira partes foi motivo de satisfação para mim. Tratava-se de uma obra que não nascera em meio à dor. Não escrevi contra mim mesmo, não me impus qualquer julgamento ou autorridicularização. A vaidade — no plano superficial, o assunto ali tratado — acarretara-me pouca preocupação: eu estava lançando sobre o mundo um olhar isento, que não me causava quaisquer escrúpulos. No desenvolvimento da ideia básica — a da proibição dos espelhos e imagens —, cedera, na segunda parte; à influência de um homem que considerava o mais rico e estimulante de todos os escritores de comédias, e que, indubitavelmente, o é: Aristófanes. Que eu tenha abertamente admitido tal influência, que não a tenha ocultado, apesar da enorme distância a nos separar dele — a mim e a qualquer um —, foi talvez o elemento verdadeiramente libertador dessa peça.

A razão para isso é que não basta que admiremos nosso predecessor, que percebamos a impossibilidade de alcançá-lo. É necessário também que ousemos efetuar saltos em sua direção, assumindo o risco de que tais saltos malogrem, cobrindo-nos de ridículo. Devemos, por certo, cuidar para que não *utilizemos* o inatingível como se este fosse feito sob medida para nossos próprios propósitos, mas devemos também nos deixar estimular e inflamar por ele.

Minha esperança de que a *Komödie* surtisse um efeito imediato possivelmente vinculava-se também ao modelo que tomei. A urgência era grande: os acontecimentos na Alemanha sucediam-se com rapidez cada vez maior, mas eu prosseguia acreditando sempre que a situação não era irreversível. O que fora posto em marcha pelas palavras podia também ser por elas detido. Uma vez concluída, julguei a *Komödie* uma resposta legítima à queima dos livros. Agora, ela precisava ser representada depressa, em todas as partes. Todavia, eu não mantinha quaisquer contatos com o mundo teatral: constantemente tolhido pelas sentenças condenatórias de Karl Kraus, eu desprezara e negligenciara o teatro contemporâneo. De fato, no outono de 1932, enviara *Hochzeit* à editora S. Fischer, em Berlim, que aceitara agenciar a peça, mas já era tarde demais para sua encenação. O consultor que se manifestara favoravelmente à aceitação de *Hochzeit* pela editora havia deixado Berlim e assumido a direção do departamento de teatro da editora Zsolnay, em Viena.

Para compreender a *Komödie* era necessário *ouvi-la*. Ela fora construída a partir daquilo que denominei máscaras acústicas: cada personagem diferenciava-se rigorosamente dos demais pela escolha de palavras, pela entonação e pelo ritmo. Não havia qualquer sistema de notação teatral que permitisse fixá-lo. Só numa leitura integral da peça eu poderia deixar claras as minhas intenções. Anna sugeriu-me, então, que eu fizesse uma primeira leitura na casa de Zsolnay, diante de um público reduzido, capaz de avaliá-la e experimentando em questões práticas de teatro. Estaria presente também aquele consultor que co-

nhecia *Hochzeit* e que, em Berlim, posicionara-se espontaneamente a favor de minha forma de teatro, sem nada saber de
mim. A sugestão pareceu-me plausível. Minha única preocupação era com a duração da peça.

"Vai levar quatro horas", eu disse. "Não vou deixar cena
alguma de fora. Não vou cortar uma única frase. Quem aguenta
isso?"

"É só dividi-la em duas partes de duas horas cada", Anna
sugeriu. "De preferência em dois dias seguidos. Se isso não for
possível, deixa-se a segunda parte para a semana seguinte."

Ela não conhecia a peça, mas após a leitura do romance —
cujo manuscrito enaltecia com convicção onde quer que fosse
— estava segura de que uma peça de cujo conteúdo eu tanto lhe
falara seria bem recebida. Na verdade, Anna não tinha o menor
interesse pelo teatro: sua aversão pelo gênero era-lhe, creio eu,
inata. Nesse caso, porém, tomara conhecimento da peça pelo
que eu lhe contara, e esse meu modo de contar histórias era a
única coisa de que ela gostava em mim.

A mãe de Paul Zsolnay, a quem Anna chamava de "tia
Andy", era a personalidade principal da casa e exercia grande
influência sobre o filho. A editora nascera, por vontade dela,
como uma empresa doméstica a serviço de Werfel. Conquistara
para si toda uma série de autores então conceituados, dentre
eles alguns realmente bons, como Heinrich Mann. Anna havia
dado à sogra o manuscrito de *Kant fängt Feuer*, para que o lesse,
e esta, que já tivera oportunidade de testemunhar certa maldade
das mulheres, ficara encantada. Ela era a verdadeira anfitriã: o
casarão na Maxingstrasse era sua casa, ainda que os convites
para as leituras partissem oficialmente de Anna. Eu externara
a esta meu forte desejo de que Alma, sua mãe, *não* viesse. Anna
me assegurou que não havia o menor perigo, que eu era inteiramente desconhecido e que, nesses casos, a mãe nem pensava em
comparecer. Adiantou, todavia, que no lugar dela viria Werfel,
pois estava curioso e no passado, quando ainda estava com Kurt
Wolff, dedicara-se particularmente à descoberta de novos escritores. "Não acredito que ele ainda esteja interessado em tais

123

descobertas", disse eu, sem suspeitar quanto havia de verdade nas palavras que acabara de pronunciar. Curioso, eu ansiava pela presença de Werfel; não tinha medo dele, embora pouco me importassem suas obras e não tivesse exatamente gostado dele em nosso primeiro encontro, no concerto.

Presença mais importante seria a de Hermann Broch, que também fora convidado. Tinha-o por meu amigo havia mais de um ano. Pressentia que suas esperanças em mim estavam depositadas sobretudo no dramaturgo. Após meu retorno de Paris, no final do outono, eu o apresentara a Anna no ateliê desta. Havíamos estado juntos também na casa da mãe dela, na Hohe Warte. "Veja, Anninha, o Broch tem olhos miísticos", observara Alma na presença de Broch, querendo dizer "místicos" e deixando nós três — Anna, Broch e eu — muito embaraçados com a forma pela qual expressara sua suprema satisfação. Eu sabia muito bem que Broch queria realmente conhecer a *Komödie*, acerca da qual eu vivia lhe falando. Depois da impressão que *Hochzeit* lhe causara, eu estava certo de que a nova peça teria algo a lhe *dizer*. Depositava grande esperança nele. Em meio a um tal círculo de pessoas para as quais eu nada significava, que talvez até me vissem como um estorvo, era ele — à exceção de Anna — meu único aliado de fato. No mais, estariam presentes apenas os representantes da editora: Paul Zsolnay, a quem eu não levava a sério; seu diretor-geral, Costa, um *bon vivant* sempre sorridente; e, além desses, aquele diretor do departamento de teatro.

A leitura teve lugar à tarde, diante de um círculo bastante reduzido de pessoas, não creio que mais do que uma dúzia. Eu já estivera algumas vezes naquela casa, de visita, tendo sido recebido com simpatia pela velha senhora Zsolnay. Ela sempre tivera uma queda por escritores, mas levou muito tempo até que, com a criação da editora em nome de seu filho, ela se encontrasse na posição de fazer algo por eles. Estando ali daquela vez para ler a *Komödie*, senti a incongruência entre meu propósito e a elegância do salão. A primeira parte da peça se passa em uma espécie de parque de diversões, em meio a personagens rudes, sem papas na língua ou quaisquer cuidados com o vocabulário. Temia que, involuntariamente, sob a influência de um tal ambiente, pudesse ler mais baixo e com maior cautela do que era próprio àqueles personagens. Não seria de modo algum admissível que isso acontecesse, razão pela qual, antes de começar a leitura e voltando-me para a dona da casa, disse: "Trata-se de uma espécie de peça popular e, portanto, não muito refinada". A observação foi acolhida com afabilidade, ainda que também com certa desconfiança. "Peças populares" eram da alçada de um outro favorito da casa, Zuckmayer, que, todavia, não estava presente. Como a simples menção do gênero remetia inegavelmente a ele, eu não poderia ter dito algo menos apropriado.

Sentia-me um estranho naquele meio. Era por demais inexperiente para saber por que, afinal, me davam ouvidos. Tivesse eu sabido, ter-me-ia poupado de ir até lá. Confiava nas duas pessoas que considerava meus amigos, em cujo amparo depositava todas as minhas esperanças: Broch e Anna. O primeiro eu respeitava; a segunda eu amava. Ainda que Anna tivesse me despachado logo, dando-me o fora, isso nada conseguira alterar em meus sentimentos para com ela. Os dois estavam sentados a certa distância, mas de tal modo que podiam ver bem um ao outro. A aprovação deles era o que me importava, razão pela qual fiquei o tempo todo de olho em ambos. Werfel estava sentado imediatamente à minha frente, bem esparramado, de tal forma que nenhum indício de emoção em seu rosto me escapava. A distância que o separava de mim não era maior do que a que o separava da porta pela qual fora o último a entrar; como cabia à personalidade mais importante daquele círculo de pessoas. Era marcante a concentração com que todos, especialmente os funcionários da editora, observavam as reações dele. Werfel tinha uma maneira toda familiar de dizer *Grüss Gott* ao chegar, como se fosse ainda uma criança, franca, sem maldade, incapaz de um pensamento feio, unha e carne com Deus e com os homens, uma criatura devota, com um lugar no coração para todos os seres vivos. Embora eu não tivesse simpatia alguma por seus livros e bem pouca por sua pessoa, *eu* é que fui infantil o suficiente para dar crédito ao seu *Grüss Gott*, sem esperar dele, justamente naquela situação — a da leitura da peça —, qualquer hostilidade.

Comecei com o pregoeiro — "e nós, e nós, meus senhores!" — e com força total. Já desde o início, o desenrolar dos acontecimentos em meu parque de diversões assumiu uma violência tal que esqueci completamente o salão de tia Andy e toda a editora Paul Zsolnay, que, na verdade, me era insuportável. Lia para Anna e para Broch. Imaginava-me lendo para Fritz Wotruba, que não estava ali: a ele aqueles personagens teriam agradado. Como estivesse pensando nele, emprestei ao meu pregoeiro algo de seu tom de voz, o que não era totalmente correto, mas deu-me, talvez, uma proteção especial, de que necessitava naquele lugar.

De início, não prestei a menor atenção a Werfel, até que ele próprio se fez notar, tornando-me impossível ignorar os seus gestos. Mas a primeira parte da peça já ia, então, bem adiantada: eu estava na fala do pregador Brosam. A veemência de sua pregação, seu tom barroco — que, como tanto do que é vociferante na literatura alemã, deriva de Abraham a Sancta Clara — devem tê-lo irritado e exasperado: Werfel bateu com a mão espalmada na bochecha robusta, como se desse um safanão em si próprio, e, mantendo a mão ali, a pressionar firmemente a bochecha, olhou em torno como que à procura de auxílio. Tendo ouvido o safanão, tive minha atenção desviada para Werfel. E ali estava ele, sentado diante de mim com um ar de infelicidade, a mão imóvel pressionando o rosto desfigurado, firmemente decidido a persistir naquela expressão de dor. Não me deixei perturbar e continuei lendo, embora aquele rosto gordo e sofredor bem defronte de mim me irritasse bastante.

Desviei o olhar, à procura de Anna, na esperança de encontrar nela aprovação e amparo. Mas ela não estava olhando em minha direção, não me dava atenção: seus olhos concentravam-se nos de Broch, e os dele, nos dela. Eu conhecia aquele olhar: os olhos de Anna já haviam me fitado daquela maneira e, assim

126

pensara então, me dado vida. Eu não tivera, porém, olhos com os quais pudesse retribuir àquele olhar, e o que eu agora via era algo novo: Broch *tinha* tais olhos. Imersos como estavam um no outro, eu sabia que não me ouviam, que para além deles nada havia, que o insensato caminhar pelo mundo que meus personagens vociferantes lhes apresentavam não existia para eles, que não lhes era necessário renegar esse caminho vazio, pois não se sentiam atormentados por ele: estavam tão deslocados naquele lugar quanto eu com meus personagens, para os quais não mais voltariam sua atenção, nem mesmo mais tarde — estavam desligados de tudo, um no outro.

O jogo dos olhos de Anna era tão eficaz que não prestei mais atenção alguma a Werfel: esqueci-o ao prosseguir em minha leitura. Enquanto lia aquelas passagens terríveis que fecham a primeira parte da *Komödie* — uma mulher que se atira no fogo e é salva no último instante —, despertou novamente em mim aquele jogo dos olhos, do qual ainda não estava livre. Ofereci a Anna a oportunidade de exercitá-lo em uma outra pessoa, um escritor respeitado, a quem eu cortejava com uma espécie de fervor e, como frequentemente me parecia, em vão. Ela tinha um meio melhor de ganhá-lo para si. Eu próprio o trouxera até ela e era agora testemunha do que tinha necessariamente de ocorrer. O fundo musical para tanto, para esse acontecimento que teria de fato lugar no futuro imediato, era minha peça, na qual eu depositara tanta esperança.

Terminada a primeira parte, fiz uma pausa. Werfel levantou-se e, naquele mesmo tom afável do *Grüss Gott*, disse-me: "O senhor está lendo bem a peça". Disse-o com certa reserva, mas, de qualquer maneira, como se tivesse esquecido sua reação atormentada de antes. Não me escapou a maneira como acentuou a palavra *lendo*: sobre a peça propriamente dita não disse nada. Pressentiu, talvez, que o crescendo de cenas cada vez mais curtas que conduzem ao fogo afetara justamente aqueles dentre os presentes que me importavam, e guardou para si seu verdadeiro julgamento. Anna permaneceu calada: não ouvira uma única palavra, estava ocupada, e de qualquer maneira aquelas palavras ordinárias a teriam repugnado. Em todo caso, diante das circunstâncias, tendo Broch diante dos olhos, ela não precisava perder tempo com isso. Broch ficou igualmente em silêncio. Senti que não se tratava de um silêncio interessado nem tampouco simpático, o que me chocou. Embora, depois do que estivera observando, não mais esperasse coisa alguma dele, menos ainda seu amparo, a paralisia evidente na qual se encontrava foi um duro golpe para mim. Eu teria me dado por vencido já naquela pausa, não tivessem os outros, que não eram meus amigos, impelido-me com insistência a prosseguir a leitura. Alguém disse: "Mas deixem-no descansar! Ele deve estar esgotado. Não é pouca coisa ler assim!". Era "tia Andy" que não tinha receio de demonstrar compaixão pelo autor. E, no entanto, fora justamente dela que eu esperara a resistência maior e mesmo uma decidida aversão por meus "personagens populares", como eu os havia chamado. Não obstante, ela respondera com uma risada alta ao grito do bebê diante do fogo. Seu filho, ligado ao riso da mãe como que por um cordão umbilical, recebendo unicamente dela o pouco de vida que tinha em si, rira junto. Talvez fosse essa também a razão do momentâneo comedimento de Werfel, cujos gestos anteriores haviam prenunciado algum sarcasmo.

Comecei a leitura da segunda parte e senti, desde o princípio, que uma atmosfera bem diferente imperava. Mal tendo chegado à cena do encontro das três grandes amigas — a viúva Weihrauch, irmã Luise e *fräulein* Mai — na casa do estivador Barloch, já o contraste entre as formas de relacionamento vigentes em meio aos personagens e o salão do casarão na Maxingstrasse — onde nós todos, leitor e ouvintes, nos encontrávamos — tornou-se insuportável. A cena continha não apenas miséria, mas também feiura e imoralidade, esta última apresentada de uma forma que não era habitual em Viena: mulher e amante morando na mesma casa — se se quiser chamar aquilo de casa —, além da menção de duas moças que também vivem ali, sem, no entanto, entrar em cena. Agora, presentes ainda as amigas, em visita à viúva Weihrauch, as condições assombrosas de vida em uma tal penúria são não apenas descritas, mas mesmo proclamadas em altos brados, pela viúva, à sua maneira particular. Aparece, então, o mascate, com seus espelhinhos e seu jargão de vendedor que, justamente por ser acurado e bastante familiar, só podia provocar especial irritação.

De imediato, Werfel lançou-se à carga. Não se dava mais safanões, é verdade, mas levava ora uma, ora a outra mão ao rosto, enterrando os olhos nela, como se não pudesse mais suportar a visão do leitor. Logo, porém, levantava-os novamente, à procura dos olhos dos outros, particularmente os de seus servos da editora, a quem pretendia transmitir seu desagrado. Balançava solenemente a cabeça a cada frase ultrajante, deslizando maciçamente para cá e para lá na cadeira, até que, subitamente, no meio de uma fala do mascate, gritou: "Um imitador de vozes de animais, é isso que o senhor é!". Referia-se a mim, considerando aquilo um insulto: algo mais grosseiro, desrespeitoso, perturbador, Werfel não teria sido capaz de encontrar. Ele pretendia tornar impossível que eu continuasse a leitura, mas o que conseguiu foi o efeito contrário. Aquela era precisamente minha intenção. Cada personagem deveria diferenciar-se nitidamente dos outros, como um animal específico, cuja singularidade deveria ser reconhecível pela voz. Havia, pois, transportado a heterogeneidade dos animais para o universo das vozes, e, ao ouvir o insulto de Werfel, apanhou-me de surpresa que ele tivesse percebido corretamente alguma coisa, ainda que sem suspeitar do propósito daquelas "imitações de vozes de animais".

Não me deixei perturbar e prossegui lendo, agora enfrentando a hostilidade declarada com a qual ele pretendia contagiar os demais. A cena chegou ao fim, sob os berros do estivador, Barloch, o qual permite que o mascate se vá. Werfel, então, comentou: "Isso me soa como o Breitner com seu imposto imbecil sobre o luxo". Contudo, permaneceu sentado, pois tinha algo mais eficaz em mente. Na cena seguinte, ouve-se Franz Nada, o velho porteiro, que, postado em uma esquina, ganha a vida bajulando as pessoas. A atmosfera entre os ouvintes transformou-se: senti uma súbita onda de calor vinda da plateia.

Antes que a cena terminasse, Werfel levantou-se de um salto, gritando: "Isto é insuportável". Voltou-me, então, as costas e se pôs a caminho da porta. Interrompi a leitura. Já na porta, ele se voltou novamente para mim, gritando: "Desse jeito, é melhor o senhor desistir!". Essa última ofensa, cujo objetivo era aniquilar tanto a mim quanto à minha peça, despertou a compaixão da velha senhora Zsolnay, que gritou para ele: "Você precisa ler o romance, Franzl!". Werfel deu de ombros, disse "Sim, sim", e se foi.

Com isso estava selado o destino da *Komödie*. Talvez Werfel tivesse vindo com esse único propósito. Mas talvez o tivesse aborrecido reconhecer em mim, durante a leitura, um discípulo de Karl Kraus, com quem ele mantinha uma inimizade atroz. Eu sabia muito bem o que havia acontecido, mas, como não queria me dar publicamente por vencido, continuei lendo. Não prestei atenção a ninguém, permaneci mergulhado no interior de minha peça. Não sei se Anna sentiu-se desconcertada com o comportamento de Werfel, postergando o jogo dos olhos para uma próxima oportunidade. Inclino-me a acreditar que ela não dispensou maior atenção ao alvoroço, atendo-se à atividade que, no momento, lhe era a mais importante. Conforme o planejado, interrompi a leitura pelo meio, logo após a cena na loja de Therese Kreiss, cujas derradeiras e obcecadas palavras foram: "O Diabo! O Diabo!".

Quando terminei, Broch se fez ouvir pela primeira vez. Também ele, como a velha senhora Zsolnay, sentira pena de mim, razão pela qual disse algo que me restituía os direitos cassados por Werfel: "É de se perguntar se este não é o teatro do futuro". Com isso, não estava propriamente tomando partido, mas apenas lançando a pergunta, concedendo, de qualquer modo, que eu tentara algo de novo. À velha senhora Zsolnay a reivindicação pareceu demasiada: "Também não precisa ser necessariamente o teatro do futuro. Mas, diga-me, o senhor chama isso de peça popular?". Nada mais do que viesse a ser dito ali teria alguma importância. O verdadeiro poder naquela casa era Werfel, e este não teria podido expressar sua opinião

130

com maior clareza. Apesar disso, a polidez foi ainda mantida. Dali a uma semana, também à tarde, eu deveria concluir a leitura da peça.

À exceção da personalidade principal, compareceram as mesmas pessoas. Li pelos personagens, cujas vozes raramente ouvira até então. Esperança não tinha nenhuma: nada fariam com a peça. Contudo — e não posso sequer explicá-lo —, minha fé na *Komödie* saiu imensamente fortalecida daquela leitura desvinculada de qualquer esperança ou propósito. São derrotas de uma tal proporção catastrófica que mantêm um escritor vivo.

A DESCOBERTA DO HOMEM BOM

Havia diversas pessoas em Viena com as quais eu me relacionava então, pessoas que via com frequência, a cujo contato não me furtava e que compunham dois grupos opostos. Algumas delas — por volta de seis ou sete, talvez — eu admirava por seu trabalho e pela seriedade com que o encaravam. Eram pessoas que seguiam seus próprios caminhos sem deles se deixarem desviar por quem quer que fosse; pessoas às quais toda complacência era detestável; que repudiavam o sucesso, no sentido ordinário da palavra; que tinham raízes, ainda que nem sempre as mais antigas, em Viena; que seria difícil imaginar vivendo em outro lugar, mas que não se deixavam corromper pela cidade. Essas eu admirava: aprendi com elas como realizar um trabalho sem fazer quaisquer concessões, ainda que o mundo nada queira saber dele. É claro que todas elas desejavam encontrar o reconhecimento pelo seu trabalho ainda em vida, mas eram perspicazes o bastante para saber quão incerta era essa possibilidade. Estavam decididas a fazer o que tinham de fazer, mesmo que o sarcasmo a elas dedicado as golpeasse até o fim da vida. Talvez soe heroico caracterizar-lhes a postura dessa maneira — e eram, todas elas, pessoas sérias e inteligentes demais para se verem como heróis —, mas coragem certamente tinham, e uma paciência que por vezes beirava o sobre-humano.

Mas havia também as pessoas do outro grupo, que representavam exatamente o oposto, que estavam dispostas a tudo por dinheiro, fama ou poder. Também essas me fascinavam, ainda que de um modo completamente distinto. Eu as queria conhecer por inteiro, saber como eram por dentro, perscrutá-las até os nervos: era como se a salvação de minha alma dependesse de apreendê-las, vivenciá-las em toda a sua plenitude. Não as via com menor frequência do que as primeiras, é mesmo possível que minha avidez por elas fosse até maior, pois, incapaz de acreditar totalmente no que via, eu precisava constantemente de uma confirmação. Isso de modo nenhum significa que eu me aviltasse quando em companhia delas: não me adaptava a elas, nem fingia simpatia. Mas nem sempre elas percebiam de imediato o que eu realmente pensava a seu respeito. Também nesse grupo havia seis ou sete personalidades principais, das quais a mais exuberante era Alma Mahler.

Para mim, o mais difícil de suportar eram as relações que um grupo mantinha com o outro. Alban Berg, a quem eu amava, era amigo íntimo de Alma Mahler, frequentava-lhe assiduamente a casa, estando presente em todas as reuniões sociais de maior importância que aconteciam na Hohe Warte. Lá, num canto com sua mulher, Helene, eu sempre o encontrava e, aliviado, juntava-me à sua companhia. É certo que ele permanecia isolado dos demais, sem tomar parte na atividade febril de Alma, quando esta exibia convidados novos ou "especiais". É certo também que, acerca de determinadas presenças, fazia comentários tão cortantes que pareciam saídos da *Fackel*, aliviando meu coração não menos do que o dele. Mas estava sempre lá, e jamais ouvi de sua boca uma única palavra contra a dona da casa.

Broch também mantinha relações com todos os tipos de pessoas. Ainda que, quando estávamos a sós, costumasse me dizer com franqueza o que pensava delas, jamais lhe teria ocorrido evitá-las. O mesmo acontecia, ainda, com todos os outros que eu levava a sério e respeitava: tinham todos um segundo mundo em comum, no qual se moviam sem se macular, dando mesmo a impressão de que *necessitavam* desse segundo mundo para manter puro o seu próprio. Dentre todos esses, Musil era, certamente, o que mais se isolava. Escolhia com extremo rigor as pessoas com quem andava e se, inesperadamente, num café ou em qualquer outro lugar, ele se visse na companhia de gente que desaprovava, emudecia: nada seria capaz de fazê-lo *falar*.

Em uma de minhas conversas com Broch, surgiu entre nós uma questão que poderia parecer bizarra: haveria um *ser humano bom*? Como seria, se existisse? *Careceria* de certos impulsos pelos quais os outros se deixam levar? Seria um ser apartado dos demais, ou poderia ele mover-se livremente em meio aos outros, reagindo a seus desafios e sendo, apesar disso, "bom"? Era uma questão que interessava de perto tanto a ele quanto a mim. Não a contornamos, procurando por definições. Ambos duvidávamos de que, naquela vida que víamos ao nosso redor — cada um à sua maneira —, fosse mesmo possível a existência de um ser humano bom. Não tínhamos dúvidas quanto a como seria, *se* existisse. Se pudesse ser encontrado, seria reconhecido de imediato. Nessa conversa, curiosamente marcada por um caráter premente, ambos compartilhávamos a convicção de que sabíamos exatamente o que queríamos dizer com "bom". Não houve entre nós qualquer discussão estéril sobre o que isso seria, em si algo já surpreendente, pois tínhamos opiniões divergentes acerca de muitos assuntos, divergências que, nesse caso, foram postas de lado: a imagem do homem bom existia tanto nele quanto em mim, inviolável. Tratava-se apenas de uma imagem? Existia realmente o tal homem? Onde estava ele?

O desenrolar de nossa conversa consistiu, então, em passarmos em revista todas as pessoas que conhecíamos. Primeiro, tratamos daquelas das quais ouvíamos falar, sem efetivamente conhecê-las. Logo, porém, ficou evidente que destas sabíamos muito pouco. Que sentido tinha assumirmos prejulgamentos favoráveis ou desfavoráveis a elas, se não podíamos verificá-los por meio da observação direta? Decidimos, pois, falar somente sobre aquelas pessoas que conhecíamos, ou seja, que conhecíamos *bem*. Estas foram surgindo, uma a uma, cogitadas por Broch ou por mim, sendo então submetidas a uma prova.

133

Isso soa pedante, mas na prática significava apenas relatar aspectos da vida da pessoa que um de nós tivesse testemunhado, podendo, por assim dizer, afiançá-los. Tínhamos claro que não estávamos à procura de alguém *ingênuo*: o ser humano bom que tínhamos em mente precisava *saber* o que estava fazendo, ter armazenadas dentro de si diversas forças vitais dentre as quais pudesse escolher. Não se tratava, portanto, de um ser simplório ou reduzido, ignorante do mundo, mas de um que tivesse a capacidade de ver as pessoas por dentro, que não se deixasse iludir ou embalar por elas, que estivesse desperto e atento, que fosse sensível, vivaz e ativo. Somente quando se *cumprissem* todas essas prerrogativas caberia a pergunta: apesar de tudo isso, ele é bom? Não havia escassez, da parte de Broch ou da minha, de figuras que conhecêssemos ou tivéssemos conhecido no passado. Contudo, uma após a outra, elas foram caindo, como num jogo de boliche, e logo nossa empreitada transformou-se numa brincadeira de mau gosto, como se brincássemos de carrasco: quem éramos nós, afinal, para nos arrogarmos o direito a um tal veredicto? Senti-me envergonhado diante de Broch, porque não aprovei um único dos nomes propostos. Talvez ele próprio se sentisse assim, embora, por natureza, fosse menos impetuoso do que eu. Então, de repente, ele disse: "Eu conheço um! Eu conheço um! Meu amigo Sonne! Aí está o ser humano bom! É ele!". Jamais tendo ouvido aquele nome, perguntei: "Mas ele realmente se chama Sonne?".* "Sim, mas o senhor também pode chamá-lo dr. Sonne. Soa menos mítico. Ele é exatamente a pessoa que procuramos. Talvez por isso mesmo seu nome não tenha me ocorrido de imediato." Fiquei sabendo, então, que esse dr. Sonne vivia uma vida recatada, que costumava encontrar e, mais raramente, até visitar uns poucos amigos. "O senhor mesmo acabou de mencionar Georg Merkel, o pintor" — prosseguiu Broch, referindo-se a um de nossos "candidatos" —, "pois ele é um dos que Sonne

---

* O substantivo *Sonne* significa "sol". (N. T.)

visita de vez em quando, em Penzing. O senhor pode conhecê-
-lo lá. Seria o modo mais simples e natural de fazê-lo."

Georg Merkel, um homem mais ou menos da idade de Broch, era um pintor cujas obras já por diversas vezes haviam me atraído em exposições. Sua presença no Café Museum, aonde ele ia mais raramente do que outros pintores, chamara-me a atenção em virtude de um buraco profundo que tinha na testa, bem acima do olho esquerdo. Eu havia admirado alguns de seus quadros na sala de jantar e estar de Wotruba, pinturas de um acentuado caráter francês, claramente influenciadas pelos neo-clássicos, mas singulares em sua paleta, inusitada para Viena. Procurara, então, informar-me sobre ele, pedindo que me falassem a seu respeito. Mais tarde, por intermédio de Wotru-ba, conheci Merkel, assim como a maioria dos pintores impor-tantes daquela época, no Café Museum. Seu alemão, bastante elaborado, encantou-me de imediato: tinha um tom polonês, era lento e elevado, cada frase carregada de profunda convic-ção e significado, como na Bíblia. Merkel falava como se esti-vesse cortejando Raquel. Falava de coisas bem distintas, que nada tinham a ver com a Bíblia, mas seu modo de falar soava como uma saudação, uma homenagem, como se estivesse con-ferindo honras ao interlocutor, o qual, ao ouvi-lo, só podia se sentir enaltecido e estimado. Entretanto, percebia-se também, nitidamente, com que seriedade o pintor via a si próprio, sem causar uma impressão de arrogância. Um nome que pronun-ciasse ficava gravado da maneira como o fizera nos ouvidos de seu interlocutor, que, por vezes, se sentia tentado a reproduzi-
-lo daquela mesma forma. Teria soado ridículo, porém, pois o que nos outros parecia patético era, em Georg, dignidade natu-ral. Suas convicções estavam, até a borda, carregadas de senti-mento. Ninguém teria pensado em discutir o que quer que fosse com ele: questionar-lhe *uma* frase teria significado ques-tioná-lo por inteiro. Merkel era incapaz de um ato ou palavra vulgar, o que não parece crível num homem tão enfático e apaixonado. Era necessário vê-lo, presenciar com que deter-minação e força ele rechaçava uma ofensa, sem se aviltar um

135

mínimo que fosse, olhando em torno para se certificar de que todos o haviam ouvido bem, de tal modo que o ferimento profundo na testa parecia ser um terceiro olho, ciclópico. Sentia-me tentado a deixá-lo irado, tão maravilhosamente soava o que ele dizia com raiva, mas tinha por ele demasiado respeito e amor para que pudesse ceder a essa tentação.

Para mim, Georg Merkel incorporava, da maneira mais expressiva, a figura do eslavo seguro de si, tão abundante em Viena. Estudara em Cracóvia, com Wyspianski, o que pode ser uma explicação para a persistência dos traços do polonês assimilados por seu modo de falar, sotaque que jamais perdeu. Após décadas de vida em Viena e na França — Merkel atingiu uma idade bastante avançada —, tanto seu francês quanto seu alemão seguiram sempre soando como polonês. Ele jamais conseguiu produzir certos sons vocálicos. Nunca o ouvi pronunciar um *o* na minha frente. Nunca conseguiu pronunciar direito duas das palavras mais importantes em sua vida, *schön* (belo) e *Österreich* (Áustria). Dizia *"Esterreich"*. Mais surpreendente ainda soava o que ele dizia quando, deslumbrado, não conseguia se conter diante da beleza de uma mulher: *"Ist sie nicht schén! Schén ist sie!"* [Mas ela não é bela?! Como é bela!]. Foi o que Veza ouviu dele, e com tal ênfase que nos contagiou. Quer viesse nos visitar, quer fôssemos nós a visitá-lo, quer nos encontrássemos no Café Museum, ele não podia abster-se de dizer *"Schén ist sie!"* ao vê-la, o que chamava ainda mais a atenção porque, em tudo o mais que dizia, ele se expressava num alemão elaborado e corretíssimo.

Eu conhecera Georg Merkel pouco antes daquela minha conversa com Broch, razão pela qual era natural que falássemos dele em nossa procura pelo homem "bom". Merkel atendia a vários de nossos pré-requisitos; no entanto, nenhum de nós votou nele, pois era-lhe essencial a consciência que tinha de si próprio como pintor. Com isso, estava já, por natureza — por assim dizer —, em oposição com a parcela da humanidade que não tem o menor interesse pela arte; bastava-se a si próprio, bem como a suas pretensões. Nele, pois, o "bom", nos termos em que o definíamos, ocupava um plano secundário.

Alguns anos antes da eclosão da Primeira Guerra Mundial, Merkel fora para Paris, vivendo ali parte suficiente de sua juventude para jamais perder a marca estampada por esses anos parisienses. Talvez nunca tenha havido em lugar algum uma concentração mais variada e rica de pintores do que a que encontrou ali. Eles vinham de todas as partes, repletos de expectativas. Não tentavam facilitar as coisas para si próprios valendo-se de artimanhas a fim de, sorrateiramente, abrir caminho até o reconhecimento e a fama. Pintar era-lhes tão importante que não faziam outra coisa. Estímulos não faltavam, com a cidade enchendo-se de pintores, a presença atuante de influências orientais e africanas e o contraponto que com estas compunham as tradições locais, da arte medieval ou clássica, já por isso importantes. Com tantos jovens pintores tentando o novo, um caminho próprio, jamais houvera tanto para se ver. Era necessário força para suportar viver na pobreza, mas talvez uma outra força fosse ainda mais premente: a de não ceder demasiado facilmente a tantos e tão diversos estímulos, absorvendo apenas aqueles compatíveis com o próprio caráter e deixando o restante de lado, para os outros. Uma nova nação surgiu, então, em Paris: a dos pintores. Hoje, ao passarmos em revista os nomes daqueles cujas obras — para nós e, provavelmente, para sempre — firmaram essa época, espantamo-nos diante da multiplicidade de suas origens: cada país tinha os seus jovens em Paris, como se a cidade, ela própria, como instância superior, os tivesse convocado para prestar um serviço à pintura. E, no entanto, eles não haviam sido convocados, mas impelidos para lá por sua vontade própria. A despeito das privações, que assumiram sem receio, foram atraídos pela perspectiva de estarem entre seus pares, entre aqueles para os quais a luta não era menos dura, mas que, como eles próprios, estavam imbuídos da fervorosa esperança de ali — na capital mundial dos pintores — conquistarem a fama.

A eclosão da Primeira Guerra Mundial surpreendeu Merkel em Paris, onde vivia com grande paixão junto de sua esposa, Luise, também pintora. Dificilmente teria havido uma atmosfera que lhe fosse mais apropriada: Merkel sempre retornou a Paris e, somando-se tudo, passou ali um bom terço de sua vida. Naquela época, porém, em fins de julho de 1914, estava munido de um só pensamento: conseguir chegar até a Áustria com a mulher, para servir como soldado. Foi uma viagem cheia de aventuras, que exigiu mais do que uns poucos dias. Por fim, chegou, apresentou-se e foi para o *front*. Havia, então, entre os judeus cultos da Galícia, uma espécie de patriotismo austríaco. Os *pogroms* russos pairavam-lhes diante dos olhos, e o imperador Francisco José era visto como um protetor. Assim, um homem como Merkel estava, à época, imbuído de sentimentos austríacos. Não lhe teria bastado servir como jornalista num escritório governamental qualquer e, dali, em segurança, impregnar os outros de apetite bélico. Para ele, ser soldado era a atitude natural. Superando as dificuldades e com muita astúcia, obteve êxito em sua fuga de Paris, tornando-se soldado.

Por seus sentimentos austríacos, Merkel pagou com um ferimento grave na cabeça: um estilhaço de granada o atingiu na testa, bem acima dos olhos, e ele ficou cego. Passou alguns meses, não sei exatamente quantos, privado da visão. Para ele, um pintor, foi a pior época de sua vida. A esse respeito, nunca falou comigo e, creio eu, com pessoa alguma. Ficou-lhe a profunda cicatriz: ao vê-lo, jamais se podia deixar de pensar no período em que estivera cego. Acabou por recuperar a visão, um milagre que determinou toda a sua pintura posterior. Ver era o seu paraíso — nunca pôde encarar de outro modo o fato de ter recuperado o que perdera. Não se pode recriminá-lo por pintar o "belo": seus quadros transformaram-se num perpétuo agradecimento pela luz de seus olhos.

Logo após aquela minha conversa com Broch — em parte brincadeira, em parte impregnada de expectativas —, aconteceu de eu ser convidado, pela primeira vez, para ir à casa de Merkel, em Penzing. Ali ele morava e tinha seu ateliê, ao qual costumava chamar os amigos, nas tardes de domingo, para mostrar-lhes os quadros. Eu o conhecia ainda muito pouco, mas estava familiarizado com sua história, particularmente com o episódio do ferimento e do terrível buraco na testa. Sentia-me atraído por seu jeito melodioso de falar e, embora os quadros dele que eu conhecia, em que pese o encanto de sua paleta, fossem bem diferentes daquilo que em geral me fascinava na pintura moderna, eu estava curioso para ver mais de suas obras. Sempre me interessara a maneira como os pintores mostram seus quadros em seus ateliês: orgulho, prodigalidade e suscetibilidade misturam-se nesse ato, a proporção variando de pintor para pintor.

Cheguei um pouco tarde, os convidados estavam ainda tomando chá. Alguns deles eu conhecia pessoalmente; outros, conhecia pelo nome ou pelas obras. Afastado de todos, tímido, quase escondido, sentado numa semiescuridão, estava um homem cujo rosto eu conhecia havia um ano e meio: via-o todas as tardes no Café Museum, oculto por detrás de seus jornais. Parecia-se com Karl Kraus (como já contei). Sabia que não podia ser ele, mas era tão importante para mim ver Karl Kraus *em silêncio*, sem acusar ou esmagar ninguém, que eu tentava imaginar que se tratasse dele realmente. Os encontros diários com aquele rosto, que transcorriam em silêncio, eu os empregava para me libertar do poder avassalador do rosto de Kraus, quando este estava falando.

Pois ali estava o tal rosto. Espantado, emudeci. Pressentindo que algo se passara, Merkel tomou-me cuidadosamente pelo braço, conduziu-me até diante daquele rosto e disse: "Este é meu querido amigo dr. Sonne". Sua maneira de apresentar as pessoas tinha algo de muito sensível. Não lhe interessavam as amizades frias: quando aproximava duas pessoas, era para a vida inteira. Merkel não teria podido saber que por um ano e meio eu vinha observando cada movimento daquele homem com a máxima atenção. Tampouco sabia que, uma semana antes, Broch mencionara pela primeira vez aquele nome diante de mim. O obstinado jogo da procura pelo ser humano bom, que ambos leváramos totalmente a sério, tornara-se realidade. Igualmente significativo era que nome e rosto, existindo separadamente em mim, se unificassem no ateliê daquele pintor de voz melodiosa.

SONNE

O que me seduzia tanto em Sonne a ponto de eu querer vê-lo todos os dias, procurá-lo todos os dias, de ele se tornar o vício mais arrebatador que um intelectual já representou para mim?

Em primeiro lugar, a ausência de todo o pessoal. Sonne jamais falava de si, nunca utilizava a primeira pessoa do singular. Tampouco dirigia-se de forma direta a seu interlocutor. Tudo era dito na terceira pessoa e, assim, de uma maneira distanciada. "Eus" falando, fazendo declarações solenes, confissões, autoafirmações; todos transbordando de autocompaixão e importância autoatribuída; todos se lamentando, bradando, trombeteando. No entanto, publicamente, juntavam-se todos em pequenos grupos, porque precisavam uns dos outros para seus discursos e os toleravam. Tudo era discutido, o tema comum a todas as conversas sendo fornecido pelos jornais. Era uma época farta em acontecimentos, mas, mais ainda, uma época na qual se pressentia o quanto *estava por acontecer*. Estavam todos infelizes com os acontecimentos na Áustria, mas cientes de que muito piores eram os que pesavam sobre o país vizinho e de mesma língua. Uma catástrofe estava no ar. Sua eclosão, contrariando as expectativas, era adiada de ano para ano. Na própria Áustria, as coisas estavam ruins; quão ruins era coisa que se podia depreender pelo número de desempregados. Quando nevava, dizia-se: "Os desempregados estão contentes". O município de Viena os contratava para remover a neve, e eles tinham, ainda que por pouco tempo, oportunidade de ganhar algum dinheiro. Eram vistos com as pás e, por eles, desejava-se mais neve.

Ver o dr. Sonne era só o que tornava essa época suportável para mim. Ele era uma instância à qual eu tinha acesso diariamente. Um sem-número de coisas que estavam acontecendo em todas as partes — e, mais ainda, que *ameaçavam* acontecer — era discutido em nossas conversas. Abordar tais coisas em termos pessoais teria me envergonhado. Nenhum ser humano tinha o direito de conferir primazia a si próprio, ante os acontecimentos que se anunciavam: não se tratava de uma ameaça *pessoal*, mas de uma que dizia respeito a todos. De nada valeria percebê-la e falar sobre ela: o importante era *compreendê-la*, nada mais. Mas justamente a compreensão dessa ameaça era o mais difícil de conseguir. Eu nunca definia antecipadamente a questão sobre a qual interrogaria o dr. Sonne. Jamais tinha um propósito predeterminado. Os temas que se apresentavam surgiam tão espontaneamente quanto suas explicações. Tudo o que ele dizia tinha sempre o frescor do pensamento brotando, sem jamais me parecer adulterado pelo sentimento e, não obstante, sem ser frio e insensível. Tampouco era parcial: não se tinha a impressão de que ele estava falando em nome disso ou daquilo. É necessário acrescentar que se tratava de uma época já infestada por palavras de ordem, em que era difícil encontrar um lugar que estivesse *livre* delas, onde se pudesse respirar. A maior virtude das palavras do dr. Sonne estava em que, embora fossem precisas, não eram sucintas. Ele dizia o que tinha a dizer, demarcando-o com agudeza e nitidez, mas sem nada omitir. Minucioso, ele nada excluía e, não tivesse sido sempre tão fascinante ouvi-lo, poder-se-ia dizer que para tudo ele emitia um *parecer*. Mas era certamente muito mais do que um parecer, pois suas ponderações continham — sem que ele o tivesse algum dia chamado pelo nome — o germe para toda superação.

Não havia praticamente nenhum tema que não fosse discutido. Às vezes, eu mencionava algo que me ocorrera e ele manifestava o desejo de saber mais sobre o assunto. Mesmo um seu pedido por maiores informações, porém, nunca era recebido como uma pergunta. Dessa forma, ele se acercava de uma questão de modo a poupar inteiramente seu interlocutor. Era, talvez, como se absolutamente não lhe importasse a pessoa com quem estava, mas apenas as questões que lhe ocupavam a própria mente. Contudo, essa impressão era errônea, pois quando havia uma terceira pessoa presente era já outra a maneira pela qual Sonne se dirigia a ela. Portanto, ele certamente diferenciava as pessoas, mas para estas tais diferenças eram imperceptíveis. Seria inimaginável que alguém se sentisse preterido em sua presença. Uma vez que a estupidez causava-lhe grande tormento, Sonne evitava os estúpidos, mas, se premido por circunstâncias alheias ao seu controle via-se na companhia de um deles, ninguém jamais teria notado a dimensão da estupidez desse seu interlocutor.

Feitas as considerações preliminares, vinha então o momento em que Sonne fixava-se em uma questão e começava a falar a respeito, de maneira exaustiva e apropriada. A partir daí, jamais teria me ocorrido interrompê-lo, nem mesmo com perguntas, o que eu fazia de bom grado com os outros. Despia-me de todas as reações exteriores, como que de uma fantasia que não ficasse bem em mim, e punha-me a ouvir com a mais concentrada atenção. Nunca ouvi qualquer outra pessoa dessa maneira. Eu esquecia que era um homem que estava falando, não ficava à espreita das particularidades de seu modo de falar: para mim, Sonne jamais se transformou num personagem — era o contrário disso. Tivesse alguém me provocado a imitá-lo, eu me teria negado não apenas por respeito: seria de fato incapaz de *representá-lo*. Mesmo a simples ideia de fazê-lo parece-me, ainda hoje, não somente uma terrível blasfêmia, mas também uma completa impossibilidade.

O que Sonne tivesse a dizer sobre um assunto era certamente minucioso e exaustivo; sabia-se também que jamais o dissera antes. Era sempre algo novo, que acabara de nascer. Não constituía um veredicto sobre as coisas, mas antes sua própria lei. O espantoso, porém, é que sua sabedoria não se restringia a um tema específico. Sonne não era um especialista ou, para dizê-lo com maior propriedade, um especialista em determinada área do conhecimento, mas sim um especialista em todos os assuntos sobre os quais alguma vez o ouvi falar. Por intermédio dele, descobri que é possível dedicar-se às mais

142

diversas questões sem se tornar um embusteiro tagarela. Essa é uma afirmação grandiosa e não se tornará mais crível se eu acrescentar que, justamente por isso, sou incapaz de reproduzir o que Sonne falava, uma vez que cada pronunciamento seu constituía um tratado tão sério e cheio de vida, tão completo, que não me lembro integralmente de nenhum deles. Reproduzir aqui fragmentos do que ele dizia seria, porém, uma grave falsificação. Sonne não era um aforista: associada a ele, essa palavra, que eu respeito, adquire quase que um tom de frivolidade. Sonne era por demais completo para sê-lo, carecia da necessária visão unilateral das coisas e do desejo de surpreender as pessoas. Terminada sua exposição, seu interlocutor sentia-se esclarecido e saciado: era um assunto encerrado, que não mais voltaria à baila. O que mais haveria para se dizer a respeito?

Se, todavia, não desejo atrever-me a reproduzir o que ele falava, há, sem dúvida, um fenômeno literário com o qual as exposições de Sonne admitem comparação. Naqueles anos, eu li Musil e, de forma particularmente insaciável, o seu *O homem sem qualidades*, do qual, à época, os dois primeiros volumes — por volta de mil páginas — já haviam sido publicados. Pareceu-me não haver em toda a literatura algo que se pudesse comparar àquela obra. Contudo, espantou-me também que, onde quer que abrisse qualquer dos dois volumes, me sentisse familiarizado com o que lia. Tratava-se de uma linguagem que eu conhecia, um ritmo do pensamento que eu já experimentara, e, no entanto, sabia com certeza que não havia outros livros como aquele. Demorou algum tempo até que eu percebesse a conexão: o dr. Sonne *falava* da mesma maneira como Musil *escrevia*. Não que Sonne, digamos, anotasse para si, em casa, coisas que, por uma razão qualquer, não quisesse publicar e, então, em suas conversas, criasse a partir do já escrito e refletido. *Não* o fazia: o que dizia brotava do próprio momento em que era dito. Mas nascia já sob aquela forma perfeita, transparente, que Musil só alcançava ao escrever. O que eu, verdadeiramente privilegiado, estava ouvindo dia após dia eram os capítulos de um outro *O homem sem qualidades*, do qual ninguém mais ficou sabendo. Sim, porque, quando Sonne falava a outras pessoas — se não diariamente, por certo de tempos em tempos —, o que estas ouviam eram *outros* capítulos.

Para o vício amorfo do ecletismo, do lançar-se em todas as direções, do contínuo abandonar daquilo que mal se tocou, mal se apreendeu; para essa curiosidade, que certamente é mais do que curiosidade, pois é desprovida de um propósito e não leva a parte alguma; para esse pegar e largar por todos os lados, só existe um único remédio: o convívio com alguém que tenha o dom de se mover em meio a todo o cognoscível, sem abandoná-lo antes que o tenha esquadrinhado e decomposto. Tema algum abordado por Sonne era por ele liquidado e exaurido: tornava-se mais interessante do que antes, articulado e iluminado. Nas pessoas, fundava países inteiros onde antes só havia obscuros pontos de interrogação. Sonne era capaz de descrever uma personalidade importante da vida pública com a mesma precisão com que falava de um campo qualquer do conhecimento. Evitava falar de pessoas que ambos conhecíamos pessoalmente, assim excluindo de sua exposição aquilo que podia transformar as conversas em mexerico. No mais, porém, aplicava os mesmos métodos a coisas e homens. Talvez fosse isso o que mais me lembrasse Musil: sua concepção de cada ser humano como um campo particular do conhecimento. A aridez de uma teoria única aplicável a todos os seres humanos era-lhe tão estranha que jamais fez menção de algo semelhante. Cada pessoa era singular, e não apenas diferente. Sonne detestava tudo o que homens atentassem contra homens: Jamais houve um espírito menos bárbaro que o seu. Mesmo quando tinha de dar expressão ao que odiava, seu tom nunca era o do ódio, mas o de quem aponta para uma insensatez, nada mais.

É extraordinariamente difícil tornar compreensível o quanto ele evitava tudo que fosse pessoal. Podiam-se passar duas horas com ele e aprender uma enormidade, de tal forma a se permanecer continuamente surpreso diante dos conhecimentos adquiridos. Ante uma superioridade tão intangível, como poderia alguém arrogar-se a condição de estar acima dos outros? Humildade seguramente não era uma palavra que Sonne teria empregado, mas não haveria outra para caracterizar meu estado de espírito ao deixá-lo. Tratava-se, contudo, de uma humildade *vigilante*, não de uma ovelha.

Eu tinha o costume de ouvir as pessoas, completos estranhos com os quais jamais trocara uma palavra. Ouvia verdadeiramente encolerizado aqueles que me eram indiferentes, e capturava melhor o tom de voz de uma pessoa tão logo me parecesse configurado que jamais a veria de novo. Não me esquivava de estimulá-la a falar, dirigindo-lhe perguntas ou mesmo representando um papel qualquer. Jamais me perguntara se me era dado o direito de ouvir da própria pessoa tudo o que era possível descobrir a seu respeito. Hoje, a ingenuidade com que me arrogava tal direito parece-me incompreensível. Existem em nós, indubitavelmente, qualidades últimas que são indecifráveis, e cada tentativa de explicá-las *deve* permanecer infrutífera. Uma tal qualidade em mim é justamente minha paixão pelos seres humanos: ela admite ser descrita, exposta, mas sua origem deve necessariamente permanecer para sempre obscura. Por sorte, posso dizer que, graças a meus quatro anos de aprendizado com o dr. Sonne, pelo menos adquiri a consciência do caráter discutível dessa minha qualidade.

Logo se tornou claro que, embora Sonne poupasse tudo o que lhe estava próximo, não deixava de percebê-lo. Se jamais desperdiçava uma única palavra falando de pessoas que, diariamente, sentavam-se à nossa volta, isso revelava tato: ele não atacava pessoa alguma, o que valia mesmo para aquelas que jamais descobririam se o fizesse. Seu respeito pelas fronteiras da individualidade alheia era inamovível. Eu o chamei seu *ahimsa*, a palavra hindu para o resguardo de toda a vida. Mas hoje percebo que ele tinha, antes, algo de *inglês*. Sonne passara na Inglaterra um ano importante de sua vida — um dos dois ou três dados biográficos que pude depreender de suas palavras. Na verdade, eu nada sabia a respeito dele, e, mesmo conversando com outras pessoas que também o conheciam, poucas tinham algo de concreto a dizer. Talvez tivéssemos receio de falar sobre ele da mesma maneira como falávamos sobre outra pessoa qualquer, uma vez que era extremamente difícil formular as qualidades essenciais que o compunham. Mesmo aqueles desprovidos de qualquer moderação admiravam Sonne por possuí-la, de maneira que todos nos contínhamos ao falar dele, munidos de uma espécie de zelo, para evitar qualquer distorção de suas proporções.

Eu não lhe fazia perguntas, assim como ele próprio nada me perguntava. Fazia sugestões, isto é, mencionava uma questão como se já havia tempos ela andasse pela minha mente, e o fazia mais com hesitação do que com premência. Igualmente hesitante, ele a acolhia, ponderando minha sugestão ao mesmo tempo em que prosseguia falando em um outro assunto. Então, de um só golpe, como que com uma faca bem afiada, ele encetava a abordagem da questão proposta, expondo com uma clareza cristalina e uma abrangência avassaladora tudo o que havia a dizer sobre ela. Não seria enganoso caracterizar tal clareza como a do gelo: trata-se da clareza daquele que dá polimento aos vidros transparentes, que nada quer com o turvo antes que o tenha aclarado. Sonne examinava um objeto desmontando--o e, não obstante, este preservava sua integridade. Em vez de dissecar, ele iluminava. Mas selecionava partes do todo para sobre elas lançar sua luz: retirava-as cuidadosamente e, uma vez concluída a operação, encaixava-as de novo, cuidadosamente, no todo. O novo, o inaudito, era, para mim, que sua mente, tão poderosamente perspicaz, não negligenciava um único detalhe. Cada pormenor tinha de ser tratado com todo o *cuidado* e, por isso mesmo, era importante.

Sonne não era um colecionador, pois, embora conhecesse tudo, nada conservava para si, como propriedade particular. Jamais o vi — ele, que lera tudo — com um livro na mão. Ele próprio era a biblioteca que não possuía. Qualquer obra que se mencionasse, tinha-se a impressão de que ele já a lera havia muito tempo. Nunca fazia qualquer tentativa de ocultar esse seu conhecimento, mas tampouco se gabava dele, demonstrando-o em momentos inoportunos. Quando, porém, chegava o momento de apresentá-lo, lá estava ele, infalivelmente, e era espantoso que jamais se revelasse incompleto. Essa sua precisão irritava algumas pessoas. Sonne não alterava sua maneira de falar diante das mulheres, nunca era *ligeiro* — sua inteligência era tão indissimulável quanto sua seriedade —, nem lhes dirigia gracejos. Tinha um evidente respeito pela beleza, não a desdenhava, mas jamais teria se modificado por sua causa. Também em sua presença permanecia inalteravelmente o mesmo. Acontecia, por vezes, de ele se calar diante da beleza — a qual a outros fazia eloquentes —, reencontrando a fala somente quando ela se retirava. Essa era a homenagem máxima que podia prestar, coisa que raras mulheres lograram compreender. O erro talvez estivesse na maneira como as mulheres eram preparadas para conhecê-lo. Começando por situar Sonne num plano infinitamente superior a si próprio, um homem perturbaria a mulher que o ama, cujo amor contivesse já, em si, um elemento de veneração. Vivendo envolta nesse elemento, como em uma atmosfera, como essa mulher poderia aceitar do homem que ama a veneração por outrem — uma veneração que seria não apenas verdadeira, mas a única cabível? Como poderia ela se permitir uma tal desorientação de suas convicções?

Assim foi com Veza, que se recusou terminantemente a ter Sonne em sua estima. Ela, que se afeiçoara carinhosamente a Broch, não queria nem ouvir falar em Sonne. Ao vê-lo pela primeira vez, numa reunião em casa de Georg Merkel, disse-me: "Ele *não* se parece com Karl Kraus. Como é que você pode dizer uma coisa dessas? Ele se parece, isso sim, com uma múmia de Karl Kraus!". Veza se referia ao rosto magro, ascético, e ao silêncio de Sonne, que em reuniões, em meio a muitas pessoas, não dizia palavra. Pressenti o quanto ele ficou impressionado com a beleza dela, mas como ela poderia percebê-lo na rigidez de seus traços? Veza não mudou de opinião nem mesmo ao saber — por outros e por mim mesmo — das coisas surpreendentes que Sonne dissera sobre sua beleza.

Certa vez, quando voltei para casa depois de uma conversa maravilhosa com ele no Café Museum, ela me recebeu com hostilidade: "Você esteve com seu filhinho de sete meses, posso ver pela sua cara. Não me venha contar coisa alguma. Que você se desgaste com uma múmia é coisa que só me traz infelicidade!". Com "filhinho de sete meses" ela queria dizer que Sonne não estava ainda totalmente formado, que lhe faltava alguma coisa para ser um homem completo, normal. Eu estava acostumado às reações extremadas de Veza, pois era comum que nós nos exaltássemos ao conversar sobre pessoas: ela sempre via algo de forma correta e, então, exagerava o que havia visto, à sua maneira apaixonada e intransigente. Como eu reagia de modo semelhante, fazendo o mesmo que ela, acabávamos discutindo violentamente — discussões que ambos adorávamos, pois constituíam prova permanente de que só dizíamos um ao outro a mais absoluta verdade, a marca de nosso relacionamento. Somente quando se tratava do dr. Sonne, eu pressentia um profundo rancor da parte dela para comigo, pois eu, que jamais me sujeitara a pessoa alguma — nem mesmo a Karl Kraus, de quem, para me defender, resguardara territórios inteiros de meu ser, o que ela própria reconhecia —, submetia-me agora, sem hesitação, sempre, incondicionalmente, ao dr. Sonne, de quem ela jamais me ouvira colocar em dúvida uma única frase.

Eu nada sabia sobre Sonne. Ele consistia em suas frases, e estava de tal maneira contido nelas que me teria assustado descobrir algo a seu respeito para além do que ele próprio dizia. Ao contrário do que acontecia com as demais pessoas, não circulavam quaisquer informações sobre ele, nem mesmo sobre uma enfermidade ou queixa. Sonne era seu pensamento, e o era em tal grau que nada mais se podia notar nele. Nós marcávamos encontros, e, se acontecesse de ele não aparecer, não se sentia obrigado a explicar sua ausência. Então, naturalmente, eu pensava em alguma doença — Sonne tinha o rosto pálido e não parecia saudável —, mas por mais de um ano nem sequer soube onde ele morava. Poderia ter pedido o endereço a Broch ou Merkel, mas jamais o fiz: parecia-me mais apropriado que ele não tivesse endereço algum.

148

Não me admirei quando, um dia, um fofoqueiro a quem eu sempre evitara veio sentar-se à minha mesa, perguntando--me de imediato se eu conhecia o dr. Sonne. Prontamente, respondi-lhe que não, mas não me foi possível fazê-lo calar, pois ele tinha algo dentro de si que não o deixava em paz e que não compreendia: a doação de uma fortuna. Esse dr. Sonne, disse--me ele, era neto de um homem muito rico de Przemysl e havia doado a obras de caridade toda a fortuna que herdara do avô. Não fora o único louco a fazê-lo, prosseguiu, pois havia também Ludwig Wittgenstein, um filósofo — o irmão do pianista de um braço só, Paul Wittgenstein —, que fizera a mesma coisa, só que herdara o dinheiro do pai e não do avô. E ele conhecia ainda outros casos semelhantes, que enumerou um por um, com os respectivos nomes e informações mais precisas acerca dos testadores. Era um colecionador de heranças recusadas ou doadas. Esqueci-me dos nomes que nada me diziam, e talvez não quisesse mesmo saber coisa alguma dos outros, pois fora totalmente tomado pela informação acerca de Sonne. Aceitei-a sem maiores investigações. Agradou-me tanto que lhe dei cré-dito, tanto mais porque a história acerca de Wittgenstein estava correta. Que Sonne conhecia a *guerra* muito de perto, sem, contudo, ter sido soldado, eu inferira de várias de minhas con-versas com ele. Sonne sabia tão bem o que era ser um *refugiado* como se o tivesse sido ele próprio. Mais ainda: como se tivesse sido responsável pelos refugiados, como se tivesse organizado e conduzido transportes inteiros deles, transplantando-os para um lugar onde suas vidas não correriam mais perigo. Assim, do que ouvira do fofoqueiro deduzi que ele havia gastado a fortuna herdada com os refugiados.

Sonne era judeu. Essa era a única circunstância externa a seu respeito do qual eu tinha conhecimento desde o princípio, e, na verdade, dificilmente se pode chamá-la de uma circuns-tância *externa*. Falávamos muito sobre religião em nossos en-contros — a hindu, a chinesa, as que se fundam na Bíblia; sobre qualquer religião que conversássemos, Sonne demonstrava, à maneira concisa que lhe era própria, possuir sólidos conhecimentos. O que mais me impressionou, no entanto, foi seu domínio da Bíblia hebraica. Tinha cada passagem dela na ponta da língua e as traduzia, sem titubear, para um alemão de grande beleza, um alemão que para mim soava como o de um poeta. Tais conversas sobre a Bíblia hebraica resultaram de um exame da tradução de Buber, que estava sendo publicada à época, contra a qual Sonne tinha certas restrições. De bom grado eu conduzia o assunto para esse lado, pois, para mim, era uma oportunidade de travar conhecimento com o texto em sua língua original. Até então, evitara fazê-lo; aprender mais sobre coisas tão próximas à minha própria origem teria me limitado, embora sempre houvesse me dedicado com inesgotável afinco a todas as demais religiões.

Eram a clareza e a determinação da dicção de Sonne que me lembravam o modo de escrever de Musil. Uma vez tomado um caminho, Sonne jamais se desviava dele, até que tivesse atingido um ponto a partir do qual, naturalmente, esse caminho desembocava em outros. Evitava saltos *arbitrários*. No transcorrer das, talvez, duas horas diárias que eu passava com ele, falávamos de diversos assuntos. Uma lista dos temas que surgiam nessas conversas pareceria — contrariamente ao que acabei de afirmar — variegada e fortuita. Entretanto, isso seria mera ilusão de óptica, pois diante de uma transcrição literal de tais conversas, houvesse um protocolo de uma única delas, verificar-se-ia que cada um desses temas era esgotado antes que passássemos ao seguinte. Porém, aqui não é possível reproduzir a maneira como isso se dava, a não ser que eu me aventurasse a escrever *O homem sem qualidades* de Sonne — um atrevimento disparatado! O conteúdo de uma tal obra teria de ser tão preciso e transparente quanto o próprio Musil; exigiria toda a atenção do leitor, da primeira à última palavra; estaria tão distante do sono quanto da aurora, e qualquer de suas passagens seria igualmente cativante. Musil jamais teria podido chegar ao término desse livro. Uma vez entregue ao refinamento de tal processo de precisão, dele se permanece para sempre cativo: fosse-lhe concedida a vida eterna, teria também de seguir escrevendo eternamente. Esta é a perenidade propriamente dita, a verdadeira, de uma tal obra; é de sua natureza que ela se transfira para o leitor, o qual, não encontrando na obra um ponto final, prossegue sempre lendo o que, do contrário, teria um fim.

Assim, foi isso que, àquela época, experimentei duplamente: nas mil páginas de Musil e nas centenas de conversas com Sonne. Que as primeiras encontrassem seu caminho até as últimas foi uma sorte que, provavelmente, a ninguém mais sucedeu, já que, se não incompatíveis, tanto em conteúdo intelectual quanto em qualidade da linguagem, elas certamente se opunham em seu mais íntimo propósito. Musil estava mergulhado em sua empreitada. Desfrutava, por certo, de toda a liberdade de pensamento, mas sentia-se subordinado a uma meta à qual, o que quer que lhe acontecesse, jamais *renunciava*. Tinha um corpo, que reconhecia, e por meio do qual permaneceu atrelado ao mundo. Embora fosse ele próprio um escritor, observava o jogo dos outros que se arrogavam a escrever, enxergando-lhes a nulidade, que amaldiçoou. Reconhecia a disciplina, especialmente a da ciência, mas também não se privava de outras formas de disciplina. A obra que empreendia representava também uma *conquista*: estava recuperando um império que já perecera — não propriamente sua glória, a proteção que oferecera ou sua antiguidade, mas antes todas as ramificações de seus itinerários espirituais, maiores ou menores, um *mapa* composto de seres humanos. O fascínio de sua obra pode muito bem ser comparado ao de um mapa.

Sonne, por outro lado, nada queria. Sua postura, tão altiva e ereta, era apenas aparência. Os tempos em que pensara em recuperar um país já haviam passado. Eu demorei a saber que se lançara também à recuperação de uma língua. Embora tivesse acesso a todas as religiões, ele não parecia vincular-se a qualquer uma delas. Estava livre de qualquer propósito e não media forças com ninguém. Todavia, demonstrava interesse pelos intentos de outrem, ponderando-os e criticando-os, e, se os avaliava com a mais exigente das escalas — o que o impossibilitava de sancionar muitos, talvez a maioria deles —, seu veredicto jamais se aplicava à empreitada em si, mas a seu resultado.

Sonne dava a impressão de ser o mais objetivo dos homens, não porque objetivos lhe fossem importantes, mas porque nada queria para si mesmo. Muitos sabem o que é o desprendimento, e a alguns enoja tanto o egoísmo por eles visto à sua volta que procuram libertar-se do seu próprio. Naqueles anos de Viena, porém, só conheci uma única pessoa que estivesse completamente livre do egoísmo: precisamente Sonne. Tampouco mais tarde foi-me dado encontrar qualquer outro de sua espécie. Mesmo em uma época posterior, quando a sabedoria oriental encontrou inúmeros adeptos, quando a renúncia a metas mundanas transformou-se em uma manifestação de massa, acompanhou-a invariavelmente a hostilidade contra o *espírito*, na forma como este havia se desenvolvido nas culturas europeias. Então, as pessoas despiram-se de tudo, desaprovando principalmente a *agudeza* do espírito. Subtraindo-se à participação no mundo que as cercava, fugiram igualmente de sua responsabilidade para com ele: não pretendiam sentir-se culpadas por algo que rejeitavam completamente. "Vocês merecem" transformou-se, pois, numa postura amplamente difundida. Sonne desistira de agir — e a razão dessa renúncia, eu não a sabia —, mas *permaneceu* no mundo, preso com seus pensamentos a cada uma de suas manifestações. Se deixou que lhe caíssem as mãos, não voltou as costas para o mundo: sua paixão por este se fazia sentir mesmo na equilibrada justiça de suas palavras. Minha impressão era a de que ele nada *fazia* simplesmente porque não desejava perpetrar uma injustiça contra quem quer que fosse.

Com Sonne tomei consciência, pela primeira vez, daquilo que faz a integridade de alguém: permanecer intocada, mesmo por perguntas, segura de si própria, sem revelar suas motivações ou sua história. Nem uma única vez questionei-me acerca de sua pessoa: para mim, ele permaneceu intocável, mesmo em pensamento. Sonne falava de muitas coisas e não poupava veredictos se algo lhe desagradava. Nunca, porém, procurei pelos motivos por detrás de suas palavras: elas existiam por si, claramente delimitadas inclusive em relação à sua fonte. Tal fato, já de per si — mesmo deixando-se de lado a qualidade de suas palavras —, havia se tornado algo raro naquela época. A praga psicanalítica alastrara-se com sucesso; em que medida, isso eu verificara anteriormente em Broch. Neste, incomodava-me menos do que em naturezas de caráter mais ordinário, pois os sentidos de Broch eram — como já disse — tão singulares que mesmo as explicações mais banais então em circulação não teriam causado prejuízo à sua singularidade. De um modo geral, contudo, o que ocorria à época era que nada podia ser dito sem que fosse imediatamente revogado pelas sempre disponíveis motivações subjacentes. O fato de que para tudo fossem encontradas as mesmas motivações, a indizível monotonia que destas se irradiava e a esterilidade daí resultante pareciam incomodar a poucos. Os acontecimentos mais espantosos estavam em curso no mundo, mas sempre eram situados contra o mesmo árido pano de fundo. Era deste que se falava, dando-se, assim, os acontecimentos por explicados e tornando-os não mais espantosos. Onde a reflexão deveria *atuar*, imperava um impertinente coaxar de sapos.

A obra de Musil estava completamente livre dessa infecção, assim como estavam também as ponderações do dr. Sonne. Este nada me perguntava que beirasse o pessoal. Eu nada contava a meu respeito e cuidava para não fazer confissões. Tinha diante dos olhos o exemplo de sua dignidade, e por ele me pautava. A despeito da maneira apaixonada com que os assuntos eram tratados em nossas conversas, tudo o que dissesse respeito à sua pessoa permanecia excluído delas. Acusações, que não faltavam, não lhe davam qualquer prazer. Ele antevia o pior, expunha-o com a máxima precisão, mas não se alegrava ao ver sua previsão confirmada. Para ele, o mal era sempre o mal, ainda que lhe desse razão. Sonne percebeu o curso dos acontecimentos com uma clareza inigualada. Eu teria receio de repetir todas as coisas terríveis que, já àquela época, ele sabia que viriam. Sonne esfor-

153

çava-se por não deixar transparecer o quanto o torturavam suas previsões. Cuidava para, através delas, não ameaçar nem punir ninguém. Sua cautela para com seu interlocutor era proporcional à sensibilidade deste, que ele conhecia. Não oferecia receitas, embora conhecesse muitas. Falava com determinação, como se tivesse uma sentença a pronunciar, mas, com um singelo movimento de mão, sabia excluir seu interlocutor da pena enunciada. Mais do que cautela, ter-se-ia, portanto, de falar de delicadeza. Espanta-me até hoje essa combinação de delicadeza com rigor implacável.

Só hoje sei que, sem aquela convivência diária com Sonne, jamais teria conseguido me libertar de Karl Kraus. Era o mesmo rosto como eu gostaria de, por meio de fotos (inexistentes, porém), poder dar uma ideia visual dessa semelhança! Mas havia ainda um terceiro rosto — e não sei como tornar crível o que estou dizendo —, um rosto com o qual depararia três anos mais tarde, ao ter diante dos olhos a máscara mortuária de Karl Kraus: o de Pascal. Neste, a ira transformara-se em dor, e a dor que infligiu a si próprio marca o homem. O amálgama daqueles dois semblantes — o do fanático profético e o do sofredor que tem o poder de discorrer sobre tudo o que é acessível à mente humana, sem se tornar arrogante ao fazê-lo —, esse amálgama libertou-me da dominação do fanático, sem privar-me do que dele recebera, e encheu-me de respeito pelo que me era inatingível: aquilo que, em Pascal, eu pressentira e, em Sonne, tinha diante de mim.

Na memória, Sonne guardava de cor muita coisa — a Bíblia completa, como já disse. Desta, era capaz de citar em hebraico cada passagem, sem esforço ou hesitação. Era, porém, reservado no exercício dessa habilidade mnemônica, jamais transformando-a em atração. Eu já o conhecia havia mais de um ano quando, pela primeira vez, fiz uma objeção ao alemão empregado por Buber em sua tradução da Bíblia, objeção que Sonne não apenas ratificou mas também expandiu com um grande número de exemplos tirados do original hebraico. Pelo modo como, então, recitou e interpretou diversas passagens curtas, subitamente algo se tornou evidente para mim: percebi que Sonne só podia ser um poeta, e precisamente da língua hebraica, que estava recitando para mim.

Não ousei perguntar-lhe a respeito, pois quando ele próprio esquivava-se de algum assunto eu evitava mencioná-lo. Daquela vez, contudo, minha discrição não foi tão longe a ponto de eu deixar de indagar a outras pessoas, que o conheciam havia anos, sobre o que desejava saber. Descobri, então, que ele fora um dos fundadores da nova poesia hebraica, fato que, aparentemente, tornara-se segredo já fazia algum tempo.

Contaram-me que, ainda bem jovem, aos quinze anos, e sob o nome de Abraham ben Yitzhak, Sonne escrevera alguns poemas em hebraico — poemas comparados aos de Hölderlin por conhecedores de ambas as línguas. Escrevera um número bem pequeno deles, possivelmente não mais do que doze composições de caráter hínico, mas de tal perfeição que passara a ser considerado um dos mestres da língua revivida. Então, segundo me foi informado, parou de escrevê-los, e nunca mais um poema seu foi dado a público. Acreditava-se que, desde então, teria *renunciado* à atividade poética. Ele próprio nunca falava disso, guardando também a esse respeito um silêncio inquebrantável, como fazia com relação a tantas outras coisas.

Sentindo-me culpado por ter feito essa descoberta contra a vontade de Sonne, fiquei uma semana sem ir ao Café Museum. Para mim, ele havia se transformado num sábio, o único que eu conhecera até então, e o que ficara sabendo sobre os poemas de sua juventude — por mais honroso que soasse — constituía uma limitação dessa condição: o fato de ter feito algo o diminuíra. Fizera ainda mais, entretanto, e também isso descobri casual e paulatinamente, mas afastara-se de tudo. Embora só se dedicasse ao que fosse capaz de fazer com maestria, isso não fora o bastante para seus escrúpulos, motivo pelo qual, por rigorosas razões de consciência, abandonara tudo. Indubitavelmente, porém, permanecera um poeta — para ficarmos apenas nessa atividade. Em que consistia, pois, a magia de suas exposições, a exatidão e graça com que se movia em meio aos temas mais difíceis, nada negligenciando que fosse digno de consideração (à exceção de sua própria pessoa), encarando o objeto examinado da maneira mais precisa, sem jamais aviltá-lo? Ou, ainda, a mitigação do horror que sentia, a percepção secreta de cada emoção de seu interlocutor, a delicadeza de seu cuidado para com este? Agora, no entanto, eu sabia que Sonne fora *reconhecido* também como poeta, mas que descartara esse reconhecimento, ao passo que eu, ainda sem desfrutá-lo, esforçava-me por obtê-lo. Sentia-me envergonhado por não pretender renunciar a esse reconhecimento e por ter descoberto que Sonne fora grande, um dia, mas que já não via mais grandeza no que fora. Assim, como poderia encará-lo sem perguntar-me pelo motivo de tal desdém? Será que ele me reprovava pelo fato de que escrever era tão importante para mim? Sonne jamais lera algo de minha autoria, nenhum livro meu fora publicado. Só podia conhecer-me de nossas conversas, conduzidas quase que exclusivamente por ele, meu papel restringindo-se a um mínimo.

Deixar de vê-lo era quase insuportável, pois eu sabia que, naquele exato momento, ele estava já sentado no Café Museum, talvez olhando para a porta giratória, esperando por minha chegada. Dia a dia, aumentava em mim o sentimento de que eu não resistiria sem ele. Precisava tomar coragem para apresentar-me diante de Sonne sem falar daquilo que agora sabia, retomar nosso convívio do ponto em que eu o interrompera e resignar-me a esperar um bom tempo até saber sua opinião acerca do conteúdo de minha vida, isto é, até que tivesse o livro que desejava submeter ao seu julgamento e ao de ninguém mais.

Eu conhecia a intensidade das obsessões, o caráter incisivo daquilo que é sempre repetido, exercitado milhares de vezes, sem, todavia, perder sua força: era precisamente assim que Karl Kraus agia sobre as pessoas. E ali estava eu, sentado diante de alguém que tinha o rosto *dele*, que não era menos rigoroso, mas sereno, desprovido de qualquer fanatismo e do desejo de subjugar os outros. Tratava-se de um espírito que nada rejeitava, que se dedicava, com a mesma força concentrada, a todas as áreas do conhecimento. Também para ele o mundo se dividia entre o bem e o mal, sem que pairasse qualquer dúvida sobre o que pertencia a uma ou outra categoria. Mas decidi-lo, e, especialmente, reagir a essa decisão, ficava a critério dos indivíduos. Nada era atenuado ou embelezado; tudo era exposto com uma clareza que, atônito e um tanto envergonhado, se recebia como um presente em troca do qual nada era exigido além de ouvidos abertos.

Era-se poupado da acusação. É necessário que se tenha em mente a violência com que as acusações incessantes de Karl Kraus atuavam sobre as pessoas, quão penetrantes eram e como tomavam posse delas, jamais as abandonando (ainda hoje descubro as feridas que me causaram, nem todas cicatrizadas). Suas acusações tinham a força total de *ordens*; e, uma vez que eram acatadas de antemão, sem que se procurasse esquivar-se delas, talvez teria sido melhor se tivessem sido dotadas também da urgência das ordens, pois assim poderiam ter sido executadas, não deixando para trás mais do que seus espinhos — o que já não teria sido fácil de suportar. Contudo, solidamente construídas e compactas como fortalezas, as frases de Karl Kraus pesavam maciçamente sobre as pessoas, como um fardo paralisante que se carregava consigo por todo lugar. Embora eu, em grande parte, tivesse me libertado dessa carga ao longo daquele ano em que o romance me escravizara, e, mais tarde, com a erupção da peça, persistia sempre o perigo de que minhas lutas de libertação malograssem, redundando numa séria escravidão psíquica.

A libertação veio por intermédio daquele rosto, tão semelhante ao do opressor, mas tão *diverso* em seu modo de falar: mais complexo, mais rico, mais frondoso. Em vez de Shakespeare e Nestroy, recebi dele a Bíblia; não de forma coercitiva, mas como *uma* dentre muitas possibilidades, também ela intacta, presente na forma exata em que fora escrita. Quando, num contexto qualquer, a Bíblia era mencionada em nossas conversas, era-me dado ouvir dela longas passagens — a princípio, sem entendê-las; depois, traduzidas prontamente, frase por frase, por um poeta: uma tradução iluminada e fundamentada em todos os seus detalhes, por cujo privilégio de ouvir o mundo inteiro teria me invejado. Somente eu a ouvia, sem pedi-lo, e no momento mesmo em que estava brotando. Naturalmente, ouvi de Sonne muitas outras citações, a maior parte das quais, no entanto, já conhecia: não me transmitiam o sentimento de serem a verdadeira essência, infantil e sábia, daquele que as estava pronunciando. Só então me familiarizei com as palavras dos Profetas, com os quais eu deparara quinze anos antes, sob a forma das pinturas de Michelangelo, e a impressão que estas haviam me causado fora tão extraordinária que me manteve afastado das palavras deles. Estas eram-me, agora, apresentadas pela boca de *um único* homem, como se nele estivessem reunidos todos os Profetas. Sonne assemelhava-se a eles na mesma medida em que deles diferia: não como um fanático, mas como alguém impregnado do tormento do porvir, sobre o qual me falava aparentemente sem emoção. Faltava-lhe, afinal, aquela emoção mais terrível dos Profetas, que queriam ter razão mesmo quando preconizavam o pior. Sonne teria dado o próprio ar que respirava para *não* ter razão. Anteviu a guerra, que odiava, e seu transcorrer. Sabia como poderia ser ainda evitada e teria feito qualquer coisa para invalidar sua medonha profecia. Ao nos separarmos, após uma amizade de quatro anos — eu fui para a Inglaterra; ele, para Jerusalém (jamais nos escrevemos) —, sucedeu-se passo a passo, em cada detalhe, tudo o que ele me dissera que aconteceria. Fui duplamente atingido pelos acontecimentos: vivenciei o que já conhecia, pois o ouvira de sua boca. Havia tanto tempo carregava-o dentro de mim, e então, impiedosamente, tudo se tornou realidade.

Muito tempo após a morte de Sonne, descobri a razão de sua postura mais do que ereta, um tanto rija ao caminhar. Quando jovem, ao cavalgar — creio que em Jerusalém —, caíra do cavalo, ferindo a coluna vertebral. Não sei dizer como ele se recuperou, ou se dali em diante precisou usar algo para apoiar as costas. Mas essa era a causa de sua postura, que muitos, num exagero poético, caracterizavam como seu ar "régio".

Poeta régio parecia-me, de fato, quando traduzia os Salmos ou os Provérbios. O mais espantoso era que esse mesmo homem, profeta e poeta ao mesmo tempo, pudesse desaparecer completamente; tornar-se invisível por detrás de seus jornais — essa ausência de uma cor definida, como se poderia dizer —, mas percebendo tudo que se passava à sua volta; e viver sem qualquer ambição.

Destaquei aqui *um único* dentre os temas de nossas conversas no Café Museum, o bíblico. Não tendo enumerado os demais, é possível que tenha suscitado a impressão de que Sonne pertencia àqueles que ostentam sua condição de judeus. Fazia precisamente o contrário. Jamais utilizou a palavra "judeu", nem em relação a ele próprio, nem em relação a mim. Tratava-se de uma palavra da qual prescindia, indigna dele, tanto como reivindicação de uma condição quanto como alvo de uma corja odiosa. Sonne estava impregnado da traição judaica, mas não fazia dela motivo de orgulho perante os outros; não computava as glórias dessa tradição (as quais conhecia melhor do que ninguém) como mérito *próprio*. A mim pareceu que ele não era um crente. O respeito que tinha por todo ser humano o impedia de excluir quem quer que fosse, mesmo o mais vil, do direito total à humanidade.

Sonne era, em muitos sentidos, um modelo: desde que o conheci, ninguém mais pôde sê-lo para mim. E o era da maneira que os modelos têm de ser, para que exerçam sua influência: pareceu-me então, cinquenta anos atrás, inatingível; e assim permaneceu.

A OPERNGASSE

Anna recebia muitas visitas em seu ateliê, no pavimento térreo da Operngasse, 4, no centro da cidade. O verdadeiro cen-

159

tro de Viena era, claro, a Ópera, e parecia apropriado que a filha de Mahler, após ter se livrado definitivamente dos grilhões do casamento, viesse a viver exatamente ali, onde seu pai — o imperador supremo da música em Viena — exercera seu poder. Aqueles que conheciam sua mãe e eram recebidos na casa desta, na Hohe Warte, sem desejar nada para si, aqueles que eram famosos o suficiente para necessitarem de um repouso em meio à carreira — esses vinham de bom grado visitar Anna, quando tinham uma pausa em suas atividades.

Havia, porém, algo mais que os atraía: as cabeças que Anna esculpia, tendo-os como modelos. As pessoas ilustres que Alma apreciava vincular a si própria — sua coleção, da qual, de tempos em tempos, escolhia alguém para casar ou divertir-se — eram reduzidas ou, talvez se deva dizer, alçadas por Anna a uma galeria de retratos. Todos os suficientemente famosos tinham sua cabeça solicitada: poucos não a entregavam de bom grado. Assim, com frequência podia-se encontrar alguém conversando animadamente no ateliê de Anna, enquanto tinha sua cabeça modelada por ela. Minha visita não era, então, indesejada, pois eu enredava os modelos em conversas que auxiliavam Anna em seu trabalho. Por certo, também ela ouvia com atenção, enquanto modelava. Muitos eram da opinião de que seu verdadeiro talento residia nessa área.

Eu gostaria de mencionar algumas das pessoas que a visitavam e, assim, compor uma espécie de galeria própria. Muitos deles eu já conhecia, quer fosse da Maxingstrasse, quer da Hohe Warte. Dentre estes estava Zuckmayer, de quem Anna também esculpiu a cabeça. Ele acabara de retornar da França e contava suas impressões da viagem. Fazia-o vividamente, de um modo dramático e transbordante. O assunto era, então, que, para qualquer lugar que se fosse na França, encontrava-se *monsieur* Laval: era a pessoa mais vista, *o* rosto universal. Entrava-se num restaurante, e, estando-se ainda junto à porta, quem vinha ao nosso encontro? *Monsieur* Laval! No café, superlotado de gente, procurava-se por um lugar, e quem se le-

160

vantava para ir embora, de modo que pudéssemos nos sentar? *Monsieur* Laval! No hotel, revezavam-se os porteiros: *monsieur* Laval! Acompanhava-se a esposa às compras na Rue de la Paix e quem a atendia? *Monsieur* Laval! Mais e mais histórias de encontros com *monsieur* Laval se seguiram: era a figura pública, a imagem e semelhança dos franceses. Hoje, que se sabe do desenrolar posterior dos acontecimentos, isso soa mais ominoso. À época, tinha algo de burlesco. O cativante nisso tudo não era propriamente o caráter teatral do que era contado, mas antes a crueza efusiva do narrador. O ponto alto era a repetição. Sempre, sob centenas de formas, esbarrava-se com o *mesmo* homem: todos eram ele e ele era todos. Porém, em nenhum desses esbarrões sentia-se estar diante de um *monsieur* Laval real, mas sim de Zuckmayer, como se este estivesse em cima de um palco, travestido de Laval. Só ele falava, sem se preocupar com quem o estava ouvindo. Não havia ninguém ali, além de Anna e de mim. Eu me sentia como se transformado em *muitos* ouvintes: assim como Zuckmayer representava os papéis dos muitos Laval, eu representava os dos muitos ouvintes. Eu era todos eles, e todos que era espantavam-se com a quase inacreditável *inocuidade* que irradiava dele — uma atmosfera de carnaval, na qual nada de realmente mau acontecia, todo o mal tendo sido transformado pelo cômico. Hoje, ao reviver em mim aquela animada história do *monsieur* Laval, chama-me a atenção, sobretudo, a maneira pela qual o caráter sinistro daquele personagem converteu-se, para Zuckmayer, numa comédia de situação.

Encontrei também, no ateliê de Anna, figuras que cativavam por sua beleza, beleza até mesmo de caráter bem puro, como as que as máscaras mortuárias encarnavam para mim. Dentre estas, afetou-me a visão de De Sabata, o regente. Ele estava, então, atuando na Ópera e vinha até o ateliê nos intervalos dos ensaios. Para tanto, bastava atravessar a rua — a Operngasse —, o ateliê de Anna era como um anexo do palco. Era assim que De Sabata devia senti-lo, pois vinha do púlpito de Mahler. Apenas alguns passos o separavam da filha deste, e não apenas fazia sentido que

161

fosse ela a conferir-lhe ao semblante a pretendida eternidade, mas isso representava também — assim me pareceu — o coroamento da vida do regente. Às vezes eu estava lá, quando ele aparecia — uma figura alta, rápida e segura que, a despeito de sua pressa, tinha algo de sonâmbula. Bastante pálido, seu rosto tinha a beleza de um cadáver, mas de um que não se assemelhava a ninguém, embora os traços fossem regulares. Ele parecia andar de olhos fechados, os quais, no entanto, enxergavam: quando pousavam sobre Anna, havia neles um quê de felicidade. Para mim, não foi um acaso que a cabeça de De Sabata tenha se tornado uma das melhores de Anna.

A cabeça de Werfel também foi modelada na Operngasse, por volta daquela época. Certamente, agradou-lhe ser retratado a uma tal proximidade da grande morada das árias. Werfel apreciava ficar sentado ali: era um ateliê bastante simples, longe tanto da suntuosidade da casa na Hohe Warte quanto do palácio de seu editor, na Maxingstrasse. Eu evitava aparecer por lá quando sabia da sua presença. Mas, às vezes, eu ia sem avisar. Gostava particularmente de fazê-lo e, numa dessas ocasiões, acabei por topar com Werfel, sentado no pequeno pátio com cobertura de vidro, no térreo da Operngasse, 4. Ele me devolveu o cumprimento como se nada tivesse acontecido, não traindo o menor sinal de ressentimento pelo que me fizera. Foi até mesmo altruísta a ponto de me perguntar como eu estava passando, conduzindo a conversa, imediatamente após, para Veza, cuja beleza admirava. Certa vez, em uma das reuniões da Hohe Warte, Werfel se ajoelhara diante dela para, de corpo inteiro, cantar-lhe uma ária de amor. Cantou-a até o fim, apoiado num único joelho, só se levantando ao se convencer de que sua apresentação fora tão bem-sucedida quanto a de um tenor profissional. Tinha uma boa voz. Werfel comparava Veza a Rowena, a famosa atriz da (companhia de teatro) Habima que, em Viena, representara o papel principal em *O Dibuk*, entusiasmando a todos. Veza absolutamente não teria podido receber elogio maior, tanto mais que, afinal, cansara-se das metáforas andaluzas. Não se tratava, porém, de um elogio: Werfel, de fato, acreditava nisso quando o dizia. Provavelmente, sempre acreditava no que dizia, sendo esta, talvez, a razão da impressão suspeitosa que causava em naturezas mais críticas. Os que procuravam defendê-lo, a despeito da antipatia que ele inspirava, chamavam-no "um maravilhoso instrumento".

Era notável observar Werfel simplesmente *sentado*, sem fazer nada de especial. Estava-se acostumado a ouvir-lhe as proclamações ou o canto, atividades que, nele, facilmente se interpenetravam. Em conversas, ocasiões em que sempre pontificava, permanecia em pé. Tinha ideias sempre à disposição, arruinando-as prontamente com sua verborragia. Seu interlocutor, desejando refletir um pouco, ansiava por uma pausa, um único instante de silêncio, nada mais, e logo vinha a enxurrada de palavras, arrastando tudo consigo. Werfel considerava importante tudo que dele provinha: a maior bobagem se revestia de um tom tão premente quanto o inaudito e o surpreendente. Era incapaz de dizer o que quer que fosse sem emoção, o que se devia à sua natureza, mas também à profunda convicção por ele depositada no que dizia. A propensão para o canto diferenciava-o de um pregador, mas, como este, era quando estava em pé que ele se sentia mais próximo de si mesmo. Era nessa mesma posição que escrevia seus livros, diante de um púlpito. Julgava que suas palavras de louvor se originassem do altruísmo. Abominava o saber tanto quanto a reflexão. Justamente para não refletir, dizia logo tudo de uma vez. Tendo assimilado muita coisa de outros, retumbava-as com frequência, como se fosse ele próprio a fonte de tão grande sabedoria. Werfel transbordava de sentimentos; borbulhava, gordo como era, de amor e emoção: esperava-se mesmo encontrar algumas poças em torno dele, e era quase decepcionante verificar que o chão ao seu redor estava tão seco quanto ao redor dos outros. Não se resignava de bom grado a ficar sentado, a não ser que estivesse ouvindo música — momento importante, em que, ávido, recarregava-se de sentimentos. Por diversas vezes perguntei a mim mesmo o que aconteceria com ele se, durante três anos inteiros, não houvesse

163

na face da terra ópera alguma para se ouvir. Acredito que ele teria minguado e desaparecido de inanição, não sem irromper num canto fúnebre, antes que o fim chegasse. Outras pessoas alimentam-se do saber, após terem se torturado o suficiente à sua procura; Werfel se alimentava de notas musicais, que incorporava com emoção.

Anna fez um esplêndido trabalho da feia cabeça de Werfel. Ela, que repudiava todo o grotesco quando este não se revestia da coloração dos contos de fada, exagerou a obesidade de sua cabeça — composta principalmente de gordura —, esculpindo-a em escala sobre-humana e, assim, conferindo-lhe uma pujança que absolutamente não possuía. Ele nem sequer fez uma má figura em meio às cabeças de grandes homens espalhadas pelo ateliê de Anna, cujo número aumentava rapidamente. Não podia ser como a de De Sabata, tão bela quanto a máscara mortuária de Baudelaire. Contudo, podia-se muito bem equipará-la à de Zuckmayer.

Dentre as visitas que Anna recebia, havia também — para mim — grandes surpresas: se seu ateliê atraía os que trabalhavam na Ópera — certamente uma atração compreensível e legítima —, vinham também alguns dos que faziam compras na Kärntnerstrasse. Um dia, tendo eu já me acomodado e principiado a contar algo a Anna, Frank Thiess entrou pelo ateliê com sua mulher — um casal elegante, vestindo casacos claros de lã. Pacotes de formatos diversos pendiam-lhes por todos os dedos, nem pesados, nem grandes, como se fossem pequenas amostras de mercadorias valiosas. Estenderam a mão para o cumprimento, e a impressão que se tinha era de que estavam oferecendo presentes a escolher. Desculparam-se, porém, por precisarem partir em seguida, não se desvencilhando de modo algum dos presentes. Thiess falava muito rápido e com uma voz bastante aguda, seu alemão soando com uma coloração do norte. Embora estivessem sem tempo algum, não teriam podido passar por ali sem dar uma entradinha para cumprimentar a artista, explicou, acrescentando que voltariam para olhar as esculturas numa outra oportunidade.

Apesar da pressa, seguiu-se o relato de uma enxurrada de episódios ocorridos nas lojas da Kärntnerstrasse. Eu jamais estivera em um único desses estabelecimentos e ouvia a tudo como se se tratasse de uma expedição exótica. Era mais uma torrente veloz do que propriamente um relato. A narração se dava em pé, pois tempo para acomodar os pacotes e o casaco não havia. Volta e meia, sacudidos ligeiramente por Frank, os próprios pacotes testemunhavam que procediam precisamente daquela loja sobre a qual, naquele momento, ele estava falando. Logo todos estavam balançando como marionetes em seus dedos. Tudo ficou perfumado: em poucos minutos, a pequena sala ao lado do ateliê, para onde Anna costumava conduzir as visitas, ficou impregnada dos mais finos odores, exalados não pelos pacotes, mas pelos episódios narrados, ocorridos durante as compras. Não se falou de nenhum outro assunto, à exceção de uma menção à mãe de Anna, uma ligeira homenagem. Após terem partido — e, ao se despedirem, não mais estenderam a mão cheia de pacotes, por medida de precaução —, perguntei a mim mesmo se alguém de fato estivera ali. Anna, que não era de emitir palavras depreciativas sobre as pessoas, encaminhou-se novamente até sua escultura e deu-lhe um bofetão. O mundo das compras — que acabara de fluir e refluir rapidamente pelo seu ateliê — não lhe era tão estranho quanto o era para mim. Ela o conhecia por intermédio da mãe, a quem amiúde acompanhara até a Kärntnerstrasse e ao Graben. Todavia, era um mundo que Anna detestava e que abandonara ao deixar o marido — marido para o qual a mãe a empurrara por razões de política familiar.

Anna se libertara de todas as suas obrigações relativas às recepções na Maxingstrasse. Não precisava mais respeitar as convenções de grupo social algum, nem perder tempo, pois não estava sob o controle de ninguém. Se algo a irritava, recorria ao cinzel. Queria tornar seu trabalho o mais duro possível para si própria. A avidez pelo monumental, porque este demanda o trabalho mais árduo, foi o que aprendera com Wotruba, ao qual nenhum laço mais profundo a unia. Na firmeza da vontade, que marcava a metade inferior do rosto, Anna se parecia bastante com o pai.

As visitas de Thiess a Anna eram uma espécie de formalidade. Talvez ele próprio não soubesse que nada tinha a dizer. Suas rápidas escalas, que se detinham mais longamente nas notas agudas, ele as podia tocar para qualquer um. Mas seu editor era Paul Zsolnay, o marido que Anna abandonara. Sua visita um tanto fugaz a Anna, em meio à excitação das compras na Kärntnerstrasse, fora um gesto amigável, uma espécie de declaração de neutralidade. Ter aparecido já o deixara satisfeito; talvez, até soubesse que trouxera preso aos dedos tudo aquilo que ela perdera ao fugir de Zsolnay.

Só os escritores realmente "livres", os que eram suficientemente conhecidos e muito lidos, e que, portanto, não dependiam de suas editoras, pois qualquer outra os teria aceitado de bom grado, só aqueles considerados famosos no universo literário de então, podiam se dar ao luxo de honrar Anna com sua visita. As pessoas entravam e saíam de seu ateliê, e a identidade dos visitantes logo se espalhava. Quanto aos que eram vistos como lacaios da editora, era melhor que não aparecessem. Muitos dos que outrora a haviam adulado, que teriam dado tudo para serem convidados para suas recepções, evitavam-na agora, mantendo-se distantes da Operngasse. Havia ainda alguns que, subitamente, começaram a falar mal dela. A mãe, que tinha grande influência na cena musical vienense, era poupada, embora exalasse calculismo e política dinástica por todos os poros.

Anna expôs-se aos mexericos da cidade. Era corajosa e assim permaneceu sempre, construindo para si, no pequeno ateliê da Operngasse, uma espécie de museu particular de cabeças famosas. Era legítimo que assim fizesse, contanto que suas cabeças obtivessem êxito, caso de forma nenhuma raro. Ela não suspeitava do quanto seu museu era um reflexo da vida de sua mãe.

Quanto a esta, estava interessada em poder, sob qualquer de suas formas, particularmente na fama, mas também no dinheiro e no poder que confere prazer. Fundamental em Anna, ao contrário, era algo mais importante: a enorme ambição de seu pai. Queria trabalhar e fazê-lo da forma mais dura possível. Encontrou em Wotruba, seu professor, exatamente o trabalho duro, longo e pesado de que precisava. Não fez de sua condição de *mulher* uma desculpa: estava decidida a trabalhar tão pesado quanto seu forte e jovem professor. Nunca teria ocorrido a ela que o trabalho de Wotruba estava vinculado a um destino de outra espécie. Anna não diferenciava as pessoas de acordo com sua origem. Enquanto sua mãe pronunciava a palavra "proletário" com o mesmo desprezo que sentia por escravos, como que a excluí-los todos da espécie humana — seres compráveis e necessários; no máximo, se se tratasse de um homem excepcionalmente belo, útil também para o amor —, enquanto engrandecia de bom grado aqueles que já eram grandes, Anna não fazia absolutamente diferença alguma entre os seres humanos. Para ela, origem e posição social nada significavam: importavam-lhe apenas as pessoas enquanto tais. Mas logo tornou-se claro que essa postura bela e nobre não basta: para saber se as pessoas têm algum valor, é necessário não apenas colher experiências, mas também tê-las *registradas* em si próprio.

Muito importante em Anna era seu desejo de liberdade, a principal razão pela qual ela se desvencilhava velozmente de todos os seus relacionamentos. Esse seu desejo era tão forte que se poderia pensar que ela não levava a sério todos os novos relacionamentos a que dava início: planejara desde o começo sua curta duração. Contrapunham-se a isso as cartas "absolutas" que escrevia e as declarações particularmente "absolutas" que esperava. Talvez as cartas que lhe eram escritas fossem para ela mais importantes do que o próprio amor. Fascinavam-na, sobretudo, as histórias que lhe eram contadas.

Eu a visitava com frequência, especialmente desde que montara seu ateliê na Operngasse, fazendo-lhe relatos sobre todas as coisas em que estava interessado. Expunha-lhe o que estava acontecendo no mundo e o que eu estava escrevendo. Por vezes, quando eu estava impregnado de minhas conversas com

Sonne, podia acontecer de reproduzi-las para ela, falando, então, de assuntos bastante sérios. Ela sempre ouvia com atenção, parecendo fascinada. Quando, afinal, após muito refletir, levei Sonne até seu ateliê — a filha de Gustav Mahler o interessava —, oferecendo a ela o que, para mim, havia de melhor no mundo, a mais suave dentre todas as criaturas — e o fiz com o respeito que devia a ele e que, mesmo diante dela, não ocultava —, Anna reagiu com a generosidade que era a mais bela de suas qualidades: tomou-o pelo que era, admirou-o — apesar de sua aparência ascética —, ouviu-o com a mesma atenção com que costumava me ouvir, mas também com a dose de solenidade que eu esperava diante de Sonne, e pediu-lhe que voltasse mais vezes. Na primeira oportunidade em que estivemos novamente a sós, ela o elogiou, considerando-o mais interessante do que a maioria das pessoas, e, a partir de então, perguntava-me frequentemente quando é que ele viria de novo.

Sonne fizera-me algumas observações bastante perspicazes acerca das cabeças que Anna esculpia, observações que passei a ela. Mesmo nas esculturas maiores, ele identificara uma ainda intacta ânsia romântica. Disse-me também que Anna não dispunha ainda do acesso ao trágico e que não tinha sequer um mínimo em comum com Wotruba, pois estava impregnada de música, algo do qual seu professor estava inteiramente livre. Eram, na verdade, esculturas — prosseguiu ele — que pertenciam à esfera musical do pai, resultantes de muitas incursões ali, esculpidas mais pela vontade do que pela intuição. Segundo Sonne, não se poderia dizer que futuro teria o trabalho dela: talvez, a partir de uma *ruptura* qualquer na vida de Anna, resultassem em algo grande. Ele falava com benevolência, pois tinha consciência do quanto ela significava para mim, e por nada neste mundo teria me ferido. Contudo, pela maneira com que projetava para o futuro a esperança no trabalho dela, pressenti que Sonne encontrara ali pouca originalidade. Em relação às cabeças, por outro lado, tinha algo de positivo a dizer. Gostou particularmente da de Alban Berg. Já a de Werfel, julgou-a tão afetada quanto seus romances sentimentais, que repudiava, dizendo-me que ele a contaminara consigo próprio: Anna amplificara ainda mais todo o vazio e o patético em Werfel, a tal ponto que muitos dos que conheciam bem aquela cabeça absolutamente feia, como ela era na realidade, a tomariam, esculpida, por importante.

Anna ouvia Sonne com a mesma atenção com que eu o ouvia. Jamais o interrompia ou fazia perguntas, nunca se cansando de ouvi-lo. Quando ele vinha visitá-la, dificilmente se demorava por mais de uma hora. Era gentil e, cercado por pedra, pó e cinzel, presumia que ela desejava voltar ao trabalho. Ele depreendia de suas ferramentas a determinação com a qual ela trabalhava, não precisaria ver-lhe as esculturas para sabê-lo. Sonne ficou impressionado com a semelhança que a metade inferior de seu rosto — a porção que aloja a vontade — tinha com a do pai. Apenas nisso é que se reconhecia em Anna a filha de Mahler; de resto — olhos, testa e nariz —, não se parecia nem um pouco com este. Era mais bela quando ouvia atenta, imóvel, os olhos bem abertos imbuídos de nada mais do que aquilo que estava ouvindo: uma criança para quem relatos sérios, às vezes secos, mas sobretudo completos, transformavam-se em contos de fadas. Assim também ela ficava quando eu lhe contava alguma coisa. Agora era Sonne quem estava ali, alguém cujas palavras me eram tão importantes quanto as da Bíblia, quando ele as recitava diante de mim, e eu ouvia atento as coisas bem diferentes que dizia a Anna, podendo observar, sem acanhamento, a maneira como ela o escutava. Vendo-a ali, eu sentia que ela não estava mais no mundo de sua mãe, mas para além do sucesso e do proveito próprio. Sabia que, em essência, Anna era mais refinada e nobre do que sua mãe, que não era nem gananciosa nem hipócrita, mas que o jogo de poder da velha e maciça senhora a impelia continuamente a situações que nada tinham a ver com ela, que não lhe diziam respeito, na quais tinha de agir de acordo com as instruções, como uma marionete manipulada por fios malignos.

Somente em seu ateliê ela estava livre disso, razão pela qual, talvez, se apegasse tanto ao trabalho: seria a última coisa que a

169

mãe a exortaria a fazer, pois, comparado ao esforço que custava, o trabalho de Anna não era lucrativo. Contudo, ela não me parecia sentir-se completamente livre quando era eu quem estava com ela. Embora Anna apreciasse minhas visitas, elas estavam sempre vinculadas a um esforço incessante, à minha capacidade de invenção, algo de que eu estava tão consciente que não me teria concedido o direito de permanecer em seu ateliê se nenhuma ideia me ocorresse. Quando eu trazia Sonne para visitá-la, ela parecia realmente livre. Então, Anna entregava-se, sem hesitação ou afetação, a um aprendizado cuja profundidade e pureza percebia: um aprendizado que não lhe trazia proveitos, que não podia aplicar e que tampouco teria impressionado alguém na corte de sua mãe, pois lá o nome Sonne nada significava. Aliás, como ele não desejava ter nome algum e, por isso mesmo, nenhum tinha, nem sequer o teriam convidado.

Quando, ao final de uma hora, ele se levantava e partia, eu permanecia no ateliê. Seguramente, Sonne julgava ser meu desejo ficar ali ainda algum tempo. O que me detinha, porém, era apenas vergonha. Parecia-me impróprio acompanhá-lo ao deixar o ateliê. Eu o trouxera até ali na qualidade de uma espécie de guarda-costas a mostrar o caminho à pessoa singular que ele era. Agora, já conhecia o caminho e desejava recolher-se. Em seu caminho de volta não deveria ser perturbado por quem quer fosse: mesmo após sua partida, ele permanecia absorto em pensamentos e, consigo mesmo, dava prosseguimento à conversa interrompida. Tivesse ele manifestado tal desejo, eu o teria acompanhado. Mas, ainda uma vez, era por demais escrupuloso para fazê-lo. Sonne considerava-me um privilegiado pela frequência com que eu ia ao ateliê de Anna. Isso, porém, era tudo o que sabia a nosso respeito. Não me teria ocorrido contar-lhe mais acerca de um assunto tão particular. Talvez ele suspeitasse do quanto eu estava deprimido. Mas não creio, pois jamais tentou me consolar à sua maneira inimitável, ou seja, descrevendo-me uma situação aparentemente bem distinta, que nada mais seria do que uma transposição da minha própria. Assim, permaneci no ateliê, e no dia seguinte, ao nos reencontrarmos no Café Museum, Sonne não fez nenhuma menção à visita. Eu tampouco me demorara, após sua partida: esperei apenas o suficiente para que não pudesse mais alcançá-lo no caminho e, então, inventei um pretexto para me despedir de Anna. Nada discutimos a respeito de Sonne. Ele permaneceu intocável.

III. O ACASO

MUSIL

Musil estava sempre armado para a defesa e para o ataque, sem que isso despertasse a atenção. Tal postura era sua segurança, e, embora se pudesse pensar em uma armadura, tratava-se, antes, de uma carapaça. A nítida separação que interpunha entre si próprio e o mundo não era algo de que se revestira, mas algo que crescera nele. Musil não se permitia quaisquer interjeições, evitava as palavras carregadas de emoção. Toda afabilidade lhe era suspeita. Ele traçava fronteiras entre todas as coisas, como o fazia em torno de si próprio. Desconfiava de amálgamas e irmanações, de excessos e exageros. Era um homem do estado sólido de agregação e evitava os líquidos tanto quanto os gases. Com a física, estava bem familiarizado; não apenas a estudara, incorporara-a ao próprio espírito. Provavelmente jamais houve um outro escritor que tenha sido também, e em tal medida, físico, e que assim tenha permanecido ao longo de toda a sua vida e obra. Musil não tomava parte em conversas inexatas. Quando se via em meio aos costumeiros tagarelas, dos quais não se podia escapar em Viena, recolhia-se para dentro de sua concha, emudecendo. Quando estava entre cientistas, sentia-se em casa, demonstrando naturalidade. Das conversas exigia que tivessem pontos de partida e de chegada precisos. Sentia desprezo e ódio pelos caminhos tortuosos. Contudo, o que perseguia não era de modo algum a *simplicidade*: tinha um instinto iniludível para a insuficiência do simples, e era capaz de aniquilá-lo com um retrato pormenorizado. Dispunha de um espírito rico demais, ativo e aguçado demais, para encontrar satisfação na simplicidade.

Qualquer que fosse a companhia, ele jamais se sentia inferior. Embora raramente almejasse de fato colocar-se em evidência e lançar-se a um combate, Musil, sempre que se encontrava na companhia de muitas pessoas, encarava qualquer controvérsia como se se tratasse de um desafio. O combate acontecia mais tarde, anos mais tarde, quando ele estava sozinho. Musil nada esquecia, preservava cada confronto em todos os seus detalhes, e, uma vez que triunfar sobre todos eles constituía uma exigência interna de sua natureza, era-lhe já por isso impossível concluir uma obra que pretendia abarcá-los todos.

Musil esquivava-se de contatos indesejados. Queria permanecer senhor de seu corpo. Acredito que não gostava de dar a mão. Como os ingleses, apreciava bastante evitar essa forma de cumprimento. Mantinha ágil e forte o corpo, sob seu total controle. Dedicava-lhe maior atenção do que era usual entre os intelectuais de seu tempo. Para ele, esporte e higiene eram uma coisa só: determinavam a divisão de seu dia e prescreviam-lhe o modo de vida. Inseria, em cada personagem que concebia, um homem saudável: ele próprio. O que possuía de mais singular destacava-se de algo do qual sua saúde e vitalidade tinham consciência. Dotado de um entendimento infinito, porque via com precisão e era capaz de pensar com precisão maior ainda, Musil nunca se perdeu em um personagem. Conhecia a saída, mas a adiava de bom grado, por sentir-se tão seguro de si.

Enfatizar-lhe a disposição de competir não significa diminuir-lhe a importância. Sua postura em relação aos homens era a de luta. Não se sentiu deslocado na guerra, mas viu nela uma provação pessoal. Como oficial, tentou compensar por meio do cuidado para com seus subalternos aquilo que, entendendo como a brutalização da vida, o atormentava. Posicionava-se em relação à sobrevivência de um modo natural ou, digamos, tradicional, do qual não se envergonhava. Terminada a guerra, a competição ocupou-lhe o lugar, e nisso ele se assemelhava aos gregos.

Um homem que passou o braço em torno de Musil — como fazia com todos aqueles que pretendia acalmar ou conquistar para si — tornou-se a mais persistente de seus personagens. Não o salvou o fato de ter sido assassinado. O indesejado contato de seu braço manteve-o vivo ainda por vinte anos.

173

Ouvir Musil falar era uma experiência singular. Não era afetado. Era demasiadamente ele próprio para lembrar um ator. Jamais ouvi alguém dizer que o flagrara representando um papel. Ele falava com grande rapidez, mas nunca de forma precipitada. Ouvindo-o falar, não se percebia que vários pensamentos acossavam-no ao mesmo tempo: antes de os expressar, ele os desembaraçava. Em tudo o que dizia imperava uma ordem sedutora. Musil demonstrava desprezo pelo enlevo da inspiração, principal traço distintivo alardeado pelos expressionistas. Para ele, inspiração era algo por demais precioso para ser utilizado com fins exibicionistas. Nada o enojava mais do que a boca espumante de Werfel. Musil tinha pudor e não ostentava a inspiração. Subitamente, abria-lhe espaço em imagens inesperadas e espantosas, mas logo lhe impunha novamente fronteiras, através do curso límpido de suas frases. Era um opositor da linguagem transbordante; quando para surpresa geral, expunha-se àquela de um outro escritor, fazia-o apenas para, decidido, atravessar a nado a torrente, provando a si mesmo que sempre, mesmo em meio às águas mais turvas, haveria uma margem oposta. Musil sentia-se bem quando deparava com um obstáculo a superar, mas jamais deixava transparecer a decisão de lançar-se ao combate. De repente, lá estava ele, seguro, em meio à discussão. Não se atentava para a luta em si, cativado que se ficava por seu objeto e, embora diante do vencedor — maleável, mas inamovível —, não se tinha mais em mente sua vitória, já que o próprio objeto da luta tornara-se por demais importante.

Esse, no entanto, era apenas um dos aspectos do comportamento público de Musil, pois, lado a lado com sua segurança, caminhava a maior suscetibilidade que jamais conheci. Para sair de dentro de si tinha de estar em companhia de pessoas que lhe reconheciam a posição. Musil não funcionava em qualquer lugar, precisava de certos elementos rituais. Havia pessoas das quais só calando era capaz de se proteger. Podia-se perceber claramente que ele tinha um quê de tartaruga, e dele muitos conheciam apenas a carapaça. Se o ambiente não lhe era apropriado, Musil permanecia mudo. Era capaz de entrar num café e, mais tarde, deixá-lo sem ter pronunciado uma única frase. Não acredito que isso lhe fosse fácil: embora seu rosto nada deixasse transparecer, ele se sentia ofendido durante todo o tempo em que permanecia calado. Tinha razão em não reconhecer em pessoa alguma distinção superior à sua; dentre aqueles que eram considerados escritores não havia em Viena, talvez nem mesmo em todo o domínio da língua alemã, um único que tivesse sua importância.

Musil sabia de seu valor, um ponto crucial a respeito do qual nunca teve dúvidas. Um número reduzido de pessoas o sabia também, mas não bem o bastante para ele, pois, para dar maior peso à importância que atribuíam a Musil, elas costumavam situar um ou outro nome ao lado do seu. Nos últimos quatro ou cinco anos de Áustria independente — quando Musil retornou de Berlim para Viena —, podia-se ouvir uma tríade de nomes nos estandartes alçados pela vanguarda: Musil, Joyce e Broch ou Joyce, Musil e Broch. Hoje, cinquenta anos depois, refletindo-se um pouco sobre a reunião desses três nomes, parece bastante compreensível que Musil não se alegrasse com essa excêntrica trindade. Ele rejeitava categoricamente o *Ulysses*, então publicado em alemão. A atomização da linguagem repugnava-o profundamente: quando ele se pronunciava a respeito, o que fazia muito a contragosto, caracterizava-a como ultrapassada, já que decorria de uma psicologia associativa que, segundo ele, estava superada. Durante sua estada em Berlim, travara contato com os fundadores da Gestalt, à qual atribuía grande importância e, provavelmente, vinculava sua principal obra. O nome Joyce era-lhe enfadonho: o que este fizera nada tinha a ver com o que ele fazia. Quando eu lhe contei de meu "encontro" com Joyce — encontro que tivera em Zurique, no princípio de 1935 —, ele ficou impaciente. "E o senhor acha isso importante?", perguntou-me, e posso dizer que tive sorte por ele apenas mudar de assunto, em vez de simplesmente interromper a conversa.

Totalmente intolerável para Musil, no que diz respeito à

literatura, era o nome de Broch. Ele o conhecia já havia muito tempo como industrial, mecenas e estudante tardio de matemática. Como escritor, absolutamente não o levava a sério. A trilogia de Broch parecia-lhe uma cópia de sua própria obra, na qual vinha trabalhando havia décadas. O fato de Broch, que mal começara a sua, já tê-la concluído despertava em Musil a mais profunda desconfiança. Com relação a esse assunto, ele não tinha papas na língua: jamais ouvi dele uma palavra favorável a Broch. Não sou capaz de me lembrar de opiniões isoladas que ele manifestou a respeito de Broch, talvez porque me encontrasse na difícil situação de ter ambos em alta conta. Um relacionamento tenso entre eles me teria sido insuportável, que dirá uma briga. Pertenciam ambos — disso eu não tinha a menor dúvida — a um grupo bastante reduzido de pessoas que faziam da literatura um trabalho pesado, que não escreviam pela popularidade ou pelo sucesso ordinário. É possível que, à época, isso para mim fosse até mesmo mais importante do que suas obras.

À menção daquela trindade, Musil devia sentir-se bastante estranho. Como poderia acreditar que alguém de fato percebera o significado de sua obra, se essa mesma pessoa, num fôlego só, mencionava também Joyce, que para ele incorporava o oposto do que pretendia? Assim, ele, que não existia para o leitor da literatura cotidiana — de Zweig a Werfel —, estava também ali, no estandarte alçado pela vanguarda, em uma companhia que lhe parecia imprópria. Quando amigos lhe transmitiam o quanto uma determinada pessoa admirava *O homem sem qualidades* e quão feliz ela ficaria em conhecê-lo, a primeira pergunta de Musil era: "Quem mais ele admira?".

A suscetibilidade de Musil foi amiúde utilizada para criticá--lo. Embora eu próprio tenha sido vítima dela, gostaria de defendê-la com a mais profunda convicção. Musil encontrava--se em meio à sua grande empreitada, que pretendia levar até o fim. Não podia se dar conta de que ela apontava duplamente para o infinito: estava destinada a ser imortal, mas também a permanecer inacabada. Não havia na literatura alemã empreitada comparável à dele. Reerguer a Áustria por meio de um romance, quem o teria ousado? Quem teria se arrogado intentar conhecer esse império não por meio de seus povos, mas de seu centro? Eu não poderia aqui sequer começar a falar sobre tudo o mais que essa obra contém. Mas a consciência de Musil de que ele próprio, mais do que ninguém, *era* essa Áustria arruinada deu-lhe o direito todo especial à sua suscetibilidade — direito sobre o qual, evidentemente, ninguém ainda refletiu. Deveria ele permitir que essa incomparável matéria que ele era fosse jogada para lá e para cá? Dever-se-ia admitir que se lhe entulhassem de coisas, permitindo assim que fosse turvada e maculada? A suscetibilidade em relação a si próprio, que parece ridícula quando se trata de *malvolio*, não o é de modo algum quando se trata de um mundo singular, altamente complexo e ricamente constituído que um homem carrega dentro de si e que só se é capaz de proteger por meio dessa suscetibilidade, até que se possa colocá-lo para fora.

A suscetibilidade de Musil nada mais era do que uma proteção contra a turvação e a mistura. Clareza e transparência ao escrever não são qualidades automáticas que, uma vez adquiridas, subsistem. Seu processo de aquisição é contínuo e incessante. O escritor precisa ter a força para dizer a si próprio: eu quero que seja *assim e somente assim*. Para que isso se dê, é necessário que ele seja determinado, que não admita a interferência de tudo o que lhe poderia ser danoso. A tensão entre a vasta riqueza de um mundo já incorporado e tudo aquilo que pretende ainda penetrá-lo, mas precisa ser rechaçado, é enorme. Só aquele que carrega em si esse mundo pode tomar a decisão sobre o julgamento posterior dos outros a esse respeito — especialmente daqueles que não carregam consigo mundo algum — é arrogante e desprezível.

O que uma tal suscetibilidade faz é reagir contra o alimento errado. A fim de compreender isso, faz-se necessário dizer que também uma reputação precisa se alimentar continuamente, para que possa conduzir na direção correta a empreitada daquele que a carrega. Uma reputação em formação possui uma alimentação própria, que somente a ela é dado conhecer e determinar. Enquanto uma obra de tal riqueza estiver sendo gerada, a reputação de suscetível é a melhor de todas.

Mais tarde, quando o escritor que se preservou por meio de sua suscetibilidade e concluiu sua obra estiver morto, quando sua reputação — horrível e inchada como um peixe malcheiroso — estiver exposta em todos os mercados, que venham os escarafunchadores sabichões ditar regras apropriadas de comportamento e denunciar publicamente aquela suscetibilidade como excesso de vaidade. A obra estará presente, não poderão mais aniquilá-la: eles e sua insolência se dissolverão nela e desaparecerão sem deixar traços.

Havia muitos que zombavam do desamparo de Musil diante das coisas materiais. Broch — que estava bastante consciente da importância dele, não tinha qualquer inclinação para a maldade e, certamente, era dotado de grande misericórdia para com os seres humanos — disse-me o seguinte sobre Musil, quando pela primeira vez o mencionei em nossas conversas: "Ele é rei de um império de papel". Queria dizer que apenas em sua escrivaninha, diante do papel, Musil era senhor dos homens e das coisas, mas que, no mais, vivia particularmente à mercê das coisas e das circunstâncias, indefeso e atônito, dependente da ajuda dos outros. Era notório que Musil não sabia lidar com dinheiro e, mais ainda, que tinha aversão por pegá-lo nas mãos. Não gostava de ir sozinho a lugar algum, fazia-se quase sempre acompanhar de sua mulher, que lhe pagava a passagem no bonde e a conta nos cafés. Não levava dinheiro consigo: nunca vi uma moeda ou uma nota em suas mãos. Ter-se-ia podido julgar que dinheiro era incompatível com suas noções de higiene. Ele se recusava a pensar em dinheiro, pois o aborrecia e incomodava. Era-lhe plenamente satisfatório que sua mulher espantasse o dinheiro de sua frente como se tratasse de mosquitos. Com a inflação, ele perdeu tudo que possuía, ficando numa situação bastante difícil. A extensão da empreitada à qual se entregara estava em flagrante contraste com os meios de que dispunha para realizá-la.

Quando regressou a Viena, seus amigos fundaram uma Sociedade Musil, obrigando-se a contribuições mensais que garantissem a continuidade de seu trabalho no *Homem sem qualidades*. Musil tinha conhecimento dessa lista de pessoas e mantinha-se informado acerca de sua pontualidade no pagamento das contribuições. Não creio que a existência dessa sociedade o envergonhasse. Ele era da opinião, correta, de que essas pessoas sabiam o que estavam fazendo. No que lhes dizia respeito, poder contribuir para aquela obra era uma distinção. Melhor teria sido que mais pessoas se juntassem a elas. Sempre suspeitei que Musil via essa Sociedade como uma espécie de ordem na qual ser aceito constituía uma grande honra, e eu me perguntava se dali ele teria excluído criaturas de menor valor. Prosseguir trabalhando numa obra como *O homem sem qualidades* sob tais condições pressupunha um sublime desprezo pelo dinheiro. A Sociedade terminou quando Hitler ocupou a Áustria: a maior parte de seus membros era de origem judaica.

Nos últimos anos de sua vida (quando estava vivendo, totalmente sem recursos, na Suíça), Musil pagou terrivelmente caro por seu desprezo pelo dinheiro. Por mais duro que seja pensar na humilhação que essa situação representou para ele, eu não desejaria ter de Musil uma imagem diferente. Seu soberano desprezo pelo dinheiro — que de modo nenhum estava vinculado a qualquer inclinação por levar uma vida ascética — e a ausência de qualquer talento para ganhá-lo — tão disseminado e ordinário que me envergonho de empregar para tanto a palavra "talento" — pertencem, assim me parece, à mais íntima essência de seu espírito. Não fazia alarde disso, não assumia qualquer pose de rebeldia e nunca tocava no assunto. Orgulhava-se em silêncio de, pessoalmente, não tomar conhecimento disso, ainda que percebendo com exatidão e não negligenciando o que significava para os outros.

Broch era membro da Sociedade Musil e pagava regularmente sua contribuição mensal. Ele próprio não falava sobre isso; descobri-o por intermédio de outras pessoas. A rejeição rude de que, como escritor, era vítima da parte de Musil, a acusação, expressa por este em carta, de que teria copiado o projeto do *Homem sem qualidades* em sua trilogia dos *Schlafwandler* [Sonâmbulos], tudo isso só podia irritá-lo, tornando desculpável que, diante de mim, caracterizasse Musil como "rei de um império de papel". Não atribuo qualquer valor a essa caracterização irônica. Meu desejo é, ao contrário, repeli-la, ainda que tanto tempo tenha se passado desde a morte de ambos. Broch — ele próprio tendo sofrido tanto sob a herança comercial de seu pai — morreu no exílio e, tanto quanto Musil, na miséria. Não queria ser rei e não o foi em coisa alguma. Musil *foi* um rei no *Homem sem qualidades*.

JOYCE SEM ESPELHO

Para mim, o ano de 1935 começou sob o signo do gelo e do granito. Em Comologno, no alto do Val Onsernone maravilhosamente recoberto de gelo, tentei, por algumas semanas, trabalhar em conjunto com Wladimir Vogel numa nova ópera. A tentativa talvez tenha sido um total despropósito: a ideia de me subordinar a um compositor, adaptar-me a suas necessidades, não me agradava nem um pouco. Eu havia imaginado que, como me dissera Vogel, se trataria de um tipo de ópera totalmente novo, no qual compositor e escritor se equipariam. Ficou claro, entretanto, que isso não era de modo algum possível. Eu lia para Vogel o que havia escrito, e ele o ouvia calma e comedidamente. Contudo, sentia-me humilhado por sua maneira aristocrática de expressar aprovação com um gesto de cabeça e uma única palavra — "Bom" — e, em seguida, encorajar-me: "Continue assim!". Se, em vez disso, tivéssemos brigado, teria sido mais fácil para mim. Sua aprovação e, mais ainda, seu encorajamento dissiparam-me o entusiasmo pela tal ópera.

Conservei comigo alguns esboços dela: nada teria podido resultar dali. Ao deixar Comologno, ouvi dele um último "Continue assim!" e tive a sensação de que ele não mais receberia palavra alguma de minha parte. E, no entanto, tinha vergonha de dizer isso a ele, pois que razão teria podido alegar para minha falta de entusiasmo? Tratava-se de uma daquelas situações enigmáticas, recorrentes em minha vida: sentia-me ferido em meu orgulho sem que o "malfeitor" pudesse perceber o que havia se passado, pois ele nada fizera, absolutamente nada. Dera-me a perceber, talvez, e de modo quase imperceptível, que se colocava acima de mim. Eu, de minha parte, só era capaz de me subordinar a alguém por livre e espontânea vontade, cabendo unicamente a mim decidir a quem. Meus deuses, eu os escolhia por conta própria, *eu* os nomeava; e aquele que se julgasse um deles, ainda que realmente o fosse, desse eu me esquivava, pois o sentia como uma ameaça.

Apesar de tudo, as semanas em Comologno não deixaram de ter suas consequências. Num dia ensolarado de inverno, ao ar livre, li a *Komödie der Eitelkeit* para meus anfitriões e para Vogel, encontrando neles melhores ouvintes do que aqueles que tivera nos Zsolnay. A partir de então, meu anfitrião e sua senhora revelaram uma disposição favorável para comigo, sugerindo que eu fizesse uma nova leitura em sua casa em Zurique, na Stadelhoferstrasse, quando de minha viagem de volta de Comologno. Para tais propósitos, eles dispunham de um belo salão e costumavam convidar para suas leituras toda a intelectualidade de Zurique. Assim foi que, ainda em janeiro, teve lugar a primeira grande leitura da *Komödie der Eitelkeit*, para um público composto de convidados verdadeiramente ilustres. Um deles era James Joyce, a quem, então, tive oportunidade de conhecer. Li a primeira parte da *Komödie der Eitelkeit*, em autêntico dialeto vienense, para um salão cheio de gente, sem qualquer introdução explicativa. Não me ocorreu que a maioria de meus ouvintes não entendia absolutamente nada do dialeto que eu empregara de forma tão conscienciosa e variada. Eu estava tão satisfeito com o rigor e a consistência de meus personagens vienenses que nem sequer percebi a atmosfera nada favorável reinante no salão.

No intervalo, fui apresentado a Joyce, cujas palavras foram

181

tão ásperas quanto pessoais: "Eu me barbeio com navalha, sem espelho!", disse, enfatizando o "sem espelho". Um feito temerário, considerando-se sua capacidade visual acentuadamente reduzida; ele era quase cego. Fiquei perplexo com sua reação, tão hostil como se eu o tivesse atacado pessoalmente. Ocorreu-me que a ideia da proibição dos espelhos — central na peça — o irritara, em razão de sua deficiência visual. Joyce ficara exposto por uma hora àquele dialeto vienense que, apesar de toda a sua virtuosidade linguística, não entendia. Uma única cena era falada no alemão habitual, e dali ele depreendera a frase sobre barbear-se defronte de espelhos. Seu pobre comentário referia-se a essa cena.

Ao aborrecimento provocado por sua incapacidade de compreender o dialeto — justamente ele, de quem se dizia que dominava inúmeras línguas —, veio se somar o questionamento do ato de olhar-se no espelho. Tal questionamento — que, na única cena que ele entendera, estava aparentemente fundado em uma base moral —, Joyce relacionou-o consigo próprio, reagindo a ele com a explicação de que não precisava de espelho algum para se barbear, embora utilizasse para tanto uma navalha, e de que não havia nenhum perigo de que cortasse o próprio pescoço. A explicação, máscula e vaidosa, parecia saída da própria peça. Embaraçou-me a inadvertência com que o expus a *essa* peça. Era o que eu *queria* ler, mas, em vez de advertir meus anfitriões, alegrara-me ao saber que Joyce aceitara o convite, só percebendo tarde demais o que havia arranjado com meus espelhos. Com seu mote "sem espelho", Joyce se colocara na defensiva, e, para meu espanto, eu agora me envergonhava também por ele, pelo constrangimento que sua suscetibilidade lhe impusera, e que o diminuía aos meus olhos. Em seguida, ele deixou o salão, acreditando, talvez, que a peça dos espelhos teria prosseguimento após o intervalo. O simples fato de ele ter estado presente foi-me creditado como uma honra, e, afinal de contas, já se contava com um comentário cortante de sua parte.

Fui ainda apresentado a outros nomes ilustres. O intervalo, porém, não durou muito tempo, e eu perdi a noção da hora de recomeçar com a leitura. Pareceu-me que as pessoas haviam ficado curiosas, e talvez ainda o estivessem. Sentindo-lhes a indefinição, depositei minhas esperanças na segunda parte da leitura. Escolhera para tanto o capítulo "O bom pai" — retirado do romance que em breve receberia o título *Die Blendung* [O cegamento]. Em Viena, eu costumava lê-lo com frequência, em sessões privadas e públicas, e me sentia tão seguro desse capítulo que era como se tratasse de parte indispensável de um livro universalmente conhecido e muito lido. Entretanto, a obra inexistia ainda para o público e, se em Viena ela pelo menos já se transformara em um rumor, em Zurique atingia o ouvinte com a força de algo totalmente desconhecido.

Mal eu terminara de pronunciar a última frase, Max Pulver pôs-se de pé — ereto como uma vela, o único dos presentes a vestir um *smoking* —, exclamando alegremente para o resto do salão: "Sadismo à noite é refrescante e delicioso!". Quebrava, assim, o encanto maléfico, e então todos puderam dar livre vazão à sua repulsa. Os convidados permaneceram reunidos ainda um bom tempo, dando-me oportunidade de conhecer quase todos os presentes. Cada um me disse, a seu modo, o quanto a segunda parte da leitura, especialmente, o irritara. Os mais amáveis trataram-me com indulgência, como a um jovem escritor, não totalmente desprovido de talento, que só precisava ser posto no caminho certo.

Dentre esses estava Wolfgang Pauli, o físico, por quem eu tinha grande respeito. De início, ele me proferiu uma pequena e bem-intencionada palestra, observando que minhas ideias constituíam uma aberração; em seguida, num tom um pouco mais premente, exortou-me a ouvi-lo, uma vez que, afinal, ele me ouvira com atenção. Na realidade, não o fiz, motivo pelo qual não seria capaz de reproduzir agora o que me disse naquela ocasião. A razão pela qual meus ouvidos permaneceram fechados às suas palavras jamais lhe ocorreria: ele me lembrava Franz Werfel — apenas na aparência, naturalmente —, e, após a experiência que eu tivera com Werfel precisamente um ano antes, para mim isso só podia ser motivo de preocupa-

183

ção. Contudo, Wolfgang Pauli falou-me de modo inteiramente diverso: não foi hostil, mas antes benevolente. Posso estar enganado, mas acredito que queria conduzir-me para uma linha junguiana. Terminada sua advertência inicial, consegui me controlar o suficiente para ouvi-lo até o fim — aparentemente, com atenção. Cheguei mesmo a agradecer-lhe pelas observações interessantes que fizera, e nos separamos em perfeita harmonia.

Bernard von Brentano — que, sentado na primeira fila, sofrera o impacto total das máscaras acústicas que eu emprestara a meus personagens — pareceu-me desalentado. À maneira inexpressiva que lhe era própria, disse-me simplesmente: "Eu não seria capaz de fazer isso; apresentar-me assim, diante de todos, e representar". A vitalidade dos personagens dera-lhe nos nervos. Julgou-me um exibicionista, algo altamente repugnante à sua natureza afeita aos segredos.

Um a um, todos se esforçaram por deixar patente o seu repúdio. Como entre os presentes houvesse muitos nomes famosos, o acontecimento acabou por adquirir um caráter de julgamento público. Cada um julgou importante declarar que estivera ali e, sendo isso fato consumado e indelével, expressar à sua maneira um *não* inequívoco ao que ouvira. O salão estivera lotado, e haveria ainda nomes a citar. Soubesse eu quem dentre os que ali estiveram ainda vive, poderia ao menos mencioná-lo, a fim de, naturalmente, limpar-lhe o nome da acusação de aprovação prematura das obras em questão. Com pena de mim, o anfitrião conduziu-me, finalmente, a um senhor cujo nome esqueci, um artista gráfico, dizendo-me no caminho: "Venha! O senhor vai se alegrar com o que ele tem a dizer!". Ouvi, então, a única manifestação positiva da noite: "Lembra-me Goya", disse o artista. Tal consolo, porém, que menciono aqui apenas por uma questão de justiça, não teria absolutamente sido necessário, pois eu não me sentia de modo algum abatido ou mesmo derrotado. Dominavam-me os personagens da *Komödie*, sua impiedade, sua — sim, não consigo exprimi-lo de outra maneira — verdade. Sentia-me, como sempre após uma tal leitura, feliz e entusiasmado, e todas as manifestações negativas que ouvira intensificavam esse sentimento. Estava mais seguro do que nunca, e o fato de Joyce ter estado presente — em que pese sua observação, pessoal e desprovida de significado — contribuía também para isso.

Ao longo da porção social da noite, que ainda se estendeu por um bom tempo, dissipou-se o mau humor do público. Alguns conseguiram falar tão bem de si próprios que ainda se transformaram em atração principal do evento. Com maior notoriedade, destacou-se Max Pulver, que já se distinguira por trajar o único *smoking* da noite e pela rápida, mas eficaz, exclamação acerca do sadismo do autor. Ele tinha alguns comunicados de caráter confidencial a fazer, os quais causaram sensação no público em geral. Como escritor, não significava muito em meio àquele círculo ilustre, mas dedicava-se havia bastante tempo à grafologia. Seu *Simbolismo da caligrafia* acabara de ser publicado e era muito discutido: o livro era considerado a mais importante contribuição à grafologia desde Klages.

Pulver perguntou-me se eu tinha conhecimento das caligrafias que tinha então em seu poder para exame. Eu não fazia ideia, mas, como andava interessado em grafologia, não escondi minha curiosidade. Ele não demorou a satisfazê-la, confiando-me em voz alta, para que todos pudessem ouvir, um fato de "relevância política mundial", não sem antes adiantar: "Na verdade, eu não deveria de modo algum dizê-lo, mas o farei assim mesmo". Então, prosseguiu: "Tenho comigo escritos de Goebbels, Göring e outros — dentre estes alguém que o senhor pode imaginar, mas isso é segredo total. Himmler os enviou para mim, para que eu emitisse um parecer".

Fiquei tão impressionado que esqueci, momentaneamente, a leitura e perguntei:

"Sim, e o que lhe parecem?"

Meio ano se passara desde o *Putsch* de Röhm; Hitler estava havia dois anos no poder. A ingenuidade de minha pergunta era proporcional ao orgulho infantil de sua confidência. Seu tom de voz ao respondê-la permaneceu inalterado, soando menos jac-

185

tancioso do que solícito, quase vienense (durante algum tempo, ele vivera em Viena). Disse-me, então, desculpando-se:

"Muito interessantes, realmente. Teria prazer em dizê-lo ao senhor, mas estou rigorosamente obrigado a manter segredo, como acontece com os médicos."

Nesse meio-tempo, a atenção das pessoas à nossa volta fora atraída pelos nomes perigosíssimos que ele pronunciara. A dona da casa juntou-se a nós, já a par do assunto, e, em tom de advertência e apontando para ele, disse:

"Um dia desses, ele ainda vai acabar perdendo a cabeça, de tanto dar com a língua nos dentes."

Ao que Pulver enfatizou que era capaz de se manter calado, do contrário não lhe confiariam tais missões:

"De minha parte ninguém vai ficar sabendo coisa alguma."

Hoje eu daria mais do que naquela época para saber algo do resultado de suas análises.

Na lista dos convidados da noite, figuravam ainda C. G. Jung e Thomas Mann. Nenhum dos dois viera. Eu me perguntava se Pulver também teria se gabado diante de Thomas Mann dos escritos que a Gestapo lhe confiara para análise. A presença de emigrados parecia não incomodá-lo. Havia muitos deles no salão, dentre os quais Bernard von Brentano. Kurt Hirschfeld, da Schauspielhaus, estava também entre os presentes. Tive mesmo a impressão de que havia sido a presença dos emigrados que estimulara Pulver às suas "revelações", sentindo-me tentado a devolver-lhe a acusação de sadismo. Mas eu era tímido e, além disso, desconhecido demais para fazê-lo.

A verdadeira estrela da noite era, no entanto, a própria dona da casa. Todos sabiam de sua amizade com Joyce e Jung. Poucos eram os escritores, pintores ou compositores respeitados que não frequentavam sua casa. Era uma mulher inteligente, com quem se podia conversar; entendia algo do que aqueles homens tinham a lhe dizer: era capaz de, sem presunção, discutir com eles. Era versada em sonhos, o que a ligava a Jung, mas dizia-se que até mesmo Joyce contava-lhe os seus. Em Comologno, lá no alto, tinha a casa na qual oferecia refúgio a muitos artistas, que ali podiam trabalhar. Muito feminina, não se lançou apenas a empreitadas que revertessem em sua própria glória. Em meus pensamentos, eu a comparava àquela figura vienense que, sem um pingo de imaginação e discernimento, dominava a cena, vangloriando-se, com sua pretensão, sua cobiça e suas bebidas. É verdade que eu conhecia melhor esta última, já havia um número considerável de anos, e é espantoso o que se descobre quando se conhece alguém por um tempo maior. Creio, todavia, que essa comparação, favorável à minha anfitriã daquela noite, é bastante lícita, e desejaria que, estando ela viva, soubesse de minha opinião positiva a seu respeito.

Foi em sua casa, em meio aos convidados daquela noite — que me ouviram e desaprovaram, talvez porque não me tivessem entendido direito —, que reencontrei minha autoconfiança. Apenas alguns dias antes, envergonhara-me de tentar servir a um compositor, subordinando-me a ele. Ainda que se tratasse de um compositor que eu respeitava, tinha motivos para duvidar que ele me considerasse um igual. Na casa dessa senhora no Val Onsernone, sentira isso como uma humilhação, sem que tivesse havido um culpado por isso. Agora, em sua casa de Zurique, ela me dava a oportunidade de, ao ler minha obra mais recente — que tinha para mim um enorme significado — diante de várias pessoas a quem eu admirava, sofrer uma derrota que pertencia unicamente a mim, uma derrota à qual, intacto, podia contrapor minha força e convicção.

O BENFEITOR

Jean Hoepffner era o diretor do *Strassburger Neueste Nachrichten*, o jornal mais lido da Alsácia, publicado diariamente em edição bilíngue, em alemão e em francês. O jornal distinguia-se por jamais entrar em choque com quem quer que fosse e por nunca sair da linha. Trazia informações pertinentes exclusivamente à Alsácia, extrapolando dos interesses regionais apenas o necessário para as questões de economia. Eu não conhecia pessoa alguma em Estrasburgo que não assinasse aquele jornal, cuja tiragem era, de longe, a maior: estava por toda parte. Não oferecia estímulo para grandes discussões: não havia o que destacar em sua seção cultural. Quem se interessava por essas questões lia a grande imprensa parisiense.

A gráfica e a sede do jornal situavam-se na Blauwolkenstrasse, Rue de la Nuée Bleue, num sóbrio edifício comercial. Do pátio ou de qualquer das salas do edifício, ouvia-se o ranger das rotativas. Jean Hoepffner não morava ali, mas mantinha um pequeno apartamento de dois cômodos no terceiro andar, que colocava à disposição dos amigos em visita à cidade. Ambos os cômodos estavam entulhados de velhas peças de mobília que Jean, no decorrer dos anos, adquirira em bricabraques. Ele adorava vasculhá-los e ficava feliz quando acreditava ter feito alguma descoberta. Esta era, então, incorporada ao restante da velharia já existente no apartamento destinado aos amigos. Era como se ele próprio tivesse aberto um bricabraque no terceiro andar, composto, segundo acreditava, de melhores peças de mobília do que os demais, mas no qual nada estava à venda. Nessa sua loja só eram admitidos os amigos que acolhia. Quando Jean punha os olhos bem claros e arregalados sobre uma de suas peças de mobília e, exagerada mas ingenuamente, a enaltecia, hóspede algum tinha coragem de dizer-lhe a verdade, ou seja, que a peça em questão não lhe agradava nem um pouco. Sorria-se calado, compartilhando sua alegria e, tão logo quanto possível, mudava-se de assunto.

Assim, morar ali por algumas semanas, como foi o meu caso, exigia muito tato nessa questão, pois aos móveis todos que já se encontrava ao chegar juntavam-se sempre novas peças. Quase que diariamente, Jean aparecia com algo novo, em geral de pequeno porte. Era como se precisasse fazer alguma coisa pelo bem-estar do hóspede e o fizesse trazendo sempre novos e surpreendentes objetos de decoração para o apartamento. Os dois cômodos já estavam cheios, não era fácil encontrar lugar para acomodar as novas aquisições, mas ele os encontrava assim mesmo. Acho que jamais morei num lugar tão em oposição com meu gosto pessoal. Tudo ali parecia empoeirado e sem uso. Embora o quarto fosse arrumado diariamente, não se ficaria admirado de encontrar bolor por toda parte. Seria, claro, apenas um bolor simbólico, pois, observando-se mais de perto, tudo era mantido rigorosamente limpo. A impressão de bolor era causada mais pelo caráter da mobília e pelo fato de as peças não combinarem entre si.

Conversas as mais amigáveis tiveram lugar naqueles dois cômodos, que eu utilizava apenas para dormir e, pela manhã, quando me era trazido o café, para o desjejum. *Herr* Hoepffner visitava-me toda manhã, antes de ir para seu escritório no segundo andar, fazendo-me companhia durante o desjejum. Lia constantemente alguns autores, dos quais jamais se cansava e sobre os quais queria conversar comigo — particularmente Stifter, de quem conhecia quase tudo. Algumas de suas obras, as que apreciava bastante, lera mais de uma centena de vezes, conforme me disse. Terminado o expediente, no caminho do escritório para casa, alegrava-se com a perspectiva de ler seu Stifter. Jean era solteiro e morava sozinho com seu *poodle*. Uma senhora alsaciana, já havia anos com ele, cuidava da cozinha e da casa. Não perdia tempo com coisas supérfluas: sabia apreciar a refeição que a velha e bondosa senhora lhe preparava, acrescentava-lhe um vinho e, em seguida, após brincar um pouco com o *poodle*, punha-se a ler *O solteirão*, não encontrando palavras que bastassem para enaltecê-lo. Empregava um tom mais sério ao falar de Stifter do que aquele que utilizava para as velhas peças de mobília com as quais, por vezes, aparecia. Contudo, havia obviamente um vínculo que unia o primeiro às últimas — um vínculo que não lhe passava pela cabeça negar.

Uma vez, perguntei-lhe por que lia sempre a mesma coisa. Ele ficou espantado com a pergunta, mas não a levou a mal. Haveria, afinal, alguma outra coisa para se ler? Não suportava literatura moderna, explicou-me: tudo nela era desesperançado e sombrio, não se encontrava um único homem bom. Ora, isso simplesmente não correspondia à verdade, prosseguiu: era um homem com experiência de vida; em sua profissão conhecera muitas pessoas e, dentre elas, nem um único ser humano ruim. Era preciso ver as pessoas como elas são, sem imputar-lhes propósitos malignos. O autor que melhor o fazia era precisamente Stifter, e, desde que o descobrira, os demais o entediavam ou davam-lhe dor de cabeça.

A princípio, tive a impressão de que ele jamais lera outra coisa. Mas isso logo se mostrou um equívoco de minha parte, pois Jean confessou ter um outro livro predileto, o qual não lera com menor frequência. Sabê-lo talvez me surpreenderia, avisou-me. Era como se ele desejasse ainda desculpar-se um pouco, antes de revelar o título da obra. Por certo, era preciso saber como o mundo seria se existissem seres humanos ruins, afirmou. Também esta era, pois, uma experiência necessária, mas sob a forma de ilusão. Tivera uma tal experiência, contou-me, e, embora soubesse quão pouco correspondia à realidade o que o tal livro apresentava, fora tão maravilhosamente escrito que se *precisava* lê-lo, o que fazia constantemente. Assim como havia pessoas que liam romances policiais só para, depois, restabelecerem-se deles no mundo real — explicou —, também ele lia seu Stendhal: *A cartuxa de Parma*. Confessei, então, que se tratava de meu autor francês favorito e que o havia tomado como meu mestre, esforçando-me por aprender algo com ele. "Pode-se aprender algo com ele?", perguntou-me. "Só o que se pode aprender é que, felizmente, o mundo não é daquele jeito."

Jean estava convencido de que *A cartuxa de Parma* era uma obra-prima, mas uma obra-prima do *amedrontamento*, e sua convicção era tão pura que me senti envergonhado diante dele. Tinha de dizer-lhe toda a verdade a meu respeito, e comecei logo por contar-lhe o que eu próprio havia escrito. Descrevi-lhe o *Kant fängt Feuer*, e ele me ouviu com interesse. "Isso parece mesmo amedrontar ainda melhor do que *A cartuxa de Parma*. Nunca vou lê-lo, mas seria necessário que houvesse um tal livro. O efeito seria bom. As pessoas que o lessem acordariam como que de um pesadelo e ficariam agradecidas pelo fato de a realidade ser diferente, por não ser como o pesadelo que tiveram." Jean compreendeu, porém, por que nenhum editor, nem mesmo aqueles que haviam manifestado seu respeito pelo manuscrito, tinha até então ousado publicá-lo. Era necessário coragem para fazê-lo, um requisito de que só uma minoria dispunha.

Acredito que Jean queria me ajudar e disfarçou esse seu desejo com a máxima sutileza. Não queria ler um romance como o meu: a descrição que eu lhe fizera fora repugnante o suficiente. Contudo, ele ouvira de nossa amiga comum, madame Hatt, que nenhum livro meu havia ainda sido publicado, o que parecia ser um fato nem um pouco recomendável para um escritor de quase trinta anos de idade. Como ele não pudesse realmente simpatizar com tal romance, arquitetou para si um motivo pedagógico para sua existência: o do amedrontamento. Então, ainda no transcorrer dessa mesma conversa, e sem maiores delongas ou hesitação, disse-me que eu deveria procurar um bom editor, o qual acreditasse no livro mas não quisesse correr um risco tão grande: ele, Jean Hoepffner, se ofereceria como garantia para que o editor não sofresse prejuízo algum. "Mas é bem possível que ninguém queira ler o livro!", adverti.

"Então eu mesmo arcarei com o prejuízo", ele respondeu. "Estou bastante bem, financeiramente, e não tenho família para cuidar." Jean disse-o como se fosse a coisa mais natural do mundo. Logo me convenceu de que não havia nada que ele mais desejasse fazer, de que nada seria mais simples, provando-me, assim, que o mundo compunha-se de homens bons também, e não era de modo algum como em meu livro. Quanto a este, bastaria que as pessoas o lessem para que, com renovada convicção, retornassem ao mundo real, feito de homens bons.

De volta a Viena, eu tinha muito o que contar: minha viagem levara-me a Comologno e Zurique, a Paris e Estrasburgo; coisas inesperadas haviam se passado, e eu encontrara pessoas notáveis. Fiz um relato a Broch, que, com sinceridade e mais presteza do que era seu costume, disse invejar-me um único fato: o encontro com James Joyce. De minha parte, porém, eu não tinha verdadeiramente motivo algum para ver naquele encontro algo de honroso. Nas palavras cortantes e viris de Joyce — "Eu me barbeio com navalha, sem espelho!" —, eu sentira sarcasmo e uma completa incompreensão. Broch era de outra opinião. Para ele, essas palavras mostravam que algo o havia afetado: em sua resposta, Joyce se revelara. Ele não seria capaz de uma estupidez, assegurou-me Broch, perguntando-me se eu teria preferido uma manifestação lisonjeira e indiferente da parte dele. Broch revolvia as palavras de Joyce, experimentando as mais diversas interpretações, deleitando-se com seu caráter contraditório. Quando o censurei por estar tratando à maneira de um oráculo palavras banais e totalmente desimportantes, Broch concordou, sem hesitar, que era justamente disso que se tratava, de um oráculo, e prosseguiu com suas tentativas de interpretação.

O fato de a *Komödie* ter perturbado Joyce depunha em favor dela própria, segundo Broch. Para este, Joyce havia, naturalmente, entendido tudo — ou acaso eu acreditava, perguntou-me, que um homem daquela espécie, tendo vivido em Trieste por tanto tempo, não dominava completamente a fala austríaca? Vendo-o alongar-se no assunto, com minha tentativa de dar prosseguimento ao relato sobre a viagem sendo interrompida por ele, para que pudesse voltar a Joyce — pois ocorrera-lhe ainda uma possibilidade de interpretação das palavras deste —, compreendi que, para Broch, Joyce se transformara num modelo: uma figura que ansiamos por imitar e da qual jamais realmente nos libertamos. Broch, uma pessoa extremamente amável, que não tinha em si qualquer traço de arrogância, não se deixava intimidar por nada do que eu tinha a dizer sobre a cruel altivez de Joyce. Em sua opinião, tal crueldade — se é que se podia chamá-la assim — era o resultado das muitas cirurgias que Joyce sofrera nos olhos, não significando absolutamente nada. O que interessava a Broch era a maneira resoluta com que Joyce carregava a própria fama: a de ninguém mais era tão distinta e nobre quanto a dele. Compreendi que esse, e nenhum outro, era o tipo de fama que importava a Broch. Com certeza, não havia coisa alguma que ele desejasse mais do que ser notado por Joyce, e, mais tarde, a esperança de,

192

por assim dizer, equiparar-se a ele atuou decisivamente na gênese de sua *Morte de Virgílio*.

Depois, quando lhe contei sobre Jean Hoepffner, Broch ficou realmente contente, e não menos espantado com a oferta do que eu. Um homem que lia quase exclusivamente Stifter, que rejeitava a totalidade da literatura moderna, que, com aversão, teria afastado de si o *Kant fängt Feuer* logo após a leitura das primeiras páginas, estava disposto a cuidar para que o manuscrito se transformasse em livro.

"Uma vez publicado", disse-me Broch, "o livro percorrerá seu próprio caminho. É intenso e, talvez, sinistro demais para ser esquecido. Não ouso julgar se você, com este livro, estará fazendo algo de bom pelos leitores. Mas seu amigo está, sem dúvida, fazendo algo de bom com o livro. Está agindo contrariamente a seu próprio preconceito. Jamais entenderia o romance, mas certamente não vai lê-lo. Tampouco o está fazendo em nome de uma glória futura, junto à posteridade. Percebeu que você é um escritor de talento, e ele quer, por assim dizer, fazer algo de bom pela literatura em geral, pois, por causa de Stifter, deve tanto a ela. O que mais me agrada nele é o disfarce sob o qual vive. Diretor de uma gráfica e de um jornal! O disfarce não poderia ser mais completo. Agora você vai achar uma editora com facilidade."

Broch tinha razão, e de certo modo até me ajudou, ainda que não tivesse sido essa propriamente a sua intenção. Alguns dias mais tarde, ele esteve com Stefan Zweig, que estava em Viena por duas razões: submeter-se a um tratamento completo dos dentes e fundar uma nova editora para seus livros, uma vez que a Insel, da Alemanha, não mais podia publicá-los. Quanto ao primeiro tópico, creio que lhe foram extraídos quase todos os dentes. Quanto ao segundo, um seu amigo Herbert Reichner — publicava, à época, uma revista realmente boa, a *Philobiblon*. Zweig decidiu, então, confiar-lhe seus livros e, à guisa de ornamento, procurar ainda algumas outras obras que fossem publicáveis.

Encontrei-o, por acaso, no Café Imperial, logo após meu retorno a Viena. Sentado sozinho em uma mesa, numa das salas do fundo do Café, Zweig tinha a mão sobre a boca, a fim de ocultar a falta dos dentes. Embora não apreciasse ser visto naquele estado, acenou-me para que eu fosse até sua mesa, convidando-me a sentar. "Broch já me contou tudo", disse-me. "O senhor conheceu Joyce. Se o senhor tiver alguém que possa oferecer uma garantia para a publicação do romance, posso recomendar a meu amigo Reichner que o publique. Mas o senhor deve pedir a Joyce que escreva um prefácio. Assim, o livro será notado."

Respondi prontamente que aquilo estava fora de cogitação, que jamais poderia pedir tal coisa a Joyce. Expliquei que este nem sequer conhecia o manuscrito, estava quase cego e, portanto, não se poderia pretender que o lesse. Disse ainda que, mesmo se para Joyce fosse tão fácil lê-lo quanto o era para os outros, eu jamais faria tal pedido a ele. Não pediria prefácio algum a quem quer que fosse: o livro teria de ser lido pelo que era e não necessitava de muletas.

Minhas palavras soaram tão ásperas que eu próprio fiquei um pouco assustado. "Eu queria apenas ajudá-lo", disse Zweig, levando rapidamente a mão de volta à boca. "Mas se o senhor não quer..." A conversa terminara. Segui meu caminho sem me arrepender nem um pouquinho de ter rejeitado tão decididamente a sugestão. Preservara meu orgulho. E, ademais, não perdera nada. Mesmo que tivesse sido possível — e eu a considerava totalmente impraticável —, a ideia do livro com uma introdução de Joyce, qualquer que tivesse sido o conteúdo desta, era-me completamente insuportável. Desprezei Zweig por ele tê-la sugerido. Talvez tenha sido uma sorte que eu não o desprezasse demais, pois em breve receberia uma carta da editora Herbert Reichner que, se confirmava a necessidade da garantia, nada dizia acerca de prefácio. Solicitava-me, com urgência, o envio do manuscrito. Aconselhei-me com Broch, que me convenceu a enviá-lo à editora, e assim o fiz.

OS OUVINTES

A primeira consequência de minha elevada autoconfiança foi a leitura, a 17 de abril de 1935, na Escola Schwarzwald.

Eu já estivera umas poucas vezes ali, em visita à dra. Schwarzwald. Maria Lazar, a quem eu conhecia graças a Broch, levara-me até ela. Muito mais do que a legendária e extremamente loquaz pedagoga — que nos apertava contra o peito já à primeira visita e nos recebia tão carinhosamente como se desde bebê tivéssemos sido seus alunos; como se segredo algum nos separasse dela, por termos já, incontáveis vezes, aberto o coração em sua presença —, muito mais do que ela, em que pese toda essa amável intimidade que nos proporcionava, agradou-me o calado dr. Schwarzwald: um homem de baixa estatura, um tanto coxo, que se movia com o auxílio de uma bengala e, irritado, sentava-se a um canto, de onde suportava a conversa infindável dos visitantes e, mais infindável ainda, da *Frau Doktor*. De sua cabeça — que um retrato de Kokoschka tornou conhecida — só se pode dizer que se assemelhava a uma raiz, como Broch observou.

A sala — pequena, na verdade — na qual se recebiam os visitantes era ainda mais legendária do que a dra. Schwarzwald: quem já não estivera ali? Nela haviam estado os verdadeiramente grandes de Viena, muito antes, aliás, de se tornarem figuras públicas, conhecidas de todos. Adolf Loos estivera ali, trazendo consigo o jovem Kokoschka; Schönberg, Karl Kraus, Musil — seriam muitos os nomes a citar. É digno de nota que a obra de todos esses homens citados resistiria ao tempo. Quanto à dra. Schwarzwald, porém, não se poderia dizer que algum desses visitantes tivesse achado sua conversa particularmente interessante. Não era esse, absolutamente, o caso. Ela era tida como uma pedagoga apaixonada, com tendências modernas e liberalizantes, endeusada por seus alunos — ajudava, de fato, muitos deles e era bastante tolerante —, mas, como tudo nela fluía confusa e desordenadamente, intelectuais do porte dos já mencionados consideravam-na uma pessoa não apenas desinteressante, mas sobretudo maçante. Se ela era vista como uma tagarela imbuída das melhores intenções, aqueles que a visitavam e podiam ser encontrados ali não o eram. Vinham em pequenos grupos, podia-se ouvi-los e vê-los muito bem, estampavam-se na mente daquele que os observava, como se estivessem ali com o objetivo de posar para um retrato. Talvez esse observador tenha usurpado um pouco o papel do grande retratista que lá os conhecera a todos e, de fato, pintara seus retratos.

Independentemente de quem estivesse presente, o mais inesquecível de todos era o calado dr. Schwarzwald. A severidade de seu mutismo obliterava de imediato toda a tagarelice da doutora. Mas havia ainda uma outra pessoa, alguém que se pressentia ser o coração daquela casa: a maravilhosa Mariedl Stiasny. Era amiga do dr. Schwarzwald, aquela que cuidava dele, e não apenas dele, mas literalmente de toda a administração da escola e da casa. Bonita, ágil, inteligente, nem muito falante nem muito calada, ela era uma mulher radiante, e seu sorriso, um sopro de vida para todos os que ali viviam ou simplesmente iam e vinham. Quando se ia até lá em visita, ela nunca era encontrada sentada na sala, pois estava sempre ocupada. Aparecia, contudo, uma ou duas vezes, para lançar um rápido olhar na situação. Então, quem quer que estivesse presente, qualquer que fosse a sumidade intelectual que tivesse acabado de conhecer, o visitante flagrava-se esperando pela aparição de Mariedl Stiasny. Quando a porta se abria, era o desejo de todos que fosse ela a entrar, e receio que os presentes teriam ficado um pouco decepcionados se, em vez de Mariedl, aparecesse o próprio Deus Pai. Naquela discussão talvez um tanto ridícula sobre o "ser humano bom" que eu tivera com Broch, nem uma única mulher havia sido cogitada — o que hoje me parece incompreensível; não tivesse sido assim, a simples menção *dessa* mulher teria decidido a questão de imediato, colocando um ponto final na discussão.

Dentre os mais antigos visitantes do casal Schwarzwald estava, e nem poderia ser diferente, Fritz Wotruba. Presença

196

irregular, ele não se detinha por muito tempo em suas visitas. No entanto, o que o impelia a partir não era a tagarelice da doutora — estava acostumado com a de Marian, sua esposa —, mas seu intenso desassossego, seu apego pelas ruas da região, próxima à Florianigasse — sua verdadeira pátria. Por isso, ele se sentia melhor fora do que dentro da casa, e uma vez tendo cumprido a primeira visita, obrigatória, não era fácil levá-lo a fazer uma segunda. Quando contei a Wotruba, não sem orgulho, sobre a rejeição unânime do ilustre público presente à minha leitura em Zurique, ele disse: "Eles não entendem a língua de Viena. Agora, você precisa é de uma grande leitura aqui!". Era justamente o emprego das vozes vienenses que o atraía na *Komödie*, e para ele constituía uma questão de honra trazê-la a um público verdadeiramente vienense.

É possível, pois, que tenha sido de sua mulher, a pragmática Marian, a ideia de realizá-la no grande auditório da Escola Schwarzwald. Embora a leitura não devesse ser uma promoção da escola, seu auditório foi colocado à disposição. Tudo o mais ficou a cargo de Marian Wotruba, e eu pude verificar o que acontecia quando ela se encarregava de alguma coisa. O auditório estava superlotado. Estava presente a maioria, se não a totalidade, dos membros da Secessão e da Hagenbund, pintores, escultores, os arquitetos da Neuer Werkbund, alguns dos quais eu conhecia. Marian deve tê-los persuadido (a cada um e ao conjunto deles) até a exaustão. Contudo, ali estavam também pessoas que não pertenciam à área de Marian, isto é, escritores e alguns outros que muito significavam para mim.

Tenho de mencionar os dois que tinha em mais alta conta. O primeiro era o arcanjo Gabriel, nome pelo qual, em minha intimidade, eu chamava o dr. Sonne. Tão secreto quanto esse nome que ele tinha para mim — e que aqui, pela primeira e única vez, revelo — foi seu comparecimento. Ele sabia como não ser visto por ninguém, mas, mesmo assim, eu me sentia sob sua incisiva proteção. O segundo era Robert Musil, que viera com sua mulher, acompanhados de Franz e Valerie Zeis — os quais eram bons amigos tanto de Musil quanto de mim e, com tato e inteligência, havia tempos vinham preparando esse encontro. Para mim, a presença de Musil significava mais do que a de Joyce, dois meses antes, na Stadelhoferstrasse de Zurique. Se Joyce estava então no auge de sua fama — e eu tinha plena consciência do quanto ele a merecia —, Musil, que eu começara a ler com seriedade havia apenas um ano, parecia-me igualmente digno dessa mesma fama e, além do mais, era-me mais próximo.

Li o mesmo que lera em Zurique, mas na ordem inversa: comecei por "O bom pai", o capítulo do romance, seguido da primeira parte da *Komödie der Eitelkeit*. Talvez essa sequência fosse a melhor, mas não creio que tenha sido essa a única causa a determinar a acolhida diferente dispensada à leitura. Wotruba tinha razão ao sustentar que nada era mais Viena — a verdadeira Viena — do que aquilo que eu escolhera para ler. Por outro lado, a *expectativa* também era totalmente diferente. Em Zurique, ninguém, à exceção dos anfitriões, jamais ouvira falar de mim: para todos eles, o autor era uma folha em branco que, de imediato e sem qualquer explicação, os havia assaltado com uma feira de vozes e personagens. Em Viena, ao contrário, muitos já sabiam quem eu era, e Marian se encarregara dos que não sabiam. Em Zurique, os personagens da *Komödie* — sua rápida sucessão, a simultaneidade com que sua diversidade foi apresentada — deixaram-me como que embriagado, não me permitindo perceber a reação do público. Ao contrário do que usualmente acontece durante uma leitura, não prestei qualquer atenção aos rostos diante de mim, não me fixei em ninguém, só depois me dando conta da completa incompreensão reinante, quando tudo já havia terminado.

Em Viena, porém, desde o princípio senti expectativa e assombro por parte do público e, impelido por isso, li como se tratasse de uma questão de vida ou morte. O medonho "O bom pai" despertou pavor — os vienenses tinham plena consciência do poder de seus zeladores —, e não acredito que alguém teria ousado colocar em dúvida a veracidade desse personagem, não enquanto todos no auditório estivessem expostos a ele. Em seguida, a *Komödie* principiou como uma espécie de

198

libertação, mas pouco a pouco, alçando-se a seu próprio horror. Se, ao final, muitos dos presentes estavam horrorizados, isso se devia à natureza das coisas ali formuladas, e não àquele que lhes deu forma. Encontrei animosidade apenas da parte dos que pertenciam ao círculo de amigos mais íntimos da casa; a única verdadeira descompostura — como a que experimentara na Stadelhoferstrasse —, eu a recebi de Karin Michaelis, uma escritora dinamarquesa que, irada, me acusou de desumanidade. Na presença desta, aliás, a própria dra. Schwarzwald, pela primeira e única vez, emudeceu: não disse nada, nem sequer me agraciou com sua amigável tagarelice — para a qual eu me preparara —, contribuindo para o êxito da noite com seu silêncio.

Eu, de minha parte, estava impregnado da presença daqueles dois homens que citei no princípio. Podia ver Musil sentado na segunda fileira à minha frente, e estava ligeiramente temeroso de que, terminada a primeira parte da leitura — o "O bom pai", depois do qual eu faria uma pequena pausa —, ele se levantasse e fosse embora, como Joyce o fizera anteriormente, após a leitura da *Komödie* em Zurique. Mas ele não se levantou, nem tampouco partiu: ao contrário, parecia-me concentrado e enfeitiçado. Teso, Musil mantinha a parte superior do corpo inclinada para a frente, a cabeça parecendo um projétil apontado em minha direção mas, graças a um enorme autocontrole, não disparado. Essa impressão, que ficou para sempre guardada em minha mente, não era uma ilusão, o que descobri logo em seguida, ainda que a explicação para tanto estivesse fadada a me surpreender.

Sonne — que, por esta única vez, menciono em segundo lugar — estava invisível. Não procurei por ele, pois sabia que não iria encontrá-lo. Para mim, no entanto, aquele era um momento crucial de nosso relacionamento. Após todas as conversas com as quais ele me honrava já havia mais de um ano, aquele era seu primeiro contato com algo que eu escrevera. Eu jamais lhe havia mostrado um manuscrito. Sonne percebera, sem que uma palavra a respeito tivesse sido pronunciada, que eu me envergonhava de não ter um livro publicado, e que diante dele — e somente dele, que renunciava a toda publicidade — eu perdia essa vergonha. Nunca me fez qualquer pergunta a esse respeito, nunca disse: "O senhor não quer me trazer o romance sobre o qual Broch me falou?". Não o fez porque sabia que assim que *houvesse* um livro, assim que nada mais pudesse ser modificado, eu o traria até ele.

Sonne sabia também que eu precisava *proteger* de seu julgamento meu manuscrito, pois uma única palavra dele, e dele apenas, teria podido aniquilá-lo. A esse perigo, que eu percebia claramente, não expus nem o romance nem as duas peças. Para mim, não se tratava de covardia, pois essas três obras — que nem ao menos haviam sido publicadas — eram tudo que eu tinha. Sentia-me capaz de protegê-las de todas as demais pessoas. Diante dele, porém, eu não teria podido defendê-las, pois o elevara — por instinto, mas também por decisão própria — à minha mais alta instância, à qual desejava curvar-me, porque dela não precisava menos do que da consciência da existência de minhas três obras. Agora, ali estava ele, e, depois de tudo, só pode soar estranho dizer que eu não sentia qualquer medo ante sua presença.

Broch não se encontrava em Viena, e Anna estava cuidando da irmã, Manon, gravemente doente. Daqueles que me haviam proporcionado a humilhação do ano anterior, ninguém estava presente. Nem sequer me passou pela cabeça o "desse jeito, é melhor o senhor desistir!" de Werfel, ainda que o carregasse sempre comigo, como um aguilhão de ódio. Werfel pretendera que essas palavras atuassem como uma maldição sobre tudo o mais que eu viesse a escrever; e, embora ele próprio me fosse absolutamente indiferente, elas de fato *atuaram* como tal, pois foram lançadas na *Komödie*, na qual eu acreditava e da qual estava impregnado. O mundo de Zsolnay, que eu jamais levara a sério, estava distante. Confrontava-me agora com aquele que era, para mim, o verdadeiro, o autêntico mundo vienense, ao lado do qual eu estava e que, eu tinha certeza, se revelaria o do futuro.

Decisivo também para o remate exterior da leitura foi o

comportamento dos pintores, uma coorte decidida, comandada por Wotruba, que não poupou aplausos. Talvez tenham sido seus aplausos o que determinou minha impressão de que a *Komödie* tinha, afinal, encontrado seu público. Um erro, como ficou demonstrado posteriormente, mais um erro perdoável: daquela única vez, pude me permitir o sentimento de que a *Komödie* fora entendida e de que poderia exercer sua influência sobre a época para a qual fora escrita.

Terminada a leitura, Musil veio até mim. Parecia-me falar aberta e cordialmente, sem as reservas pelas quais era conhecido. Eu estava confuso e inebriado. Musil voltava-me o rosto e não as costas; via-o bem próximo de mim, e eu estava tão arrebatado por isso que não entendia o que ele dizia. Pouco tempo teve, aliás, para dizê-lo, pois logo senti agarrarem-me pelos ombros. Uma mão firme fez com que eu me voltasse para um abraço — Wotruba, cujo entusiasmo fraternal desconhecia quaisquer fronteiras. Escapando de seus braços, apresentei-o a Musil. Foi nesse caloroso instante que foram lançadas as sementes da amizade entre eles; e, se mais tarde essa amizade se revelaria tão rica a ponto de ambos esquecerem esse momento isolado e, para eles, ainda pouco fértil, eu não o esqueci, pois para mim ele constituiu uma das passagens luminosas de minha vida.

Separaram-nos; outras pessoas vieram até mim, muitas das quais eu via pela primeira vez. O aglomerado de gente tornou-se maior. Anunciou-se, então, que iríamos todos ao Steindl-Keller, onde uma sala havia sido reservada no segundo piso. Um comprido e disperso cortejo pôs-se a caminho. Ao chegar, dei uma olhada para o interior da sala que nos fora destinada: muitos já se encontravam sentados em volta da longa mesa, disposta em forma de ferradura. À entrada da sala, vi Musil junto de sua mulher, indeciso. Franz Zeis, em quem ele confiava, tentava persuadi-lo a também sentar-se junto dos demais. Musil hesitou, deu uma olhada para dentro, mas não foi adiante. Aproximei-me dele, convidando-o, muito respeitosamente, a se sentar, mas ele recusou: havia muita gente, desculpou-se, a sala

201

estava cheia demais para ele. Na verdade, parecia ainda indeciso, mas, uma vez que já recusara expressamente o convite, dificilmente poderia voltar atrás. Finalmente, pôs-se à procura de uma mesa fora da sala, onde se sentou com a mulher e o casal Zeis.

Talvez tenha sido melhor assim, pois como eu teria conseguido me sentir livre em sua presença? Teria sido inapropriado vê-lo — ele, a quem eu tanto reverenciava — espremido em meio a tantos outros que, além do mais, estavam ali para homenagear — comendo, bebendo e fazendo barulho — um jovem escritor. Eu *tinha* de convidá-lo, vendo-o parado próximo à porta aberta e percebendo sua indecisão: de minha parte, aceitar sua exclusão teria sido uma falta de tato ainda maior do que convidá-lo. No fundo, é até possível que ele estivesse esperando pelo convite para recusá-lo. Eu via como infalivelmente corretos todos os atos de *defesa* da parte de Musil, tanto os dirigidos aos outros quanto aqueles de que eu próprio fui alvo. Não gostaria que se apagassem de minha lembrança. Se nada mais tivesse visto dele (o que, felizmente, não foi o caso), teria, ainda assim, o sentimento de tê-lo conhecido de um modo verdadeiro, preciso e até mesmo apropriado à linguagem de sua obra.

No interior da sala, predominava uma atmosfera animada. Estavam presentes alguns dos pintores, entendidos em comemorações. Disse a mim mesmo que não havia ali uma única pessoa de cuja presença eu teria me envergonhado. É uma sorte que em tais ocasiões renunciemos a diagnósticos mais rigorosos. Entretanto, eu sentia falta de algo. Particularmente nos brindes, sempre hesitava um pouco, como se, na verdade, eu devesse ainda aguardar. Não sabia o que era, pois esquecera-me do principal. Talvez, em meio à alegria geral, que me contagiara também, eu não ousasse dizer a mim mesmo que o decisivo, o crucial, ainda estava por vir. Por certo, devia estar aguardando pelo julgamento, mas não o estava procurando. Eu não me encontrava em condições de precisar exatamente quem estava presente ou não. Pouco a pouco, todos acabavam se anunciando — nisso podia-se confiar. Porém, por uma vez, uma única vez, senti um *olhar*. Ninguém estava me chamando. Olhei, sem procurar, em uma determinada direção. Relativamente longe de mim, frágil, sentado um tanto espremido e em completo silêncio, deparei com o dr. Sonne. Assim que percebeu meu olhar, ele ergueu ligeiramente seu copo, sorriu e brindou à minha saúde. Pareceu-me que movia os lábios, mas não se podia ouvir coisa alguma. Mão e copo tinham algo de irreal: pairavam suspensos no ar, como em um quadro.

Mais ele não me disse, nem mesmo nos dias que se seguiram, ao nos reencontrarmos em uma das mesinhas de mármore do Café Museum. Ao erguer o copo, ao mantê-lo suspenso no ar, dissera-me o que tinha a dizer: significou mais para mim do que qualquer saudação, qualquer palavra pronunciada. Como ele ouvira apenas *trechos*, não uma obra inteira, não desejava falar. Contudo, não se colocara em meu caminho, nem tampouco advertira-me para um perigo qualquer que tivesse eventualmente vislumbrado. Deixara-me o caminho livre, à sua maneira cuidadosa, respeitadora de todas as vidas, e eu entendi como aprovação o que, talvez, fosse mais.

Dentre os que haviam vindo ao Steindl-Keller, estava Ernst Bloch. Eu ouvira falar do seu *Thomas Münzer*, mas nunca o havia lido. Conforme fiquei sabendo mais tarde, seu comparecimento à minha leitura foi notado por muitos dos presentes, inclusive por Musil. Logo após a recusa deste ao meu convite, assim que eu entrei na sala lotada, Bloch, que acabara de garantir para si um lugar à mesa, levantou-se e caminhou em minha direção. Chamou-me, por assim dizer, para o lado — tanto quanto era possível fazê-lo em meio a tantas pessoas — e fez questão de expor sua opinião de forma completa e particular. Começou por um gesto eloquente: "Primeira impressão", anunciou ele, erguendo ambas as mãos um pouco acima da altura dos ombros, um tanto distantes entre si, mas com as palmas voltadas uma para a outra. Então, com uma entonação ritmada, disse-me: "É... proeminente". Tão espantoso quanto a altura das mãos foi o longo intervalo separando o indefinido "É" do "proeminente" que se seguiu, este último resultando surpreendente e grave como as torres góticas. Surpreso, olhei para seu rosto alongado e musculoso, cujas linhas o erguer das mãos sublinhava. Em seguida, Bloch disse-me coisas com as quais demonstrou sua compreensão imediata da *Komödie*. Ele entendeu a que ela se referia e antecipou qual haveria de ser o conteúdo da segunda parte, sem errar o alvo. Foi uma reação minuciosa, perfeitamente articulada, e eu não teria podido desejar algo melhor. Porém, tudo me pareceu ser dito como que em uma língua estrangeira. De tudo o que ele me disse, o "É... proeminente" foi só o que permaneceu.

Essa noite teve um desdobramento acerca do qual, ainda que me seja sobretudo desagradável, não é meu desejo silenciar. Refere-se a Musil e à maneira como ele se comportou durante a leitura, algo de que eu não podia sequer suspeitar e que, não tivesse eu ficado sabendo por Franz Zeis alguns dias mais tarde, teria submergido por completo em meio à minha feliz embriaguez pela presença daquele e por sua conduta para comigo.

Franz era alto funcionário do registro de patentes e conhecia Musil havia muito tempo. Era-lhe um amigo bastante fiel, que desde cedo reconhecera seu talento. Àquela época, em Viena havia possivelmente uma dúzia de pessoas com as quais aliar-se era algo meritório, pois não redundava em qualquer vantagem, mas, antes, provocava transtornos. Algumas dessas pessoas formavam pequenos grupos — como Schönberg e seus discípulos —, outras estavam isoladas. Franz Zeis conhecia-as todas e a elas se dedicava. Demonstrou possuir um fino instinto para sua solidão: compreendeu que necessitavam dela, mas percebeu também o quanto sofriam com isso. Musil era, dentre essas pessoas, a que Zeis melhor conhecia: sabia de sua suscetibilidade, da desconfiança de sua mulher, Martha, que com olhos de Argos vigiava para que ninguém se aproximasse demais dele; conhecia cada detalhe desse conjunto de fatores necessários à existência de um espírito de tamanha significação. Franz Zeis estava bem familiarizado com cada uma das reações de Musil, mesmo as mais recônditas, e tinha suficiente argúcia para relevá-las e computá-las em todas as suas iniciativas em favor do amigo.

Zeis ouviu de mim o que eu pensava sobre Musil e, assim que se convenceu de meu profundo e inabalável respeito por ele, relatou-o ao próprio Musil, o qual antes de aceitar a admiração de alguém *testava-a* muito bem. Assim, Zeis tinha sempre de se submeter a uma espécie de exame: cada afirmação sua era colocada sobre o prato da balança e, em geral, julgada leve demais. Havendo algo, por mínimo que fosse, que pudesse receber a aprovação de Musil, Zeis não se dava por vencido: mencionava-o. Existem dois tipos de intermediários. Há aqueles que fazem o que podem para separar as pessoas; a uma denunciam cada manifestação negativa que ouviram da outra e que, isolando do contexto, intensificam, despertando nesta última reações contrárias hostis, defensivas, que, então, correm a contar à primeira, prosseguindo nesse jogo até que tenham conseguido separar completamente até mesmo bons amigos. Tais intermediários comprazem-se do sentimento de poder que lhes confere o exercício desse jogo, por vezes logrando até ocupar, junto a um e outro, o lugar deixado pelo antigo amigo. O outro tipo de intermediário, muito mais raro, é aquele que revela apenas as coisas boas, que procura minimizar o efeito das eventuais hostilidades, silenciando-as, que fomenta a curiosidade e, paulatinamente, também a confiança, até que se torne inevitável o momento em que, tendo pacientemente aproximado as duas pessoas, estas efetivamente se encontrem. Franz Zeis pertencia a este último tipo. Creio que seu propósito fosse realmente o de aliviar um pouco o sentimento de isolamento de Musil, e o de propiciar-me a alegria de conhecê-lo mais de perto.

Ao persuadir Musil a comparecer à minha leitura, Zeis atingiu o seu objetivo. Posteriormente, quis ainda descrever-me as reações dele, de maneira que, da primeira vez em que estive com Zeis após a leitura, fiquei sabendo por ele de coisas que não me causaram pouca surpresa. A primeira delas foi que Musil ficara espantado: "Ele tem um bom público", dissera, destacando nomes como os de Ernst Bloch e Otto Stoessl. Isso o impressionara. Depois, durante a leitura de "O bom pai", agarrara subitamente os braços de sua cadeira e, voltando-se para seu acompanhante, dissera: "Ele lê melhor do que eu!". Claro que esse não era absolutamente o caso: era sabido quão bem Musil lia. Porém, digno de nota em sua exclamação não era a verdade que continha, mas a forma que assumira. Esta depunha em favor daquilo que, mais tarde, vim a sentir tão fortemente nele: a *competição*. Musil *media-se* em relação aos outros; mesmo uma simples leitura significava para ele tanto quanto uma disputa para os gregos. Isso me pareceu quase um contrassenso, pois jamais teria me passado pela cabeça pretender medir-me com ele, a quem eu situava em um piano tão superior a mim. E, no entanto, após a sentida humilhação do ano anterior, e sem que naquele momento eu o tivesse compreendido, talvez eu tenha realmente sentido a necessidade de, ante a plateia de melhores ouvintes, lançar-me ao combate e, mais do que isso, vencê-lo.

O FUNERAL DE UM ANJO

Por quase um ano, ela fora exibida em uma cadeira de rodas: vestida com esmero, o rosto cuidadosamente maquiado, uma manta cara sobre os joelhos, o rosto de cera animado por uma confiança aparente. Esperança real, não tinha nenhuma. A voz não sofrera qualquer dano: era a mesma da época inocente em que sua portadora caminhava a passos miúdos com seus pés de corça, representando para todos os visitantes a imagem oposta à da mãe. O contraste, que sempre parecera incompreensível, tornara-se agora ainda maior. A mãe, que prosseguiu vivendo à sua maneira habitual, viu-se ainda melhor com o infortúnio da amada criança. Esta, afinal, estava ainda em condições de dizer "sim" e, paralítica, arranjou-se um noivado para ela.

Desejava-se que esse noivado fosse profícuo. A escolha recaiu sobre um jovem secretário da Frente Patriótica, um protegido do professor de teologia moral que orientava a principesca figura central da casa em suas inclinações afetivas. O secretário, que não se acanhou em noivar uma criatura que pouco tempo de vida teria pela frente, movia-se livremente pela casa em suas visitas à noiva enferma e, junto de sua cadeira de rodas, ficou conhecendo todas as celebridades que para ali se dirigiam com o mesmo propósito. Com seu sorriso solícito, suas bem-comportadas mesuras e sua voz lamuriosa, ele se transformou numa personalidade muito comentada: o jovem promissor, cujo nome ninguém jamais ouvira, que sacrificava a si próprio, sua aparência, seu tempo cada vez mais precioso, para dar ao anjo a ilusão de um restabelecimento ainda possível. Se ficara noiva, é porque havia ainda a esperança de que viria a se casar.

Causava grande impacto ver o jovem de *smoking* beijar a mão de sua noiva. Com a mesma frequência com que em Viena se costuma dizer "Küss die Hand"* — frase que sai dos lábios com tanta facilidade —, ele o *fazia* de fato. Quando, ao se aprumar novamente, com a agradável sensação de que fora *visto* desempenhando seu papel, de que nada naquela casa acontecia de forma gratuita, mas tudo, e especialmente um beijo naquela mão, era creditado em seu proveito; quando, pois, ao se aprumar, detinha-se ainda um instante em sua encantadora mesura diante da paralítica, era por ambos que ele estava se *levantando*. Havia mesmo pessoas que, como a mãe, confiavam num milagre e diziam: "Ela vai ficar boa. A alegria que o noivo lhe dá vai curá-la".

Havia outros, porém, que assistiam a esse espetáculo vergonhoso com nojo e raiva, alimentando esperanças bem diversas. Estes, aos quais eu pertencia, tinham um único desejo: o de que um raio atingisse mãe e noivo e, num único e mesmo momento, os *paralisasse* — não matasse, mas paralisasse —, e de que a enferma, por pavor, saltasse de sua cadeira de rodas, *curada*. Em seu lugar, desse momento em diante, a mãe é que seria empurrada para lá e para cá, vestida com igual esmero, cuidadosamente maquiada, a manta cara sobre os joelhos; o

---

* Forma de cumprimento austríaca empregada exclusivamente com mulheres. Literalmente, "beijo a mão". (N. T.)

noivo — em pé, mas apoiado sobre rodinhas — seria puxado por uma corrente até a velha senhora e se esforçaria por curvar-se e beijar-lhe a mão, não mais lhe sendo possível nem uma coisa nem outra. É certo que a jovem teria empregado toda a sua pureza e bondade na tentativa de presentear a mãe com a própria cura, reconduzindo-se, assim, à sua antiga posição e condição. Impediriam-na de fazê-lo, entretanto, os incessantes e sempre fracassados esforços do noivo por curvar-se e beijar a mão da velha senhora. Assim, os três teriam se transformado em um grupo de figuras de cera, às vezes posto em movimento por impulsos externos e servindo, eternamente, como um quadro da situação na Hohe Warte.

Contudo, a realidade desconhece qualquer justiça, e foi o secretário que, vestindo um *smoking* impecável e encostado a um pilar da igreja de Heiligenstadt, presenciou o ofício fúnebre. Esse foi o fim de seu noivado com Manon Gropius: ela morreu, como se previra; e, em vez de um casamento, ele teve de se dar por satisfeito com um funeral.

Manon foi enterrada no cemitério de Grinzing. Também dessa oportunidade tratou-se de tirar o máximo proveito possível. Viena inteira estava presente, ou, mais precisamente, a Viena que costumava se reunir nas recepções da Hohe Warte. Outros, que ansiavam ardentemente por serem convidados para essas recepções, mas nunca o eram, vieram também: não se podia forçar ninguém a se afastar do funeral. Uma longa fila de carros subia pela rua estreita até o cemitério — na verdade, um caminho, e não uma rua. Ultrapassagens eram impensáveis, por mais que os ocupantes de um carro pudessem estar empenhados em conseguir um lugar de honra. Assim, mantendo suas posições na longa fila, os carros impeliam-se vagarosamente colina acima.

Em um desses carros, um táxi, estávamos eu, Wotruba e Marian — a qual, muito agitada, fustigava incessantemente o chofer à sua frente: "Ultrapasse! Nós precisamos ir para a frente! O senhor não pode ultrapassar? Estamos muito atrás! Precisamos ir para a frente! Ultrapasse!". Suas frases eram como golpes de chicote, mas não eram cavalos que golpeavam, e sim um chofer, o qual se tornava tanto mais calmo quanto mais ela o impelia. "Não dá, minha senhora, não dá." "Tem de dar", gritava Marian, "nós precisamos ir para a frente." De tão agitada, suas palavras saíam aos soluços: "Mas nós não podemos estar entre os últimos! É uma vergonha! Uma vergonha!"

Eu nunca a vira assim, e Wotruba também não. Já havia tempos ele se esforçava por receber a incumbência de esculpir um monumento a Mahler. Novos esboços eram-lhe continuamente solicitados, mas pretextos fúteis protelavam a decisão. Anna, sua discípula, intercedera junto à mãe, apoiando-o com todas as suas forças. Carl Moll saíra a campo para ajudá-lo. Havia sido este último que, outrora, envidara todos os esforços possíveis por Kokoschka, esforços que, agora, despendia em não menor grau por Wotruba. Mas sempre, no último minuto, algo dava errado. Eu suspeitava da onipotente viúva, e, de fato, era ela quem estava sabotando a candidatura de Wotruba à execução do monumento a Mahler. A velha senhora tinha atração por ele, mas, como Marian estava sempre por perto, eram pequenas as suas chances de seduzi-lo. Carregando enormes mortadelas debaixo do braço, a viúva ia até o ateliê de Wotruba e, retornando decepcionada, dizia à filha: "Ele não combina com Mahler. Afinal, é só um proletário". Enquanto isso, Marian percorria todas as repartições públicas de Viena que pudessem, ainda que minimamente, influir na decisão. Sua paixão pelo "Mahler" — maneira pela qual ela e Wotruba chamavam o monumento — atingiu seu ponto alto no cortejo fúnebre de Manon Gropius, que, para além das múltiplas e complexas relações conjugais da mãe, muito pouco tinha a ver com Mahler, ou absolutamente nada, agora que estava morta.

Marian Wotruba, no entanto, vociferava e, como a subida dos carros até o cemitério transcorria vagarosamente, tinha tempo suficiente para isso: "Agora dá! Tente agora! Nós precisamos ir para a frente! Faça alguma coisa! Temos de ir para a frente ou seremos os últimos! Precisamos ir para a frente!". Wotruba olhou para mim, como se quisesse dizer: "Puxa, mas ela está mesmo com pressa!". Cuidou, porém, para não dizê-lo em voz alta, ou Marian teria deslocado sua fúria, do chofer para ele. Mesmo para Wotruba, a questão não era indiferente: ele preferiria estar bem à frente, mais próximo do monumento a Mahler. Para um escultor, o vínculo entre túmulos e monumentos tem sempre um caráter irresistível. Os primeiros constituem, por certo, a mais antiga composição com pedras que sua experiência registrou, e, quando se trata da falecida enteada de um homem digno de um monumento, tal vínculo torna-se indissolúvel.

Não me lembro mais do momento em que descemos do carro. Marian deve ter nos impelido para a frente, por entre a massa compacta de adoradores de túmulos. Por fim, estávamos de fato próximos da cova aberta, e eu ouvia o comovente discurso de Hollensteiner, a quem pertencia o coração da mãe enlutada. Esta estava chorando; chamou-me a atenção o fato de mesmo suas lágrimas possuírem um formato incomum. Não eram muitas, mas ela sabia chorar de um tal modo que as lágrimas, escorrendo, avolumavam-se em formações gigantescas; lágrimas como eu nunca vira, semelhantes a enormes pérolas, a joias preciosas. Não se podia olhar para elas sem irromper num sonoro espanto acerca de tanto amor materno.

É certo que a jovem suportara seu sofrimento com uma paciência sobre-humana, conforme Hollensteiner eloquentemente descrevia, mas qual não fora então o sofrimento da mãe, que ao longo de todo um ano e perante os olhos do mundo inteiro — sempre mantido informado acerca dos últimos acontecimentos — a tudo assistira? Muita coisa se passara no mundo enquanto isso — mães foram assassinadas, seus filhos morreram de fome —, mas ninguém sofrera tanto quanto aquela Alma, uma alma sofrendo por todas as outras. Não sucumbiu — nem mesmo ali, à beira do túmulo. De pé, lá estava ela, uma penitente exuberante, mas bastante envelhecida, antes Madalena do que Maria, dotada de inchadas lágrimas, em vez de arrependimento — lágrimas suntuosas, como jamais as criou pintor algum. A cada palavra de seu amante, que

210

proferia o discurso fúnebre, mais inchavam-se as lágrimas, até finalmente penderem, como uvas das gordas bochechas. Assim ela queria ser vista, e assim o foi, enquanto cada um dos presentes aspirava a ser visto por ela. Para isso tinham vindo: para conferir à dor de Alma o reconhecimento público que lhe era devido. Fez bem ter estado presente ali, naquele que foi um dos últimos grandes dias de Viena, antes que a cidade cambaleasse até a ruína e fosse transformada em província pelos novos senhores.

Mas houve ainda uma outra pessoa que se destacou nessa oportunidade — um tanto à parte, é verdade, mas ainda assim fazendo-se notar. Esta não se contentou em partilhar a glória daquela mãe submetida a tão dura provação, mas logrou destacar-se mediante dor própria e de nenhum modo menos pública. Ajoelhada sobre a terra ainda fresca de uma sepultura — elevada e um tanto afastada, mas não muito —, Martha, a viúva de Jakob Wassermann, estava mergulhada em fervorosa oração. Um ano antes, seu marido morrera, praticamente ainda no topo da fama. Ela escolhera bem a sepultura: esta podia ser vista de todos os lados. Martha mantinha juntas as mãos magras, por vezes trêmulas de emoção; os olhos, firmemente fechados, nada viam do mundo, a despeito do prazer que teriam em observar o efeito do próprio isolamento. Um grau um pouco menor de severidade lhes teria conferido credibilidade. Naquela atitude de fervorosa prece, o rosto estreito pretendia assemelhar-se ao de uma camponesa atormentada; o chapéu, com arguta premeditação, fora ajeitado de forma a lembrar um lenço. Por um fio, todo o arranjo resultou por demais enfático: se as mãos tremessem um pouco menos, se os olhos se abrissem de vez em quando, se a cova recentemente coberta de terra — cova que, afinal tinha de ser outra que não a do anjo — se situasse em local não tão obviamente propício, então se estaria inclinado a julgar que tamanha comoção fosse verdadeira. Porém, a impropriedade de todo o conjunto não inspirava confiança. Não cabia sequer a pergunta acerca do destinatário das preces de Martha: se seu marido, que, gravemente doente do coração, trabalhara até morrer; se o anjo, a quem mesmo as palavras empoladas de Hollensteiner e as lágrimas-monstro da mãe nenhum mal podiam fazer; ou se seus próprios rabiscos, já que ela se considerava melhor escritora do que o marido, coisa que, após a morte deste, estava furiosamente decidida a provar ao mundo.

Para mim, a dor de toda a encenação no cemitério de Grinzing foi ressarcida pela visão destas duas figuras: Martha, a quem vi quando se preparava para ajoelhar-se, mas não ao se levantar; e a mãe, cujo imenso coração logrou produzir pesadas lágrimas. Esforcei-me por não pensar na vítima, a quem todos haviam amado.

ALTA INSTÂNCIA

Em meados de outubro de 1935, *Auto de fé* foi publicado. Um mês antes, havíamos nos mudado para a Himmelstrasse, a meio caminho do alto das colinas cobertas de videiras que circundam Grinzing. Era um sentimento de libertação, este de deixar a sombria Ferdinandstrasse e, ao mesmo tempo, ter nas mãos o romance que se alimentara dos aspectos mais lúgubres de Viena. A subida da Himmelstrasse, onde agora morávamos, conduzia a um lugar chamado "Am Himmel" [No céu], nome que me divertia tanto que Veza mandou imprimir para mim papéis de carta nos quais, em vez do endereço "Himmelstrasse 30", lia-se "Am Himmel 30".

Veza sentiu a mudança e a publicação como uma libertação do mundo do romance, que a inquietara. Ela sabia que eu jamais renunciaria a ele, e, enquanto o pesado manuscrito esteve em meu poder, Veza o temeu como algo perigoso. Estava convencida de que, desde que o escrevera, algo em mim se aplacara, e de que a *Komödie der Eitelkeit* — da qual ela gostava mais do que das outras obras — representava mais corretamente as minhas possibilidades como escritor. Com muito tato, e julgando que eu não o percebia, ela se interessou em saber para quem eu estava mandando exemplares autografados do *Auto de fé*. Viu, então, que

212

com eles eu presenteava apenas algumas poucas pessoas — nem sequer uma dúzia — e ficou satisfeita. Ela estava certa de que eu as magoaria com um tal presente: já não era mais possível evitar que os críticos me massacrassem; mas eu não deveria perder os amigos que me conheciam bem e tinham por mim alguma consideração — e não havia muitos — impondo-lhes a leitura opressiva do romance.

Veza expôs-me longamente, então, a diferença entre leituras públicas e leitura pessoal. Nas primeiras, além do obrigatório "O bom pai", eu costumava ler também "O passeio" (primeiro capítulo do romance) e dois capítulos da segunda parte: "O paraíso ideal" e "A corcunda". Nestes, Fischerle era o personagem principal, com sua petulância maníaca, cujo efeito era sempre contagioso. No entanto, "O bom pai" também tocava os ouvintes, pois havia lugar ali para a compaixão pela filha atormentada. Muitos desses ouvintes teriam, talvez, desejado ler mais do romance, mas este não existia em livro, o que, passados alguns anos, todos já haviam compreendido. Assim, não era possível a ninguém expor-se à luta entre Kien e Therese, insuportável em sua minuciosidade. Não havendo, pois, razão para se ressentir com o autor, as pessoas voltavam para a leitura seguinte, que lhes reforçava a opinião anterior. Nos círculos mais restritos de Viena, interessados em uma literatura mais nova, uma reputação enganosa estivera em formação, reputação esta que agora, com a publicação do livro, experimentaria um golpe mortal.

Eu próprio, contudo, não tinha medo algum; era como se Veza o tivesse tomado todo para si. A cada recusa de uma editora, minha fé no romance saíra fortalecida. Depositava nele total confiança, ainda que não para o presente. Não sei de onde tirei tamanha segurança. Talvez nos protejamos da hostilidade do presente ao, sem hesitar, invocar como juiz a posteridade. Desaparecem, assim, todas as ponderações mesquinhas e incertezas. Não ficamos imaginando o que este ou aquele poderia dizer: uma vez que isso pouco importa, nem sequer *desejamos* imaginá-lo. Tampouco recordamos aquilo que, no passado, os homens de então disseram acerca dos livros que amamos. Esses velhos livros, que nos acompanham pela vida afora, nós os contemplamos por si sós, desvinculados das miudezas nas quais seus autores se viram enredados em sua época. Para muitos, é como se os livros tivessem eles próprios se transformado em deuses — o que significa não apenas que sempre existirão, mas também que sempre existiram.

Contudo, essa confiança na posteridade, que nos impregna, não é absoluta. Também para a posteridade há juízes. Estes são difíceis de achar, e muitos podem ter a infelicidade de jamais encontrar a pessoa a quem possam colocar, de consciência tranquila, na posição de um tal juiz. Eu já o havia *encontrado*, e tão grande se fizera em mim o respeito por ele — após um ano e meio de longas conversas diárias — que eu teria acatado até mesmo se ele sentenciasse à morte o *Auto de fé*. Vivi cinco semanas na expectativa de seu veredicto.

Enviei-lhe um exemplar do livro, com uma dedicatória que só ele podia entender:

"Ao dr. Sonne (sol) — que, para mim, o é ainda mais. E. C."

Nos outros exemplares que enviei — a Broch, Alban Berg, Musil —, não poupei manifestações de admiração, deixando claro e perfeitamente inteligível o que realmente sentia por cada um deles. Com o dr. Sonne foi diferente. Como jamais havíamos trocado palavras "íntimas", eu nunca ousara expressar-lhe toda a admiração que sentia. Jamais pronunciava seu nome diante de quem quer que fosse, sem precedê-lo do "doutor" — o que não significava, absolutamente, que eu atribuísse alguma importância ao título: de cada duas pessoas que se conhecia em Viena, uma era "doutor". Seu emprego servia, antes, como um complemento a indicar deferência. Em vez de dizer abruptamente o nome, preparava-o com uma palavra neutra, incolor, tornando, assim, manifesto que não tinha sobre ele qualquer direito à intimidade: o nome permanecia sempre distante, intocável, remoto. Deveu-se à distância imposta por esse título que uma palavra tão sagrada quanto "Sonne" — resplandecente, candente, proverbial, princípio e fim (como ainda se acreditava então) de toda a vida — não se tenha transformado em um lugar-comum, a despeito de seu caráter harmonioso e acessível. Nem mesmo em *pensamento* eu desvinculava o título do nome: perante mim mesmo, assim como na companhia de outras pessoas, eu sempre o chamei "dr. Sonne". Somente hoje, passados quase cinquenta anos, o título me parece por demais formal e pomposo para o nome, razão pela qual tomo a liberdade de só muito raramente escrevê-lo.

Naquela época, apenas o destinatário de minha dedicatória podia compreender que significava mais para mim do que o sol. Apenas diante dele meu nome reduziu-se às suas iniciais. No tamanho das letras, a caligrafia permaneceu incorrigivelmente autoconfiante: não era a de um homem que desejava desaparecer; com aquele livro, que havia anos desfrutava apenas uma existência secreta, o autor finalmente estava desafiando o público. Entretanto, ele desejava desaparecer diante *daquele* que se ocupava unicamente com ideias, e não consigo próprio.

Numa tarde no Café Museum, em meados de outubro, entreguei o livro ao dr. Sonne — um livro cujo manuscrito ele nunca vira, de que eu jamais lhe falara e do qual ele ouvira apenas um único capítulo isolado, naquela minha leitura. Talvez tenha ouvido de outros, de Broch ou Merkel, mais a respeito do livro. A opinião de Broch em questões literárias seguramente teria significado alguma coisa para Sonne, mas mesmo ela não teria sido decisiva. Sonne confiava apenas em seu próprio juízo, ainda que, por certo, tomasse cuidado para não dizê-lo de modo tão arrogante. Daquele momento em diante, tornei a vê-lo diariamente, como sempre o fizera. Todas as tardes eu ia até o Café Museum e sentava-me a seu lado, e ele não fazia segredo algum de que estava esperando por mim. Tiveram prosseguimento as conversas que, aos trinta anos, me fizeram renascer. Nada mudou; de fato, cada conversa era algo novo, mas não de maneira diversa da que, antes, já o fora. Suas palavras não deixavam transparecer qualquer indício de que tivesse lido o romance. A esse respeito, ele permanecia obstinadamente mudo, e eu o acompanhava em seu silêncio. Ardia por saber se já *começara* a leitura — se já *começara*, pelo menos —, mas não lhe perguntei uma única vez. Acostumara-me a respeitar cada recanto de seu silêncio, pois somente quando ele começava inesperadamente a falar sobre algo é que o fazia com a plenitude que lhe era peculiar. Sua autonomia — que ele protegia da maneira mais transparente, sem o emprego de qualquer violência — ensinou-me a compreender o que é autonomia espiritual, e o que se aprendera com Sonne não se podia absolutamente ignorar, menos ainda diante dele próprio.

As semanas se sucediam, uma após a outra, e eu refreava minha impaciência. A rejeição de Sonne — ainda que exposta em detalhes e solidamente fundamentada, como era de seu feitio — teria significado minha destruição. Ele era o único a quem eu reconhecia o direito de sentenciar-me uma morte espiritual. Mas Sonne prosseguia em seu silêncio e, noite após noite, quando eu voltava para Himmelstrasse, Veza — de quem me era difícil esconder questão tão decisiva — me perguntava: "Ele disse alguma coisa?". Ao que eu respondia: "Não. Acho que ainda não teve tempo de dar uma olhada". "O quê? Tempo? Não teve tempo e fica duas horas, diariamente, sentado com você no Café?" Eu, então, fingindo calma, comentava casualmente: "Ora, não é essa a questão. Já *discutimos* muitos 'autos de fé' um com o outro". Quando me valia de tais evasivas, ela ficava com raiva e queixava-se em altos brados: "Você se tornou um escravo! Jamais pensei que você fosse se curvar a um *senhor*. E agora tenho de assistir a isto? Agora que o livro finalmente saiu, você se transforma num escravo!".

Escravo de Sonne eu seguramente não era. Tivesse ele alguma vez feito ou dito algo desprezível, eu não o acompanharia. Ele seria a última pessoa de quem eu teria aceitado alguma baixeza ou vulgaridade. Tinha, porém, certeza absoluta de que ele era incapaz de qualquer estupidez ou mediocridade. O que Veza entendia como escravidão era essa minha *confiança* — absoluta, mas vigilante também. Ela conhecia bastante bem essa situação, pois era precisamente assim que se sentia em relação a mim. Julgava-se justificada nesse seu sentimento pelas minhas obras, das quais três eram agora, finalmente, públicas. Mas quais as obras do dr. Sonne? Se as havia, ele sabia muito bem ocultá-las. Por que as escondia? Pareciam-lhe indignas das pessoas com as quais se relacionava? Veza tinha plena consciência de que era a sobriedade de Sonne o que as pessoas como Broch, Merkel e outros tanto admiravam. Mas aos olhos de Veza parecia desumano que a sobriedade de Sonne fosse tão longe a ponto de ele silenciar por semanas acerca do romance, embora nos víssemos diariamente. Sem papas na língua, ela não poupava minha sensibilidade: atacava-o de todas as maneiras. Quando falava dele, sua sagacidade — da qual era fartamente dotada parecia abandoná-la. Como ela própria não estava segura quanto ao romance, temia que o silêncio de Sonne significasse rejeição, e sabia muito bem o efeito que tal rejeição produziria em mim.

Numa tarde, no Café Museum, mal havíamos nos cumprimentado e ocupado nossos lugares, Sonne me disse — sem qualquer preâmbulo, rodeio ou desculpa — que lera o livro, perguntando-me se eu queria saber o que ele pensava a respeito. Então, durante duas horas, falou sobre o romance — nenhum outro assunto foi discutido naquela tarde —; radiografou-o de todos os ângulos, apontando implicações de cuja presença eu nem sequer suspeitara. Abordou-o como a um livro que já existisse havia tempos e que continuaria a existir no futuro. Explicou-lhe a proveniência e para onde fatalmente conduziria. Tivesse ele se contentado em fazer comentários elogiosos de caráter genérico, eu já teria ficado feliz com a sinceridade de sua aprovação, após cinco semanas de dúvidas. Mas fez muito mais: penetrou em detalhes do romance os quais, embora eu os tivesse escrito, não saberia fundamentar, explicando-me por que estavam corretos e não *podiam* ser de outra maneira.

Sonne falava como se estivesse em meio a uma viagem em busca de novos continentes, e me levava consigo. Por meio de suas palavras, eu aprendia como se fosse uma outra pessoa, e não o autor: o que ele me mostrava era tão surpreendente que eu mal teria reconhecido o livro como meu. Era já espantoso o suficiente que ele tivesse os mais mínimos detalhes do romance ao alcance da mão, como se tratasse de um texto antigo que comentava diante de seus alunos. Assim, criou entre mim e o livro uma distância maior do que a dos quatro anos em que o manuscrito estivera engavetado em minha casa. Vi-me diante de uma obra plena de sentido, cuidadosamente pensada até o último detalhe e contendo em si própria não apenas a sua justificativa, mas também a sua dignidade. Fiquei fascinado com cada uma das observações de Sonne, todas elas inesperadas para mim, e meu único desejo era o de que não tivessem mais fim.

Apenas lentamente fui percebendo que suas palavras continham também um propósito específico: para Sonne, estava claro que o livro teria um destino duro pela frente, razão pela qual queria armar-me contra os ataques que seriam de esperar.

Após fazer um sem-número de observações não relacionadas a esse propósito, Sonne, afinal, se permitiu formular ele próprio os ataques para os quais seria necessário que se estivesse preparado. Dentre outras coisas, disse-me que caracterizariam o livro como o de um homem velho e assexuado. Com precisão, ele me provou o contrário. Alertou-me, ainda, para o fato de que haveria resistência contra Fischerle por este ser judeu, e de que censurariam o autor em razão de o personagem poder prestar-se a distorções que serviriam aos odiosos sentimentos vigentes à época. Acrescentou, no entanto, que o personagem era verdadeiro, tanto quanto a governanta, rústica e tacanha, e o brutal zelador. Quando a catástrofe pertencesse já ao passado, disse-me, todos esses rótulos se despregariam dos personagens, e estes permaneceriam na condição de causa da catástrofe. Se de tudo o que ele me disse menciono aqui apenas esse detalhe, é porque, mais tarde, no curso das reações a Fischerle, senti-me frequentemente incomodado, procurando então refúgio nessa justificativa prévia de Sonne.

Incomparavelmente mais importantes, porém, foram as implicações de conteúdo mais profundo que Sonne desvendou diante de mim. Destas nada mencionarei. Nos cinquenta anos transcorridos desde então, muitas vieram à baila. Ensaios e livros apontaram para aspectos do romance que Sonne, já naquela época, me explicara. É como se um livro ocultasse um reservatório de segredos que, pouco a pouco, fosse sendo esvaziado, até que, por fim, todos tenham sido desvendados e nada mais haja a extrair dali. Temo a chegada desse momento, mas ele ainda não veio. Preservo ainda, intacta, uma boa porção do tesouro que Sonne outrora me deu, e, se prossigo respondendo com curiosidade a cada reação séria ao romance — o que a muitos espanta —, isso se deve a esse tesouro: o único em minha vida que aprecio olhar e que, consciencioso, administro.

As críticas que ainda hoje me são feitas por leitores furiosos não me afetam verdadeiramente, mesmo que provenham de pessoas a quem amo por sua inocência e às quais, por isso mesmo, eu próprio desaconselhei a leitura do livro. Às vezes, graças a insistentes pedidos, consigo manter afastadas do romance algumas dessas pessoas. Mas mesmo para amigos íntimos, aos quais não é possível impedir por muito tempo que o leiam, não sou mais o mesmo depois que o fazem. Percebo, então, como procuram em mim o mal de que esse livro está impregnado. Sei também que não o encontram, pois não é mais esse mal que tenho agora, mas um outro. Não posso ajudá-los em sua perplexidade. Como poderia explicar-lhes que Sonne, naquele dia, extirpou-me *esse* mal, extraindo-o, diante de meus olhos, de todas as brechas e fendas do romance, para novamente montá-lo a uma distância segura de mim?

IV. GRINZING

HIMMELSTRASSE

À procura de algo que não se pode comprar, fui parar em Grinzing, diante de *fräulein* Delug, proprietária do apartamento ao qual moraríamos por três anos. Mudamos para lá — a mais bela casa que eu jamais vira — em caráter provisório, até que aparecesse alguém disposto a alugar o apartamento inteiro. Tínhamos direito a quatro dos cômodos, dentre eles um espaçoso ateliê, os quais mobiliamos escassamente, e a uma entrada própria. Outros quatro cômodos permaneceram desocupados. Conduzíamos nossos visitantes — arrebatados pela localização, tamanho e número de cômodos, bem como pelas vistas diversas que ofereciam — pelo apartamento, inclusive pelos cômodos vazios.

Poucos havia que não os cobiçassem, mas eles não estavam à disposição. A inabalável probidade de *fräulein* Delug era nossa garantia. Ela nos alugara nossa porção do apartamento sob *uma* condição: se alguém se interessasse pelo apartamento inteiro, bastante caro, teríamos de sair. Enquanto isso, porém, permanecíamos sozinhos ali; ela se recusava a colocar mais pessoas morando conosco, o que lhe era frequentemente sugerido. Nem sequer nos comunicava tais sugestões: apenas indiretamente ficávamos sabendo delas. Sem hesitar, dizia "não", embora um segundo aluguel, acrescido ao nosso, pudesse ter dobrado seus rendimentos. Dizia, contudo, que isso não fora combinado conosco e, por isso, certamente não seria direito. *Fräulein* Delug era uma mulher de poucas palavras, dentre as quais "direito" (*recht*) era presença constante. Tirolesa, ela a pronunciava de forma gutural, lembrando a pronúncia suíça, e já por isso eu gostava dela. Baixinha, com seu enorme molho de chaves, fazia diariamente a ronda por todos os aposentos, ocupados e vazios, do edifício, que fora planejado para ser uma academia — tomando o cuidado de não ir, aonde receasse incomodar, não vindo a nosso apartamento, por exemplo. Então, cautelosa, anunciava-nos a visita na véspera. Tudo no edifício era grande: já o vestíbulo e a escada, com seus degraus baixos e confortáveis, recebiam-nos como se estivéssemos entrando num castelo. *Senhor* algum, entretanto, tinha ali o comando, a não ser a pequena, curvada e grisalha *fräulein*, arrastando-se com seu molho de chaves, emitindo aqui e ali, muito raramente, alguns poucos sons guturais, que, se soavam rudes, eram atenciosos na intenção.

Era totalmente só: jamais vi alguém com quem tivesse algum relacionamento. Talvez tivesse ainda parentes no sul do Tirol. Se os tinha, porém, não falava deles; nada dizia que permitisse concluir qualquer vinculação sua com outras pessoas. Nós a víamos somente no interior do edifício e no jardim, nunca na Himmelstrasse, que conduzia ao povoado, ou em alguma loja lá embaixo. Não havia qualquer indício de que saísse para fazer compras; sacola, só carregava uma quando ia ao jardim apanhar verduras. Chegamos à conclusão de que vivia de verduras e frutas. Podia conseguir leite com o inquilino que morava nos fundos, para o lado do jardim, e que, talvez, lhe trouxesse também o pão. Só quando ia pagar o aluguel é que Veza podia ver o grande quarto-torre em que ela morava. Nele havia muitas coisas antigas que poderiam ter vindo de uma bela casa tirolesa, porém todas muito juntas, impossíveis de serem vistas de relance, desordenadas, como se ela tivesse tido de amontoá-las ali por não ter mais onde pô-las — embora houvesse no edifício muitos cômodos grandes, totalmente vazios. Ali era o centro, o escritório, por assim dizer, de onde *fräulein* Delug tentava manter tudo no seu devido lugar, tarefa muito acima de suas forças. A construção já tinha mais de duas décadas e exigia consertos por todos os cantos. Ela tinha de obter dos aluguéis os recursos para tanto. O irmão, pintor, parecia ter consumido todo o dinheiro que tinha na construção da academia, o sonho de sua vida.

Fräulein Delug nunca falou a respeito, nunca se queixou. No máximo, mencionou certa vez, de passagem, que havia muito o que consertar no edifício. Como uma camponesa o faz com seu pedaço de terra, ela procurava manter de pé o sonho do irmão, completamente sozinha, provavelmente sem ter qualquer outro pensamento em mente.

A imponente construção, situada na metade da subida da Himmelstrasse, fora planejada para ser uma academia de pintura, mas nunca servira a esse propósito. Mal concluída a construção, o irmão morrera, transferindo para ela a luta pela manutenção das instalações da planejada academia. Seis grandes apartamentos, três em cada ala, foram divididos para serem alugados, mas havia ainda anexos e modestos cômodos no porão. O jardim, que se estendia em três direções, possuía diversas subdivisões, delimitadas por belas escadas e enriquecidas por esculturas que, assim se pretendia, deveriam sugerir antiguidades maltratadas pelo tempo. Poder-se-ia divergir quanto a seu valor artístico, mas o jardim, copiado de um modelo italiano, tinha em seu conjunto algo de muitíssimo atraente. Como se situasse em uma região de vinhedos, não parecia fora de lugar, e, precisamente por seu caráter de imitação, tinha o encanto do artificial. De um pequeno terraço lateral, a que se chegava por degraus recobertos de musgo e castigados pelo tempo, avistava-se a planície do Danúbio, que parecia imensa, sua porção mais próxima compondo-se das casas vienenses.

O mais atraente daquele lugar, já em si tão bonito, era sua equidistância em relação ao ponto final da linha 38 do bonde, rua abaixo, e à floresta, rua acima. Podia-se escolher entre subir a metade superior da Himmelstrasse, passando por habitações mais modestas, até o mirante, bem sobre o Sievering, chamado "Am Himmel", logo depois do qual começava a floresta; ou, se não se estava propenso a florestas, seguir a rua, não muito larga, que, descrevendo um grande arco, conduzia a Cobenzl: de lá, tinha-se novamente a grande e panorâmica vista para a planície, mas também (mais próximo, por entre os vinhedos), para o orgulhoso edifício da academia, onde me fora concedido morar.

Diagonalmente oposto à Academia Delug, um pouco abaixo na Himmelstrasse, morava Ernst Benedikt, que até pouco tempo antes fora proprietário e editor da *Neue Freie Presse*. Como figura da *Fackel*, eu o conhecia havia tempos, ainda que não tão bem quanto conhecia seu pai, Moriz Benedikt, que estava entre os verdadeiros monstros da *Fackel*. Quando descobri sobre nossa vizinhança, já havíamos mudado para a nova casa; mas sinto ainda o calafrio que me percorreu ao saber da malfadada proximidade, quando Anna — que viera visitar nosso novo e tão louvado ateliê — mostrou-me a casa dos Benedikt. Estávamos no terraço do jardim, onde eu queria mostrar a ela a vista da planície — Anna tinha uma queda pelo distante, pelo vasto. Para minha surpresa, porém, ela apontou uma casa bem próxima, dizendo: "Mas aquela é a casa dos Benedikt!". Ela raras vezes estivera naquela casa e não levava particularmente a sério o que nela se passava. Por certo, o poder da *Neue Freie Presse* fora grande no passado, mas agora o de sua mãe era bem maior. Anna possivelmente sabia que, graças às décadas de existência da *Fackel*, o nome Benedikt transformara-se em algo demoníaco, mas isso nada significava para ela. Nada lhe era mais estranho que a sátira, e pode-se afirmar com certeza que ela jamais leu até o fim uma única frase, que dirá uma página, da *Fackel*. Anna dissera "casa dos Benedikt" como se se tratasse de uma casa qualquer, e não foi pequeno o seu espanto quando eu, acometido de todos os sintomas do pavor diante de sua inofensiva observação, procurei saber mais detalhes sobre a perigosa família.

"São realmente os mesmos Benedikt?", perguntei mais de uma vez. "E tão próximos de nós!"

"Mas você não precisa vê-los", disse-me ela.

Atônito, afastei-me daquela visão, retornando à academia. Prefereria qualquer coisa a ter por mais tempo aquela casa diante dos olhos.

"Ele é absolutamente desinteressante", contou-me Anna. "Tem quatro filhas e toca violino. Aliás, não toca mal. Tem uma boca de girino e um jeito meio tolo de falar. Fala demais, mas ninguém presta atenção. Está sempre querendo mostrar como é versado em diversos assuntos, mas chateia todo mundo."

"E edita a *Neue Freie Presse*?"

"Não, já vendeu. Não tem mais nada a ver com isso."

"E o que ele faz, agora?"

"Escreve. Sobre história. A editora não quis publicar coisa alguma. Os leitores dizem que é ruim."

Continuei fazendo perguntas, mas sem propósito algum. Queria apenas falar para esconder minha agitação, mas esta era grande demais para se deixar ocultar. Sentia-me como, em tempos passados, deve ter se sentido um homem religioso a quem, após descobrir que bem ao seu lado morava um herege — uma criatura abominável com a qual qualquer contato seria perigoso —, fosse dito que não se tratava de um herege nem de coisa alguma relacionada com a salvação da alma, mas simplesmente de uma figura inofensiva, um tanto tola, que ninguém levava a sério.

Eu estava assustado demais com essa proximidade para me deixar apartar de imediato da figura que Karl Kraus, durante tantos anos, cevara em mim. Mas prossegui fazendo perguntas, porque não queria dar a perceber a Anna que eu sentia algo próximo do medo, diante dessa espécie de vizinhança condenada. Ainda assim, ela percebeu mas não zombou de mim. Na verdade, jamais zombava de pessoa alguma, pois para ela zombaria era algo não só antiestético mas também indiscreto, pelo qual nutria até mesmo um temor especial, depois das experiências que tivera com a mãe. Todavia, deve ter considerado indigno que eu perdesse tempo preocupando-me com aquele vizinho e, provavelmente, desejava também acalmar-me, para que pudesse dar um outro rumo à conversa, pois em geral tínhamos coisas mais interessantes e importantes a conversar.

Contive-me da maneira habitual: impus uma interdição à casa dos Benedikt e *não a vi mais*. De qualquer modo, ela não era visível da janela do quarto onde estavam meus livros e a mesa em que eu escrevia, janela que dava para o pátio frontal e para a Himmelstrasse. A casa situava-se rua abaixo, em diagonal, e tinha o número 55. De *cômodo algum* de nosso apartamento, nem mesmo dos vazios, se podia vê-la. Era necessário estar no terraço em que estivera com Anna — o qual ficava na porção maior do jardim, ou no jardim propriamente dito — para se avistar a casa condenada. Desde o momento em que Anna a anunciara, anúncio que se transformou para mim num sinal de perigo, eu passei a evitar o terraço. Além disso, em um jardim tão variado, circundando toda a edificação, havia o bastante para se mostrar aos visitantes, sem cair no tal terraço. E, quando eu descia a rua em direção ao povoado, em geral para pegar o bonde, automaticamente voltava os olhos para o lado esquerdo, até que tivesse passado pelo número 55.

Nós havíamos nos mudado no princípio de setembro, e durante uns bons quatro meses, até a entrada do inverno, tal proteção foi suficiente. Intimamente, eu tinha uma imagem precisa da fachada da casa dos Benedikt. Sabia da varanda aberta para a rua, no piso superior, da posição das janelas, do tipo de telhado, dos degraus que conduziam à porta de entrada. Não creio que tivesse na cabeça uma ideia tão precisa de qualquer outra casa da redondeza. Péssimo desenhista como sempre fora, teria sido capaz até mesmo de desenhá-la — mas nunca olhava para ela. Olhava sempre para o lado esquerdo, para o outro lado; quando e como adquiri aquela imagem exata da casa — antes de adentrá-la — permanecerá um enigma para mim. Eu precisava da imagem para poder *bani-la*.

Contei a Veza sobre a casa, antes ainda que Anna partisse, e ela riu de meu pavor. Estivera não menos do que eu à mercê da *Fackel*, mas só enquanto estivesse sentada em um auditório diante de Karl Kraus — nem um minuto a mais. Depois, lia o que tinha vontade, conhecia as pessoas sem qualquer embaraço, sem se deixar perturbar pelos anátemas de Kraus: via-as como realmente lhe pareciam ser, como se ele jamais tivesse dito algo sobre elas. Da mesma forma, não fazia agora qualquer restrição, por mínima que fosse, à amaldiçoada vizinhança; parecia mesmo agradar-lhe a presença de quatro jovens moças — precisamente as filhas de Benedikt. Veza tinha por elas a mesma curiosidade que tinha por outras moças, divertia-se com meu pavor; quis saber de Anna se as moças eram bonitas — o que ela não soube dizer ao certo — e por qual delas eu me apaixonaria, ao que Anna respondeu que, segundo acreditava, por nenhuma, já que eram todas umas patetinhas com quem nem sequer se podia conversar: haviam saído à mãe, amável e simples, e não ao maluco do pai. Veza, contudo, em seu devido tempo soube pôr um fim à zombaria. Depois de, como sempre, ter firmado claramente sua independência em relação a mais essa questão, deu a perceber que me apoiaria e, tão logo proclamei minha interdição referente àquela casa, prometeu ajudar-me e não tornar as coisas mais difíceis ou complicadas com sua curiosidade acerca das moças.

Eu próprio não quebrei a cabeça pensando em como elas seriam: se oriundas da *Neue Freie Presse*, já haviam sido, inevitavelmente, corrompidas.

A caminho do povoado, rua abaixo, eu sempre encontrava as mesmas pessoas, nos mesmos horários. Tinha sobre elas a vantagem de caminhar mais rápido, pois *seus* passos tornavam-se mais lentos com a subida. Era como se oferecessem à contemplação, enquanto eu, com um ar superior, passava rapidamente. *Um* desses encontros, no entanto, ocorria de maneira inversa: eu próprio era quem diminuía o passo, enquanto uma moça vinha em minha direção, subindo a rua com grande pressa. Com um casaco claro e aberto, os cabelos soltos e negros como breu, respiração pesada e os olhos dirigidos para uma meta que eu desconhecia, ela era bem jovem, dezessete anos, talvez. Não fosse pelo resfolegar tão alto, seria bela como um peixe negro. Tinha algo de oriental nos traços (embora fosse muito alta e pesada para uma japonesa de sua idade). Impetuosa, quase às cegas, subia correndo em minha direção; eu hesitava, temia que acabasse me atropelando, mas um único olhar lhe bastava para evitar a colisão. Esse seu olhar me afetava; só podia significar fuga. Uma vida tempestuosa irradiava dela; parecia tão jovem que eu sentia receio de segui-la com o olhar e, assim, não ficava sabendo para onde ela ia com tanta pressa. Só podia morar em uma das casas mais acima, na Himmelstrasse.

A moça só aparecia por volta do meio-dia, e não posso imaginar o que eu próprio tinha a fazer no povoado àquela hora. Após alguns encontros com a pressa intrigante daquela criatura de cabelos negros, surpreendi-me quase que diariamente descendo a rua naquele mesmo horário, sem desconfiar que o fazia apenas por sua causa, embora cuidasse para não chegar demasiadamente rápido ao cruzamento com a Strassergasse, pois era de lá que ela vinha e não era para lá que eu ia. Assim, não alterava minha trajetória por sua causa, não ia a seu encontro: seguia *meu* caminho. Que ela viesse em direção contrária era problema dela e de sua impetuosidade; recusava-me a reconhecer que agora, quase diariamente, eu percorresse o mesmo caminho por sua causa.

Qualquer que fosse seu nome, ele teria me decepcionado; a não ser que se tratasse de um nome oriental. Eu estava, à época, bastante familiarizado com as coloridas xilogravuras japonesas: elas haviam se apoderado de mim tanto quanto o fizera o teatro cabúqui, que eu tivera oportunidade de assistir ao longo de uma semana de apresentações na Volksoper. Amava particularmente as xilogravuras de Sharaku, que reproduziam atores de cabúqui, porque experimentara em mim mesmo durante sete noites seguidas, o efeito dessas peças. Nelas, no entanto, os personagens femininos eram interpretadas por homens, e mesmo nas xilogravuras coloridas de Sharaku certamente não havia ninguém que se assemelhasse à minha aparição diária. Como, porém, a impetuosidade — a mesma que me arrebatara naquela moça disparando rua acima — era comum a todas elas, parece-me, hoje, ser essa sedutora falta de fôlego o que me prendia àquele caminho — caminho que me ligava ao povoado e à cidade, e que eu tinha de percorrer de qualquer maneira —, àquela determinada hora do dia. Era por volta daquele horário, cerca de uma da tarde, que o espetáculo começava, e eu era um espectador pontual. Não me atraía espiar os bastidores, não queria descobrir coisa alguma, mas a entrada em cena, esse momento particular, eu não me permitia perder.

Quando o frio aumentou, já inverno adentro, intensificou-se o caráter dramático dessas entradas em cena, pois a jovem fumegava. O casaco parecia estar ainda mais aberto, e ela, com maior pressa: sua respiração intensa desenhava nuvens no ar gélido. Eu tinha a impressão de que sua pressa aumentava a cada dia; o frio tornou-se mais intenso; mais vapor escapava de sua boca aberta; ao quase roçar em mim, de passagem, eu a ouvia ofegar.

Ao aproximar-se o horário de vê-la, eu interrompia meu trabalho. Punha o lápis sobre a mesa, levantava-me de um salto e saía por uma porta que ligava meu quarto diretamente ao vestíbulo, deixando a casa sem que ninguém soubesse. Descia a larga escada de degraus baixos, entrava pelo pátio frontal, lançava um olhar para minha janela do piso superior, como se eu ainda estivesse lá em cima, e logo estava na rua. Sempre tinha um pouco de medo: o personagem de cabúqui, a jovem oriental, poderia já ter passado. Mas isso nunca acontecia. Eu tinha tempo de, após alguns passos, evitar a visão da casa de número 55, sobre a qual pesava a interdição, desviando obstinada e obedientemente o olhar para o lado esquerdo. Então, invariavelmente, entre o número 55 e o cruzamento da Strassergasse, irrompia em minha direção a criatura selvagem, espraiando excitação ao seu redor. Eu absorvia da cena tanto quanto me era possível: seu efeito podia até perdurar para além do dia seguinte. Eu costumava me informar acerca de muitas das pessoas da redondeza que me eram desconhecidas, pedindo aos outros que me contassem sobre elas. Sobre a jovem que disparava rua acima, nunca perguntei a ninguém. Sonora e exuberante como parecia, ela se transformou para mim num mistério.

A ÚLTIMA VERSÃO

Um ano e meio antes de nos mudarmos para Grinzing, quando ainda estávamos na Ferdinandstrasse, Veza e eu nos casamos — acontecimento que ocultei de minha mãe, então em Paris. Mais tarde, talvez ela tenha suspeitado do que havia por trás do novo endereço — Himmelstrasse —, mas nada havia sido dito. Mesmo quando Georg, meu irmão, ficara sabendo (não sendo mais possível ocultar-lhe o fato), ele, que era quem melhor conhecia a mãe, mantivera o assunto em segredo. Depois ela o descobrira, juntamente com a notícia da publicação do livro, esta última tendo-a surpreendido sobremaneira. Assim, durante certo tempo, o livro ocupara o centro de suas atenções — um assunto que tratava num tom submisso, absolutamente invulgar nela —, e o casamento ficara embutido como fato secundário no conjunto das novidades. Nutri, então, a esperança de que o pior entre nós já passara, de que os anos nos quais eu lhe escondera o caráter duradouro e indissolúvel de meu relacionamento com Veza (o que fizera para proteger Veza, mas também para poupar minha mãe de sofrimento mais agudo) não mais teriam um significado tão grande.

À sua maneira altiva, ela me transmitira seu reconhecimento. Afirmara acerca do livro que era como se ela própria o tivesse escrito, que era como se fosse dela; que eu fizera bem em querer escrevê-lo, deixando de lado todo o resto. Afinal, o que era a química para um escritor? Fora com a química! Contra esta eu havia lutado com determinação e me mostrara forte mesmo em oposição a ela, mãe; agora, com aquele livro, eu justificara minhas pretensões. Tais eram as coisas que ela me havia escrito. Porém, ao revê-la depois em Paris e tentar defender-me daquela "submissão" da parte dela, que eu jamais experimentara e que me era difícil suportar, muito mais se seguiu.

Subitamente, ela começou a falar de meu pai, de sua morte, a qual determinara toda a nossa vida posterior. Não queria mais me poupar: agora, levava-me a sério e dizia a verdade. Foi então que fiquei sabendo o que, ao longo de todo o tempo transcorrido desde a morte dele, 23 anos antes, minha mãe vinha continuamente me ocultando mediante novas e diferentes versões.

Em Reichenhall, para onde fora se tratar, ela encontrara um médico que falava a língua *dela*, cada palavra dele contendo seus duros contornos. Sentindo-se desafiada a dar respostas, encontrou dentro de si coisas audazes e inesperadas: O médico lhe deu Strindberg para ler, autor pelo qual, desde então, se apaixonou, pois ele tinha das mulheres uma opinião tão ruim quanto ela própria. Confessou ao médico quem era o seu "santo" — Coriolano —, o que, ao invés de causar-lhe estranheza, provocou nele admiração. Não perguntou a ela como, enquanto mulher, podia se apegar a um tal modelo; em vez disso, tocado por seu orgulho e beleza, confessou-lhe a afeição que sentia. Embora achasse esplêndido ouvi-lo falar, ela não cedeu. Permitia-lhe dizer tudo, mas nada respondia que dissesse respeito a ele próprio. Nas palavras *dela*, ele não estava presente: queria conversar sobre os livros que ele lhe dava para ler e sobre as pessoas, que, como médico, ele conhecia bem. Admirava-se com as coisas que ele *lhe* dizia, mas não lhes dava qualquer acolhida. O médico, porém, tentava persuadi-la a separar-se de meu pai e a se casar com ele. Estava encantado com seu alemão, que, dizia, ela falava como ninguém; jamais o inglês significaria tanto para ela. Por duas vezes, ela pediu a meu pai que a deixasse prolongar o tratamento, pois este lhe fazia bem. Seu estado de saúde florescia em Reichenhall, mas ela seguramente sabia o que lhe estava fazendo tão bem: as palavras do médico. Quando, pela terceira vez, pediu um novo prolongamento, meu pai recusou-lhe o pedido, exigindo seu retorno imediato.

Ela regressou, consciente de que, em momento algum, considerara a possibilidade de ceder ao médico. Não teve o menor receio de contar tudo a meu pai: estava de volta para ele, e seu triunfo era também o dele. Voltava trazendo consigo tudo o que se passara, e o colocava — utilizou esta mesma frase — aos pés de meu pai. Repetiu para ele as palavras de admiração do médico, incapaz de compreender a crescente agitação de meu pai. Este queria saber sempre mais, queria saber tudo; mesmo quando já não havia mais nada a saber, ele prosseguiu com suas perguntas. Queria uma confissão, e ela não tinha confissão alguma a fazer. Nisso ele não acreditava: como o médico pudera propor-lhe casamento — a ela, uma mulher casada, com três filhos — se nada havia acontecido? Minha mãe, contudo, não via nada de espantoso nisso, pois sabia como tudo surgira das conversas.

Ela não tinha o que lamentar, nem motivo algum para retratar-se; repetia constantemente o bem que tudo lhe fizera, pois sentia-se totalmente curada — afinal, para isso fora até lá — e feliz por estar de volta. Meu pai, no entanto, fazia-lhe as perguntas mais estranhas. "Ele a examinou?", quis saber.

"Mas afinal ele era meu médico!"

"Vocês conversaram em alemão?"

"Claro! Em que outra língua conversaríamos?"

Ele quis saber se o médico falava francês, ao que minha mãe respondeu que achava que sim, pois haviam conversado também sobre livros franceses. Por que não haviam se falado em francês? Ela nunca entendeu essa pergunta de meu pai, embora tivesse pensado a respeito muitas e muitas vezes. O que o fazia pensar que um médico, em Reichenhall, conversasse com ela em uma *outra* língua que não o alemão, a língua dela?

Fiquei surpreso por ela não compreender o que fizera, pois sua infidelidade consistia precisamente no fato de se ter utilizado do alemão — a língua da intimidade entre ela e meu pai — para falar com um homem que pretendia conquistar seu amor. Todos os acontecimentos importantes da vida de ambos — o noivado, o casamento, a libertação da tirania de meu avô — haviam se passado em alemão. Talvez ela não tivesse mais tanta consciência disso, desde que meu pai, em Manchester, se esforçara tanto por aprender o inglês. Mas ele percebeu muito bem que minha mãe, mais uma vez de maneira apaixonada, se voltara para a língua alemã, e julgava estar bem claro aonde isso haveria de conduzir. Assim, recusou-se a dirigir-lhe a palavra até que ela confessasse. Silenciou por uma noite inteira, e na manhã seguinte prosseguiu da mesma forma. Morreu convencido de que ela o traíra.

Eu não tive coragem de dizer-lhe que, apesar de sua inocência, ela era culpada, pois havia permitido que lhe fossem ditas palavras *naquela língua*, palavras que jamais poderia ter admitido. Prosseguira por semanas com suas conversas e, conforme admitiu, chegara mesmo a ocultar de meu pai um detalhe, um único detalhe: Coriolano.

Isso ele não teria entendido, disse-me. Bem jovens ainda, conversavam um com o outro sobre o Burgtheater. Adolescentes morando em Viena, ainda não se conheciam, mas frequentavam amiúde as mesmas apresentações. Mais tarde, então, conversando sobre esses espetáculos, sentiram-se como se os tivessem visto juntos. O ídolo dele era Sonnenthal; o dela, Wolter. Os atores o interessavam mais do que a ela, ele os imitava, ao passo que minha mãe preferia falar deles. Sobre as peças, meu pai não tinha muito a dizer; ela as lia todas em casa, depois; ele gostava de declamar. Teria sido melhor ator do que minha mãe. Ela *pensava* demais, preferia ser séria. Não ligava tanto para comédias quanto ele. Graças às peças a que ambos haviam assistido, ficaram conhecendo profundamente um ao outro. Ele nunca vira *Coriolano*; a peça tampouco lhe teria agradado. Não suportava pessoas impiedosamente orgulhosas. Passara maus bocados com a família dela precisamente porque se tratava de gente muito orgulhosa, que se opunha ao casamento dos dois. Ter-lhe-ia magoado saber que, de todos os personagens de Shakespeare, Coriolano era o preferido dela. Minha mãe nunca notara que sempre havia evitado mencioná-lo nas conversas com ele, o que só lhe ocorreu em Reichenhall, quando, de repente, começou a falar sobre Coriolano.

Estava insatisfeita com alguma coisa? O pai a magoara? Poucas perguntas lhe fiz, ela falava por si só: não teria sido possível desviá-la das coisas que, havia tempos, jaziam prontas dentro dela. Mas essa pergunta me afligia, e foi bom que a tenha feito. Respondeu-me que ele nunca a magoara, nem uma única vez. Ficara magoada com Manchester, porque não era Viena. Calara-se quando meu pai me trouxera livros ingleses para ler, conversando comigo em inglês sobre eles. Fora essa a razão pela qual, então, se mantivera totalmente afastada de mim. Meu pai se entusiasmara com a Inglaterra. Tivera razão para tanto, pois, afinal, tratava-se de pessoas nobres e bem-educadas. Se pelo menos ela tivesse conhecido mais ingleses... Em vez disso, vivia em meio aos membros de sua família e à ridícula educação destes. Não podia manter uma verdadeira conversa com nenhuma pessoa. Por isso adoecera, e não por causa do clima. Pela mesma razão, Reichenhall — ou, mais precisamente, as conversas com o médico — a havia ajudado tanto. Contudo, tratara-se apenas de uma *cura*. Isso bastara. Teria gostado de retornar a Reichenhall uma vez por ano, mas o ciúme de meu pai destruíra tudo. Não deveria ter dito a verdade a ele?

Ela fazia-me essa pergunta com toda a seriedade, e queria uma resposta. Colocava-a de modo tão premente que era como se tudo tivesse acabado de acontecer. Não questionava em nada o seu encontro com o médico. Não me perguntou se deveria ter dado ouvidos a ele. Parecia bastar-lhe o fato de que fora surda às pretensões dele. Dei-lhe a resposta que ela não queria ouvir. "Você não deveria ter demonstrado o quanto tudo significou para você", disse eu, hesitante, mas num tom que soou como uma repreensão. "Você não deveria ter se vangloriado. Deveria tê-lo contado em um tom casual."

"Mas eu *fiquei* feliz com o que aconteceu" — respondeu-me ela, com veemência — "e ainda hoje me sinto assim. Você crê que, do contrário, eu teria algum dia encontrado Strindberg? Eu seria um outro ser humano, e você não teria escrito seu livro. Não teria passado de suas pobres poesias. Ninguém teria lhe dado a menor atenção. Strindberg é seu pai. Você é meu filho dele. Eu o transformei em filho dele. Tivesse eu renegado Reichenhall, você não teria dado em nada. Você escreve em alemão porque eu o afastei do inglês. Você se tornou ainda mais Viena do que eu. Foi lá que você encontrou o seu Karl Kraus, a quem eu não podia suportar. Casou-se com uma vienense. E hoje você até mesmo vive entre as vinhas, e não me parece que não esteja gostando. Assim que eu melhorar, farei uma visita a vocês. Diga a Veza que não precisa ter medo de mim. Você vai abandoná-la do mesmo modo como me abandonou. As histórias que inventou para mim vão se transformar em realidade. Você *precisa* inventar: é um escritor. Por isso acreditei em você. Em quem se deve acreditar, senão nos

233

escritores? Nos homens de negócio, talvez? Nos políticos? Eu só acredito nos escritores. Mas eles precisam ser desconfiados como Strindberg e enxergar as mulheres por dentro. Não se pode ter uma opinião ruim o suficiente sobre os seres humanos. E, apesar disso, eu não abriria mão sequer de uma hora de minha vida. Que sejam ruins os homens! Viver é maravilhoso! É maravilhoso enxergar-lhes as maldades e, ainda assim, seguir vivendo!"

A partir dessas suas palavras, eu descobri o que se passara com meu pai. Sentiu que ela o abandonara; no entanto, minha mãe nada tinha a confessar. Talvez uma confissão de tipo corriqueiro o afetasse menos profundamente. Ela não soube avaliar como ela própria se sentia, do contrário não teria sido capaz de agredi-lo com sua felicidade. Não era torpe, não se vangloriaria se tivesse farejado algo de indecoroso no próprio comportamento. Como ele teria podido aceitar o que acontecera? Para ele, as palavras alemãs que tinham um para o outro eram invioláveis. Ela as traíra, essas palavras, essa língua. Tudo o que, outrora, fora encenado diante deles, no palco, transformara-se para ele em amor. Inúmeras vezes haviam conversado um com o outro sobre as peças, suportando dessa forma, graças a essas palavras trocadas, a limitação do ambiente em que viviam. Quando, ainda criança, eu me consumia de inveja por aquelas palavras estranhas, era porque também percebia o quanto eu era supérfluo. Tão logo começavam a pronunciá-las, ninguém mais existia para eles. Diante de tal exclusão, eu entrava em pânico e, desesperado, ia para o quarto ao lado, onde me punha a exercitar as palavras alemãs que não entendia.

A confissão de minha mãe amargurou-me, pois ela me enganara. No correr dos anos, eu ouvira sempre novas versões; a cada uma delas, era como se meu pai tivesse morrido por uma razão diferente. O que minha mãe alegava ser consideração para com minha pouca idade era, na verdade, uma percepção cambiante da extensão de sua culpa. Nas noites que se seguiram à morte de meu pai — quando eu precisei contê-la para que não atentasse contra a própria vida —, seu sentimento de culpa era tão grande que não queria mais viver. Levou-nos para Viena, para estar mais próxima do local de que se haviam alimentado suas primeiras conversas com meu pai. No caminho, deteve-se em Lausanne, violentando-me com o idioma que, anteriormente, não me fora permitido entender. Em nossas noites de leitura, em Viena — noites das quais eu nasci —, ela travava novamente as antigas conversas com meu pai, acrescentando-lhes, porém, o *Coriolano*, o instrumento de sua culpa. Em Zurique, na Scheuchzerstrasse, entregava-se, noite após noite, aos volumes amarelos de Strindberg que, um a um, eu lhe dava de presente. Então, eu a ouvia ao piano, cantando baixinho, conversando com meu pai e chorando. Mencionava a ele o nome daquele a quem lia avidamente e a quem ele não conhecera? Agora ela me via como o fruto de sua infidelidade. Atirou-me na cara quem eu era. E o que era agora meu pai?

Em momentos como esse, ela *rompia* com tudo, era audaciosa como o teria sido se tivesse realmente levado sua própria vida. Tinha o direito de reconhecer-se em meu livro, de dizer que ela própria teria escrito da mesma forma, que o livro *era* ela. Daí, também, ter reencontrado sua magnanimidade, aceitando minha mulher sem se importar com o fato de eu tê-la enganado por tanto tempo a respeito de Veza. Mas aliou à sua magnanimidade uma maldosa profecia: assim como eu a abandonara, abandonaria também Veza. Não podia viver sem conceber uma vingança. Anunciou sua visita imaginando que em nossa casa assistiria à confirmação de sua previsão. Em sua pressa e impetuosidade, tinha como certo que após a publicação do livro, do qual estava impregnada, um tempo de triunfo necessariamente teria início. Ela me via cercado de mulheres que me renderiam homenagens pela "misoginia" do *Auto de fé* e estariam ansiosas por se deixarem punir pelo fato de serem mulheres. Via-me em Grinzing, com uma fileira de beldades encantadoras a meu lado — beldades que velozmente se sucederiam — e Veza, afinal, banida e esquecida numa casinha semelhante à sua própria, em Paris. As invenções, por meio das quais eu a mantivera afastada de Veza, se tornariam então realidade, não importando *quando* isso se daria. Eu predissera algo, simplesmente; não a enganara, nem ela se deixara enganar, pois as maldades de pessoa alguma resistiam diante dela, que tinha o dom de ver os seres humanos por dentro — dom que me transmitira: eu *era* seu filho.

Deixei Paris julgando que ela se resignara com nosso casamento e de certa forma até sentia pena por Veza, já que esta teria pela frente um futuro sombrio. Fez-lhe bem acreditar que conhecia o futuro de Veza, um futuro que a própria Veza seria ainda incapaz de ousar admitir como seu. Imaginei as duas conversando uma com a outra e senti-me aliviado com isso. Talvez essa perspectiva me recompensasse um pouco pelo caráter terrível do que ficara sabendo acerca da ruína de meu pai.

Mas as coisas se passaram de maneira diversa. Eu me iludira, subestimara a dimensão das oscilações emocionais de minha mãe, que se tornaram gigantescas. Não calculei o efeito que fatalmente teria sobre ela o fato de, finalmente, ter-me *dito* a verdade. Protelara-o, até então. Ao longo de todos aqueles anos de nossa vida em comum — que me parecera, à época, tão verdadeira —, ela me desviara da verdade sempre com novas versões, protegendo assim o seu segredo. Agora, tendo-o revelado e pedido minha opinião, eu, com minha sensibilidade para as palavras, a repreendera não pelo que havia acontecido, mas pelo fato de não ter *poupado* meu pai, de não ter querido perceber o que lhe fazia com seu relato jactancioso. Sua explosão ao responder-me não me assustara, mas reforçara minha opinião de que ela continuava sendo a mesma mulher, indestrutível, e de que, soberana, estava pondo um fim à longa luta entre nós, cuja necessidade compreendia.

Poucos meses mais tarde, aconteceu o que eu não previra. Ainda naquele mesmo ano, recrudesceram os seus sentimentos em relação a mim, e, sem depreciar ou culpar Veza, como o fizera no passado, ela declarou não querer me ver nunca mais.

ALBAN BERG

Emocionado, estive hoje olhando algumas fotografias de Alban Berg. Continuo, sempre, julgando-me incapaz de dizer o que ele significou para mim. Por isso, desejo apenas mencionar, muito superficialmente, alguns de nossos encontros, vendo-os de fora, por assim dizer.

Foi no Café Museum que estive com Alban Berg pela última vez, poucas semanas antes de sua morte. Foi um encontro breve, à noite, após um concerto. Agradeci-lhe por uma carta muito bonita, e ele me perguntou se já saíra alguma resenha sobre meu livro. Disse-lhe que decerto era ainda muito cedo para isso, opinião da qual, muito preocupado, ele não parecia partilhar. Queria dar-me a entender, sem efetivamente dizê-lo, que eu precisava estar preparado para o que viria. Estando ele próprio em perigo, ainda assim desejava me proteger. Senti a afeição que tinha por mim desde nosso primeiro encontro. "O que pode acontecer de ruim", perguntei, "agora que recebi essa carta do senhor?" Ele repeliu a pergunta, embora ela o tenha alegrado. "Isso soa como se a carta fosse de Schönberg. Ora, é só uma carta minha."

Autoestima não lhe faltava. Ele sabia muito bem quem era. Havia, porém, um ser vivo que colocava inapelavelmente acima de si próprio: Schönberg. Eu o amava por esse grau de reverência de que era capaz. Mas tinha razões para amá-lo por muito mais.

À época, eu não sabia que já havia meses ele vinha sofrendo de furunculose, eu não sabia que tinha apenas umas poucas semanas de vida pela frente. De repente, no dia de Natal, fiquei sabendo por Anna que ele falecera na véspera. Em 28 de dezembro, estive em seu funeral, no cemitério de Hietzing. Ao contrário do que esperara, não vi movimentação alguma no local, não vi pessoas caminhando numa determinada direção. Perguntei a um coveiro, um homem pequeno e deformado, onde Alban Berg estava sendo enterrado. "O cadáver Berg está lá para cima, à esquerda", grasnou ele, alto. Assustei-me com a resposta, mas caminhei na direção indicada, encontrando um grupo de umas trinta pessoas, talvez, dentre as quais Ernst Krenek, Egon Wellesz e Willi Reich. Dos discursos, ficou--me apenas o de Reich, o qual se dirigiu ao morto como a seu professor, expressando-se com a familiaridade de um discípulo. Falou pouco, na verdade, mas demonstrando humildade mesmo diante do professor morto, sendo essa a única manifestação que, naquele momento, não me incomodou. Às falas dos outros, mais elaboradas e comedidas, não prestei atenção. Não queria ouvi-las, pois não estava em condições de compreender que estávamos no funeral de Alban Berg.

Eu o via diante de mim num concerto, o corpo oscilando ligeiramente, movido por canções de Debussy. Alto como era, ele caminhava curvado para a frente, e, quando essa ligeira oscilação principiava, era como se um vento soprasse, curvando o caule elevado de uma planta. Quando dizia "maravilhoso", a palavra permanecia-lhe pela metade na boca, fazendo-o parecer embriagado. Era um balbuciar que continha em si um louvor, uma confissão oscilante.

Quando o visitei pela primeira vez — eu lhe fora recomendado por H. —, chamou-me a atenção a serenidade com que me recebeu. Ele era mundialmente famoso, mas ainda um leproso em Viena; por isso, eu esperara encontrar um homem de uma altivez fantástica. Imaginava-o distante do ambiente de Hietzing e não me perguntei por que morava ali. Não o associava a Viena, a não ser sob um único aspecto: ele, um grande compositor, estava ali para experimentar o desprezo da renomada cidade da música. *Tinha* de ser assim, pensava eu; só em meio a uma tal hostilidade poderia nascer uma obra séria. Eu não fazia distinção alguma entre compositores e escritores: a resistência, o principal componente de uns e outros, era a mesma em ambos. Tal resistência, assim me parecia, provinha de uma única e mesma fonte: sua força nutria-se de Karl Kraus.

Eu tinha conhecimento do quanto Kraus significava para Schönberg e seus discípulos. É possível que minha disposição favorável a eles tenha sido determinada primordialmente por isso. No caso de Alban Berg, porém, havia ainda o fato de ele ter escolhido o *Wozzeck* como tema de uma ópera. Assim, fui a seu encontro munido das maiores expectativas. Como pessoa, imaginara-o completamente diferente — existe algum homem importante do qual façamos uma imagem correta? No entanto, daqueles de quem eu tanto esperei ele foi o único que não me decepcionou.

Fiquei desconcertado com sua naturalidade. Ele não fazia afirmações grandiosas. Berg estava curioso porque não sabia coisa alguma a meu respeito. Perguntou-me o que eu havia feito, se havia algo de minha autoria que ele pudesse ler. Disse-lhe que não tinha livro algum publicado, apenas o *script* do texto da peça, *Hochzeit*. Naquele exato momento, ele me acolheu em seu coração, coisa que só mais tarde percebi. O que senti foi uma súbita afeição de sua parte, quando ele disse: "Ninguém se atreveu, então. Posso ler essa edição da peça?". Não existia qualquer ênfase particular na pergunta, mas não havia dúvida de que falava sério, pois logo acrescentou, encorajador: "Foi exatamente o mesmo comigo. Portanto, certamente deve haver algo nessa peça". Ele não estava absolutamente diminuindo a si próprio com uma tal equiparação; por meio dessa sua frase, presenteava-me com o que há de melhor: expectativa. Não se tratava da expectativa calculada de H., que nos congelava ou oprimia e que ele, o mais rapidamente possível, convertia em poder. Era algo pessoal, simples e aparentemente despretensioso, embora contivesse em si uma exigência. Prometi-lhe o texto da peça e tomei seu interesse com a mesma seriedade com que ele o manifestara.

Contei-lhe em que estado eu, aos 26 anos, deparara com o *Wozzeck*, e como, no decorrer de uma única noite, relera seguidamente o fragmento. Fiquei sabendo que, aos 29 anos, ele assistira à primeira encenação do *Wozzeck* em Viena. Vira-a diversas vezes e se decidira de imediato a transformar a peça numa ópera. Contei-lhe, ainda, como o *Wozzeck* havia me conduzido a *Hochzeit*, explicando que não havia qualquer conexão imediata entre ambas as obras, e que somente eu sabia o modo como uma se ligara à outra.

Mais tarde, no decorrer da conversa, atrevi-me a fazer algumas observações impertinentes a respeito de Wagner, pelas quais ele, decidido mas não severo, me censurou. Sua opinião acerca de *Tristão* pareceu-me inabalável. "O senhor não é músico", disse ele. "Se fosse, não falaria assim." Envergonhei-me de minha impertinência, mas mais como um aluno se envergonharia de uma resposta que se mostrasse errada, sem, no entanto, ter a sensação de que seu interesse inicial pela matéria houvesse sofrido qualquer redução em virtude do passo em falso. Logo em seguida, para ajudar-me a superar o embaraço, ele reiterou que desejava ler minha peça.

Não foi essa a única ocasião em que Berg pressentiu o que se passava comigo. Ao contrário de muitos músicos, não era surdo para as palavras. Absorvia-as quase que como música; entendia de seres humanos tanto quanto de instrumentos musicais. Já a partir desse primeiro encontro, ficou claro para mim que ele pertencia àquela reduzida categoria de músicos que percebe os seres humanos como os escritores o fazem. Também senti, tendo ido até ele como um completo estranho, seu amor pelos homens, tão forte que só podia defender-se dele através de seu pendor para a sátira. O caráter zombeteiro que lhe marcava os olhos e a boca jamais o abandonou. Teria sido fácil para ele proteger-se de sua afabilidade, bastando demarcar-lhe as fronteiras com a própria mordacidade. Mas preferia servir-se dos grandes satíricos, dos quais permaneceu devoto a vida inteira.

Gostaria de falar de cada um dos encontros que tive com ele, não tão raros no curso dos poucos anos de nossa amizade. Sobre todos eles, porém, instalou-se a sombra de sua morte prematura. Como Gustav Mahler, Alban Berg não tinha nem 51 anos de idade quando morreu. Em função disso, todas as conversas que tenho na memória perderam seu colorido, e receio desfigurar-lhe a alegria com o pesar que ainda, e sempre, sinto por sua morte. Lembro-me das palavras que ele escreveu em uma carta a um aluno, palavras das quais só muito mais tarde tomei conhecimento: "Tenho um ou dois meses de vida pela frente — mas e daí? Nada mais penso ou considero além disso —; estou, portanto, profundamente deprimido". Essas palavras não se referiam à sua doença, mas à ameaçadora proximidade da *miséria*. A essa *mesma época*, Berg me escreveu uma carta maravilhosa sobre

240

Auto de fé, que ele lera num tal estado de espírito. Sentia fortes dores e temia pela própria vida, mas não repeliu o livro, deixou-se oprimir por ele. Estava decidido a ser justo com o autor, e o foi, razão pela qual, de todas as cartas que recebi a respeito do romance, essa primeira permaneceu para mim a mais cara.

Sua esposa, Helene, sobreviveu à sua morte por mais de quarenta anos. Existem pessoas que se irritam e julgam particularmente criticável o fato de ela, ao longo de todo esse tempo, ter permanecido em contato com o marido. Ainda que presa de uma ilusão, ainda que ele lhe tenha falado apenas *de dentro* de si própria, e não de fora, também essa é uma forma de sobrevivência pela qual sinto temor e admiração. Trinta anos após a morte dele, eu reencontrei Helene, ao término de uma palestra de Adorno, em Viena. Ela saía do auditório — pequena, mirrada, uma mulher bastante idosa, tão ausente que precisei juntar coragem para dirigir-lhe a palavra. Não me reconheceu, mas, quando mencionei meu nome, ela disse: "Ah, *herr* C.! Faz tanto tempo... O Alban ainda fala sempre do senhor".

Fiquei embaraçado, e tão comovido que logo me despedi. Renunciei a fazer-lhe uma visita. Com que prazer teria ido novamente àquela casa em Hietzing, onde ela ainda vivia, mas não desejei perturbar a intimidade das conversas em que estava sempre entretida: tudo o que vivera com o marido ainda lhe parecia ocorrer no presente. Quando se tratava de questão referente à obra dele, ela pedia seu conselho, obtendo a resposta que imaginara que ele lhe daria. Pode alguém acreditar que outros conhecessem melhor os desejos dele? É necessário muito amor para recriar um morto, de tal forma que ele nunca mais desapareça, que se possa ouvi-lo, falar com ele, descobrindo-lhe os desejos, desejos que ele sempre terá porque alguém o criou.

ENCONTRO NO BAR LILIPUT

Naquele inverno, H. veio novamente a Viena. Eu deveria encontrá-lo na cidade, tarde da noite. Um novo bar surgira na

Naglergasse, não longe de Kohlmarkt. Era entre a vanguarda que Marion Marx — cantora e também dona do local — procurara firmar sua clientela. Marion era uma mulher bastante alta, cordial e de voz grave que enchia o seu Bar Liliput (assim se chamava o local) de jovialidade. Tratava jovens escritores de acordo com a audácia das pretensões destes, atribuindo-lhes grande importância. Sentiam-se bem em seu bar. Da conta que lhes trazia o garçom, constava uma soma fictícia. Para não se sentirem envergonhados diante dos fregueses da alta burguesia, pagavam alguma coisa. Na verdade, porém, não pagavam nada. Foi com um tal tato que Marion me conquistou. Eu não frequentava bares, mas ao dela eu ia.

Levei H. comigo, pois ele adorava locais noturnos após o trabalho duro, desumano, de seu dia a dia. O bar estava superlotado, nenhuma mesa livre. Marion notou minha presença, interrompeu sua canção antes da última estrofe, cumprimentou-nos efusivamente e nos conduziu a uma mesa. "São bons amigos, vocês vão se sentir bem com eles. Eu os apresento a vocês." Duas cadeiras foram trazidas e espremidas junto às restantes da mesa. H., em geral a soberba em pessoa, consentiu. Para minha surpresa; parecia disposto a compartilhar a mesa com estranhos. Gostou de Marion, mas gostou mais das pessoas à mesa. Marion disse nossos nomes, acrescentando em seguida, à mais calorosa maneira húngara, que lhe era própria: "Esta é minha amiga Irma Benedikt, com sua filha e genro".

"Conhecemos o senhor já há tempos, de vê-lo passar em frente à nossa casa", disse a senhora. "O senhor sempre olha para o outro lado, como o seu professor Kien. Minha filha tem apenas dezenove anos, mas já leu o seu livro. É um pouco cedo para ela, penso eu, mas fala dele dia e noite. Ela nos tiraniza com os personagens, imita-os. Para ela, eu me chamo Therese. A explicação que me dá é a de ser esse o nome mais terrível de que poderia me chamar."

A senhora Benedikt dava-me a impressão de ser uma mulher franca e simples, quase infantil em seus, talvez, 45 anos; nem decadente nem refinada, o contrário de tudo o que eu imaginara de uma "Benedikt". Fiquei um tanto perplexo com a ideia de que os personagens do *Auto de fé* frequentassem sua casa, como ela disse. Enquanto eu desviava o olhar para evitar qualquer contato com os moradores, por julgá-los infecciosos, Kien e Therese, pessoas bem menos sociáveis do que eu, já pareciam sentir-se em casa ali. O genro, um sujeito enorme, não muito mais jovem do que a sogra, não dizia absolutamente nada; seus traços eram tão suaves e bem alinhados quanto sua roupa; não abriu a boca nem uma única vez, parecendo irritado com alguma coisa. A filha de dezenove anos, que lera *Auto de fé* cedo demais, era a mulher dele — o que levei um bom tempo para compreender —, mas não o era de bom grado, pois dava as costas ao marido e não lhe falava: provavelmente haviam brigado, e agora a briga prosseguia em silêncio.

A moça era uma presença muito luminosa; tentava dizer alguma coisa, e com isso seus olhos tornavam-se cada vez mais luminosos. Depois que ela já fizera algumas tentativas em vão, sem pronunciar uma única palavra, meu olhar fixou-se nela por mais tempo e, talvez, com intensidade maior do que a que seria usual. Assim sendo, não pude deixar de notar que tinha olhos verdes. Não me senti cativado por eles: ainda estava sob o domínio dos olhos de Anna.

"Normalmente, ela não tem papas na língua", disse *frau* Irma, a mãe, ao que o genro grandalhão assentiu com a cabeça e toda a porção superior do corpo. "Ela está com medo do senhor. Diga-lhe alguma coisa — ela se chama Friedl — e o encanto se quebrará."

"Eu não sou o sinólogo", disse eu. "Você realmente não precisa ter medo de mim."

"E eu não sou Therese", respondeu ela. "Gostaria de ser sua aluna. Quero aprender a escrever."

"Isso não se aprende assim. Você já escreveu alguma coisa?"

"Não faz outra coisa", disse a mãe. "Fugiu do marido em Pressburg (Bratislava) e voltou para nossa casa, em Grinzing. Não tem nada contra o marido, mas não quer saber de ser dona de casa. Quer escrever. Agora, o marido veio buscá-la. Ela diz que não volta."

Tais indiscrições, a mãe as revelava na maior inocência. Soava como se *ela própria* fosse ainda uma criança e estivesse falando sobre uma irmã mais velha. Para reforçar o propósito que lhe fora atribuído, o grandalhão pousou a mão sobre o ombro de Friedl.

"Tire a mão daí!", ela ordenou, voltando-se para o marido apenas pelo tempo que durou sua curtíssima frase. Depois, radiante — ou, pelo menos, essa era a impressão —, dirigiu-se novamente a mim, dizendo:

"Ele não consegue me aprisionar. Não consegue nada de mim. O senhor também não acha?"

Aquele casamento acabara antes de começar. Parecia tudo tão irrevogável que eu não sentia qualquer constrangimento. Nem por um minuto senti pena do grandalhão. Com que rapidez ele tirara a mão do ombro dela! Aquela criatura resplandecente de expectativa não era para ele, Friedl era bem uns vinte anos mais jovem. Por que se casara com ele?

"Queria sair de casa", disse *frau* Irma, "e agora só fica lá, enfurnada. Mas isso tem a ver com a vizinhança ilustre."

A intenção da frase era irônica, mas acabou soando séria; tão séria que foi a gota d'água para H. Ele estava habituado a ser o centro das atenções, que, naquele momento, estavam voltadas para outra pessoa. À sua maneira brutal, H. quebrou o encanto que o perturbava, vindo em socorro do atônito marido.

"O senhor já tentou uma surra?", perguntou. "É só o que ela quer." Mas isso foi demais até mesmo para o marido em apuros — e contra homens ele era capaz de reagir com firmeza.

"O que é que o senhor sabe sobre isso?", disparou ele. "O senhor não conhece Friedl. Ela é algo especial."

Assim, subitamente, o marido tinha todos a seu lado, e fracassara a tentativa de H. de atrair atenção para si. *Frau* Irma, porém — em cuja casa circulavam muitos artistas, inclusive músicos famosos —, sabia a atitude própria a tomar. Voltando--se para o regente, disse-lhe, desculpando-se, que nunca assistira a um concerto dele: sua pobre cabeça simplesmente não conseguia acompanhar a música moderna.

"Isso se pode aprender. A senhora só tem de começar!",
encorajou H., ao que Friedl, novamente indiferente, desviou o
rumo da conversa:

"Eu gostaria de aprender a escrever. O senhor me aceita
como sua aluna?"

Ela retornara à sua afirmação inicial. Precisei dar-lhe a
mesma resposta, um pouco mais pormenorizadamente. Expliquei-lhe que não tinha alunos e que não acreditava que se
pudesse ensinar alguém a escrever. Perguntei-lhe, então, se já
tentara algum outro professor.

"Ninguém que esteja vivo", disse-me. "Gostaria de aprender com um escritor vivo."

O que, então, gostava de ler?

"Dostoiévski", respondeu, sem um segundo de hesitação.
"Foi meu primeiro professor."

"Certamente não pôde mostrar seu trabalho a ele."

"É, não pude mesmo. De qualquer forma, isso não teria
ajudado em nada."

"Mas por que não?"

"Porque escrevo exatamente como ele escreve. Ele nem sequer teria notado que a obra não é dele. Teria pensado que eu o
copiei de algum lugar."

"Você se tem em muito baixa conta", observei.

"Não poderia me ter em mais baixa conta. Com o senhor,
isso certamente não aconteceria. Não se pode copiar o que
o senhor escreve. Ninguém é capaz de escrever com tanta
raiva."

"Então é isso que a agrada no que eu escrevo?"

"É. Gosto de Therese. Todas as mulheres são como ela."

"Você é uma inimiga das mulheres? Não vá acreditar que
eu também o seja!"

"Inimiga das donas de casa, é isso que eu sou."

"Ela está se referindo a mim", disse a mãe, de forma tão
encantadoramente simples que quase me afeiçoei a ela, embora
fosse casada com um Benedikt.

"Ela não poderia absolutamente estar se referindo à senhora!"

"Como não?", disse Friedl. "O senhor se engana. Precisa primeiro ouvi-la falar com o chofer. Soa completamente diferente."

H. levantou-se para partir. Não se sentia obrigado a passar a noite, num bar, ouvindo querelas familiares de estranhos. De fato, era um tanto embaraçoso, ainda que a exaltação daquela jovem criatura, sua devoção pública por mim, diante de testemunhas perplexas, me impressionasse. Ninguém jamais se dirigira a mim com tamanha determinação — a mim, o escritor de um livro que falava unicamente do horror.

Fui embora de bom grado. *Frau* Irma convidou-me a fazer--lhe uma visita; afinal, éramos vizinhos. Friedl disse alguma coisa sobre Himmelstrasse; parecia atônita com nossa partida e depositava suas esperanças no caminho até o bonde, rua abaixo, ou assim me pareceu, pois foi só o que entendi de sua última frase. O grandalhão permaneceu sentado, mudo, sem se despedir. Tinha direito a essa grosseria, uma vez que H. partiu sem estender a mão a ninguém.

Do lado de fora, ele me disse: "Uma gracinha, a garotinha, e já tão abilolada. Uma boa encrenca, essa que você arrumou, C.". Mas isso ainda não era tudo, pois, ao nos separarmos, ele disse ainda: "Então são quatro irmãs? Você pode ir se preparando para o pior! Basta que você escreva com raiva suficiente, e então terá quatro irmãs penduradas no seu pescoço!".

Ele nunca demonstrara tanta compaixão por mim. H. começou a se interessar pela Himmelstrasse e guardou bem o endereço de nossa casa nova e semivazia.

O EXORCISMO

Foi impressionante a frequência com que, a partir de então, passei a encontrar Friedl na rua. Tomava meu lugar no bonde nº 38, vazio, levantava os olhos e lá estava ela, sentada bem à minha frente. Percorríamos o caminho todo para a cidade, até Schottentor, onde eu ia ao café do mesmo nome. Ao entrar, ela já estava lá: chegava antes de mim e sentava-se a uma mesa com amigos. Não me incomodava, porém: cumprimentava-me e permanecia com os amigos. Ao pegar o bonde de volta, encontrava-a já sentada, num canto, um tanto afastada de mim, mas perto o suficiente para que eu ficasse exposto ao seu olhar. Mergulhado na leitura de algum livro, eu não ligava para ela. Mas, quando chegava a Grinzing, na subida da colina, via-se subitamente ao meu lado: ela cumprimentava-me e seguia velozmente adiante, como se estivesse com pressa. As mulheres dispensavam-me pouca atenção — e as moças, nenhuma —, de modo que não me pus a pensar acerca da frequência desses encontros. De repente, porém, a descida da Himmelstrasse parecia superpovoada por Friedl e suas irmãs. Uma destas teve a ousadia de se apresentar e dizer: "Desculpe-me, senhor. Sou a irmã de Friedl Benedikt". "É?", respondi sem olhar para ela, até que novamente se afastasse. Normalmente, contudo, era ela própria quem vinha em minha direção, correndo, sempre com pressa. O som de seus passos leves logo se tornou familiar para mim. Nem uma única vez aconteceu de eu chegar lá embaixo sem que ela me alcançasse e ultrapassasse. Seu cumprimento não era importuno, mas tinha sempre algo de súplica, o que, embora eu notasse, não admitia para mim mesmo. Tivesse ela sido menos delicada, eu teria ficado irritado, pois suas abordagens eram simplesmente demasiado frequentes — duas ou três vezes por dia, talvez — e eram raros os dias em que ela, correndo, não passasse por mim, não viesse a meu encontro ou não tomasse o mesmo bonde.

Eu estava sempre imerso em pensamentos, mas em geral ela não me incomodava. Era-me indiferente que atravessasse meus pensamentos, pois não se detinha nem ocupava neles muito espaço.

Então, certa vez, ela telefonou. Veza, que já esperava por isso, atendeu. Queria saber se podia falar comigo. Veza julgou mais inteligente convidá-la para um chá — aliás, sem me consultar. "Venha tomar um chá comigo", disse-lhe ela. "C. nunca sabe com antecedência se terá tempo ou não. Venha assim mesmo e, talvez, ele tenha algum tempo." Fiquei um tanto zangado com essa intromissão, mas Veza convenceu-me de que seria melhor assim. "Afinal, você não pode viver sob essa espécie de estado de sítio. Alguma coisa precisa ser feita, e você não pode fazer nada antes de conhecê-la um pouco. Talvez seja apenas um entusiasmo. Mas talvez ela queira realmente escrever e acredite que você possa ajudá-la."

Assim, reuni-me a elas na salinha apainelada de Veza, onde as duas tomavam chá. Mal me sentara, Friedl derramou todo o seu chá sobre a mesa e o chão — o que, naquele cômodo quase elegante, me pareceu bastante grosseiro, como se ela não fosse sequer capaz de segurar direito uma daquelas xícaras de chá delicadas e transparentes de Veza. Em vez de se desculpar, ela disse: "Não quebrou nada. Fiquei tão excitada por o senhor ter vindo". "Não se perturbe com isso", disse Veza, "ele sempre vem para o chá. Gosta desta sala. Só não pode anunciar-se com antecedência." "Deve ser bom", prosseguiu Friedl, à vontade, como se eu nem estivesse presente. "Assim a senhora sempre pode conversar com ele." "Mas vocês não conversam na sua casa?" "O tempo todo, mas não me interesso pelas conversas de lá. Meus pais estão sempre dando recepções, só vem gente famosa. Não convidam ninguém que não seja famoso. A senhora também não acha que gente famosa é muito chata?"

Logo ficou evidente que Friedl não tinha nem um pouco do que eu imaginara ser a filha de um Benedikt. Seu pai era tudo para ela menos pai: Friedl prestava tão pouca atenção ao que ele dizia que nem ao menos era rebelde. Ele parecia ter centenas, milhares, de opiniões sobre todos os assuntos possíveis, pontificava demais — se entendi corretamente o que ela disse —, de modo que nada tinha *peso* para ele. Saltava de um assunto a outro, julgando impressionar as pessoas, mas a única impressão que causava era a de um homem dispersivo. Era de boa índole, os filhos não lhe eram indiferentes, mas tampouco o interessavam. Não queria que o incomodassem e os deixava inteiramente aos cuidados da mãe. No entanto, faziam o que queriam e só individualmente, e raras vezes, eram chamados a participar das recepções, que aconteciam sem cessar. O relato de Friedl sobre sua casa era totalmente franco e, na verdade, bastante vívido, mas sua linguagem era tão primitiva que ninguém jamais imaginaria que ela pretendia ser escritora ou, menos ainda, que pudesse já, alguma vez, ter escrito algo.

Friedl retirou alguns papéis de sua bolsa, perguntando-me se eu não queria ler algo que escrevera: ela própria sabia que era muito ruim e, se eu achasse que não fazia sentido algum ela escrever, desistiria. Disse-me que não mostrava coisa alguma ao pai, pois ele só fazia destruir tudo com seu palavrório: uma vez terminado, sabia-se ainda menos do que no princípio. Ele não sabia nada sobre os seres humanos: qualquer pessoa podia levá-lo na conversa, e todos o enganavam. Ela reiterou que gostaria imensamente de aprender a escrever comigo.

Seu sentimento de repulsa pela tibieza reinante em sua casa acabou por me atrair. Também ficou claro que me perseguia apenas pelo desejo de aprender a escrever, e por nenhuma outra razão. Veza era da mesma opinião. Fiquei com os papéis de Friedl e prometi a ela que os leria. "O senhor não vai querer me aceitar como sua aluna" concluiu, um tanto desanimada. "É ruim demais para o senhor. Em todo caso, diga-me se devo parar ou se faz algum sentido continuar escrevendo."

Sem que eu realmente me desse conta disso, essa sua obstinação por escrever e seu desejo de ouvir de mim a verdade devem ter me agradado, pois fui direto até meu quarto e li as folhas que ela me deixara. Não acreditei em meus olhos: ela havia copiado cinquenta páginas inteiras de Dostoiévski e as apresentava aos outros como se fossem obra dela própria! O texto era sem dúvida instigante, mas um pouco vazio. Eu não o conhecia; provinha, na certa, de algum esboço descartado por Dostoiévski.

Incomodava-me a ideia de tornar a vê-la e ter de dizer-lhe a verdade. Não se podia simplesmente aceitar uma coisa dessas, até por consideração a Dostoiévski. Essa falta de respeito para com o autor era o que mais me aborrecia. Mas também me irritava o fato de que ela pudesse pensar que eu nada perceberia. Era óbvio demais: ninguém que conhecesse uma única obra de

Dostoiévski e lesse *uma* daquelas páginas deixaria de notar — para tanto, não precisava ser nem escritor nem professor. Foi o que eu disse a ela dois dias mais tarde, tendo-a diante de mim na escada — não quis sequer convidá-la a entrar em minha sala, tamanho era o meu aborrecimento.

"É muito ruim?", perguntou-me.

"Não é ruim nem bom", eu disse. "É Dostoiévski. De onde a senhora tirou isto?"

"Eu mesma escrevi."

"A senhora quer dizer 'copiou'. De que livro de Dostoiévski a senhora copiou isto? Basta o primeiro parágrafo para se saber quem é o autor, mas não conheço o livro do qual a senhora o tirou."

"Não tirei de livro algum. Eu mesma o escrevi."

Obstinada, ela não arredava pé, e eu fiquei zangado. Fiz-lhe um sermão, e ela me ouvia atenta. Parecia estar apreciando a situação. Em vez de confessar, continuava negando tenazmente, instigando de tal modo a minha ira que perdi totalmente o controle e passei a insultá-la. Queria escrever? O que ela imaginava que isso fosse? Acreditava, de fato, que era roubando que se começava? E ainda por cima tão grosseiramente que qualquer idiota perceberia! Mas, independentemente da baixeza que demonstrava perante um escritor de tamanha envergadura, que sentido tinha aquilo? Ler e escrever todo mundo aprendia. Seria aquela, talvez, a escola do jornalismo? Será que mamara dela, como leite materno, na *Neue Freie Presse*?

Friedl estava radiante — seus olhos, felizes, fixavam-se em minha boca. Parecia entusiasmada quando, subitamente, disse: "Ah, é tão bonito quando o senhor insulta alguém! O senhor sempre faz assim?". "Não! Nunca! E, até que me diga de onde tirou isto, não falo mais com a senhora!"

Por sorte, Veza chegou nesse momento. Olhou para mim (furioso, em pé na escada) e, em seguida para Friedl (que, feliz, esperava por mais palavras iradas de minha parte). Sem a interferência de Veza, não sei o que teria acontecido. Ela logo teve a impressão — como me disse mais tarde — de que eu estava culpando a moça erroneamente; só não entendeu por que Friedl estava tão *contente* com isso. Levou-a consigo para sua salinha apainelada. Dirigindo-se a mim, disse: "Vou esclarecer tudo. Acalme-se! Vá dar um passeio e volte daqui a uma hora".

Foi o que fiz. Quando retornei, já ficara esclarecido que as cinquenta páginas — o motivo da discórdia — eram realmente de autoria de Friedl e não haviam sido copiadas. Não era de estranhar que elas tenham me parecido tão vazias. Também não era de estranhar que eu não fosse capaz de dizer de qual livro provinham: de nenhum. Friedl devorara Dostoiévski de cabo a rabo e não era capaz de escrever nada que fosse dela. Escrevia como ele, mas não tinha nada a dizer. E o que poderia ter a dizer aos dezenove anos? Em um colossal ponto morto, produzia páginas e páginas que se pareciam com Dostoiévski e, no entanto, não eram uma paródia. Estava possuída, um caso semelhante àquelas histórias de freiras histéricas. Pouquíssimo tempo antes, eu estivera lendo sobre Urbain Grandier e as freiras de Loudun. Tanto quanto estas estavam possuídas por Urbain Grandier, Dostoiévski — um demônio não menos poderoso e complicado do que aquele — estava plantado em Friedl.

"Você vai ter de bancar o exorcista", disse-me Veza. "Vai ter de *esconjurar* o Dostoiévski. É uma sorte que ele não esteja mais vivo, assim não poderá mais ser condenado à fogueira. No mais, ele não penetrou em todas as quatro irmãs, só nela; as outras não se interessam por ele. De qualquer modo, vai ser um caso difícil."

Dali em diante, Veza — tão soberana e capaz de rechaçar sem esforço qualquer influência contrária às suas inclinações ou ao seu juízo — adotou a moça. Considerava-a talentosa, ainda que de talento inusitado. Se chegaria algum dia a produzir algo que valesse a pena, isso dependia exclusivamente da influência a que estivesse exposta. Na opinião de Veza, Friedl estava se esforçando desesperadamente por ser o contrário do pai, por não ser uma mixórdia de erudição ou um polo de vida social; o material de que estava imbuída e que a impelia era puramente humano, e ela só se deixaria levar pela pessoa a quem, por um capricho inexplicável, se votara, e este era — desde que ela lera *Auto de fé* — eu. Por isso, Veza perguntou-me se eu achava correto esquivar-me do efeito de meu próprio livro. "Já que você gosta mesmo de passear, leve-a junto, de vez em quando, e converse com ela. Friedl é simples e alegre, o oposto daquilo que escreveu. Tem rasgos cômicos. Acho que tem um dom para o grotesco. Você precisa ouvi-la falar das recepções que acontecem na casa dela! São completamente diferentes do que se imaginaria lendo a *Fackel*. Estão mais para Gogol."

"Impossível", disse eu. Mas Veza sabia muito bem onde eu era vulnerável. A ideia de que aquela criatura cheia de luz e graça tivesse crescido numa atmosfera gogoliana e, agora, estivesse possuída por Dostoiévski — que, "como todos nós, proveio do *Capote*" — pareceu-me uma versão altamente original de um percurso literário já bem conhecido. Precisamente nisso estaria, talvez, uma chance de libertá-la daquele de que estava possuída. Era um papel agradável, esse que Veza arquitetara para mim: não havia nada que eu não teria feito pela glória suprema de Gogol. Pressenti também que desse modo, com muito tato, Veza estava fazendo as pazes com *Auto de fé*, pois este provinha também, "como todos nós, do *Capote*". Para meu alívio, ela não estava mais tão preocupada com o destino do livro. Percebeu o que a leitura do romance provocara em Friedl, tomou-o a sério e pediu minha ajuda.

Quando o instinto certeiro de Veza atuava em conjunto com seu calor humano, ela era irresistível. Logo eu estava levando Friedl comigo em meus passeios. Não era possível aprender a escrever da forma como se aprende qualquer outra coisa; mas podia-se caminhar, conversar e ver o que havia dentro de um ser humano. Friedl tinha um temperamento exuberante. Por vezes, corria alguns passos à minha frente, parava e esperava até que eu a alcançasse. "Preciso extravasar meus sentimentos", disse-me. "Estou tão contente por poder vir junto." Pedi-lhe que me contasse a seu respeito; não havia nada de que não falasse, e falava incessantemente, sempre referindo-se a pessoas que conhecera em sua casa. Já havia algum tempo lhe fora permitido estar presente às recepções. Não tinha o menor respeito pelos convidados ilustres, via-os como de fato eram. Eu me espantava com muitas de suas observações cômicas e fingia não acreditar nelas: dizia-lhe que ela estava exagerando, que não era possível. Então seguiam-se tantas outras que eu não podia evitar o riso, e, uma vez que eu risse, ela inventava mais e mais, até que, afinal, eu próprio começava a inventar coisas. Era justamente o que ela tinha em mente: um torneio de invenções.

Eu também lhe passava "tarefas". Fazia-lhe perguntas acerca das pessoas que encontrávamos em nossos passeios; mais precisamente, sobre aquelas que ela não conhecia. Friedl deveria, então, dizer-me o que achava delas e, se uma ideia boa lhe ocorresse, contar-me a sua história. Sobre isso eu tinha algum controle, já que também via tais pessoas e podia constatar o que ela notara e o que lhe escapara. Depois, eu a corrigia, não a reprendendo por uma negligência ou imprecisão, mas apresentando *minha* versão acerca dos passantes. Esse tipo de disputa transformou-se para ela numa verdadeira paixão: não lhe interessava tanto a sua própria invenção, mas a minha. Nossas conversas transcorriam bastante espontâneas e vívidas. Eu pressentia quando algo a preocupava, pois nesse caso ela emudecia e, às vezes — raramente, por sorte —, assaltava-lhe um grande desânimo: "Eu jamais serei capaz de escrever. Sou muito esculachada e tenho muito poucas ideias". Esculachada (*schlampig*) — como se dizia em Viena, em vez de desleixada (*unordentlich*) — ela era mesmo, mas tinha ideias mais do que suficientes. Não me incomodava nem um pouco que ela tivesse também uma queda para o fabuloso: era precisamente o que mais faltava aos jovens escritores que eu conhecia.

De vez em quando, eu lhe pedia que inventasse nomes para as pessoas que encontrávamos. Esse não era o seu forte, e ela não gostava muito de fazê-lo. Preferia falar de como eram e o que conversavam as pessoas em sua casa. O resultado podia ser tagarelice inofensiva, revelando não muito mais do que o seu dom, já evidente, para imitações. Mas, de repente, vinha algo monstruoso que me deixava espantado. Ela própria não

253

se assustava ao dizê-lo, sem perceber como era estranho que o fizesse, pois isso se mostrava incompatível com seu ardor infantil e seus passos leves.

À exceção dos poucos dias que durara seu casamento, Friedl sempre morara em Grinzing. Viera ao mundo dentro de um carro. Quando a mãe começou a sentir as dores do parto, o pai colocou-a no carro, sentou-se ao seu lado e foram para o hospital. Como era de seu costume, ele falava incessantemente. Ao chegarem, o carro já parado, a criança jazia no chão: nascera sem que qualquer um dos dois tivesse notado alguma coisa. Friedl atribuía seu desassossego a esse parto motorizado. Tinha sempre de seguir adiante, não suportava lugar algum por muito tempo. Já casada, quando o marido, um engenheiro, ia à fábrica, ela não conseguia ficar esperando por ele em casa. Logo em uma de suas primeiras tardes, fugiu, deixando a casa e Pressburg para voltar a Grinzing e à Himmelstrasse. Ali, conhecia todos os caminhos e corria para a floresta. Gostava ainda mais das pradarias, onde se punha de cócoras para apanhar flores, desaparecendo em meio à relva. Em nossos passeios, eu às vezes notava como Friedl lançava olhares ávidos para os prados, mas controlava-se, pois naquele momento um de nós estava contando uma história, o que para ela era ainda mais importante do que a própria liberdade. As coisas pequenas e ordinárias eram as que mais a atraíam, mas ela não era insensível aos amplos panoramas, especialmente se houvesse um banco para se sentar e, junto dele, uma mesa onde se pudesse pedir algo para beber.

No entanto, o mais importante para Friedl era o que se passava no reino das palavras. Jamais conheci uma criança que ouvisse com tanta avidez. Após tê-la desafiado de todas as maneiras possíveis, acabava eu mesmo lhe contando alguma história, e é fato que a excitação com que ela absorvia cada frase tinha sobre mim um efeito mais profundo do que eu queria admitir.

A FRAGILIDADE DO ESPÍRITO

Foi uma vida multifacetada, a que eu levei naqueles poucos anos de Grinzing, tão contraditória que mal sou capaz de precisar no que consistia, em toda a sua multiplicidade. Eu a vivia com igual intensidade em cada um de seus aspectos e, embora não tivesse motivo para contentamento, também não estava sujeito a qualquer ameaça. Apegava-me obstinadamente ao meu verdadeiro propósito. Lia bastante e tomava muitas notas para o livro sobre a massa, conversando a respeito com todos aqueles com os quais valia a pena conversar. Dificilmente alguém teria podido aferrar-se com maior tenacidade e ambição a um tal propósito. Não era possível compreender os acontecimentos em curso — e não somente esses, cujo montante era já colossal, mas também aqueles que rapidamente se avizinhavam — a partir de qualquer das teorias então correntes.

Encontrávamo-nos em uma velha capital imperial, que já não mais o era, mas que, por meio de ousados e bem planejados projetos sociais, atraíra os olhos do mundo. Coisas novas e modelares haviam acontecido ali. Sua implantação se dera sem violência; as pessoas podiam orgulhar-se delas, vivendo na ilusão de que perdurariam, ao mesmo tempo que o grande delírio propagava-se na vizinha Alemanha, com seus arautos ocupando todos os postos de comando no Estado. Em fevereiro de 1934, porém, o poder do governo municipal de Viena fora quebrado. Dentre aqueles que o haviam ocupado, reinava o desalento. Era como se tudo tivesse sido em vão: a singularidade da nova Viena se extinguira. Restava apenas a lembrança de uma antiga Viena, ainda não tão distante a ponto de ser absolvida de sua cumplicidade na Primeira Guerra Mundial, para dentro da qual manobrara a si própria. Não havia mais qualquer esperança local que pudesse contrabalançar pobreza e desemprego. Muitos, não podendo viver em tal vazio, foram contaminados pela infecção alemã; engolidos pela massa de maiores proporções, esperavam alcançar uma vida melhor. A maioria não admitia que a consequência real disso só poderia ser uma nova guerra; ao ouvir isso da parte daqueles poucos que o percebiam claramente, recusava-se a aceitá-lo.

Minha própria vida nessa época, como já disse, era multifacetada e vicejava em meio a suas contradições. Sentia-me justificado por meu amplo projeto. Apegava-me a ele, mas nada fazia para apressar sua execução. O que quer que acontecesse no mundo, era mais uma experiência que se incorporava a ele. Não se tratava de uma experiência superficial, uma vez que não se atinha à leitura dos jornais. Todos os acontecimentos eram discutidos com Sonne, no dia mesmo em que eu tinha notícia deles. Ele investigava os fatos de múltiplas maneiras, amiúde variando seu ponto de vista para poder examiná-los mais profundamente, oferecendo-me, ao final, um resumo das perspectivas possíveis, no qual os pesos eram distribuídos da maneira mais equânime. Essas eram as horas mais importantes do meu dia, uma iniciação ininterrupta e de efeito contínuo nos acontecimentos mundiais, suas complicações, agravamentos e surpresas. Elas jamais tolheram-me o ânimo de prosseguir com meus próprios estudos. Por essa época, voltei-me para os estudos etnológicos, com maior profundidade do que o fizera no passado. Por uma espécie de humildade diante de Sonne, eu apenas raramente me deixava levar pela tentação de expor-lhe uma ideia própria que julgasse nova ou importante; no entanto, constantemente encontrávamos terreno para nossas conversas no campo da história das religiões, área em que seu saber era avassalador e o meu se desenvolvera paulatinamente, alcançando um ponto no qual me era possível entendê-lo e contestar o que não me parecia convincente.

Sonne não se impacientava quando eu falava de meu verdadeiro propósito: a investigação das massas. Ouvia com atenção o que eu tinha a dizer, refletia e silenciava. Deixou intocado aquilo que em mim se preparava. Ter-lhe-ia sido fácil ridicularizar meu conceito de massa, cada vez mais amplo e impossível de ser expresso em uma qualquer definição. Em apenas uma hora ele poderia, então, destruir aquela que eu via como a missão de minha vida. Sonne nunca discutia comigo sobre as massas, mas também não me desencorajava nem tampouco procurava (como Broch) demover-me de minha empreitada. Tratava de não me ajudar: justamente em tudo o que dizia respeito às massas, ele jamais foi meu professor. Certa vez, quando, não obstante, toquei no assunto — hesitante, sem efetivamente desejar fazê-lo, pois sua oposição poderia tornar-se muito perigosa para mim —, ele me ouviu com seriedade e calma; silenciou, então, por mais tempo do que era de seu feitio em nossas conversas e, depois, disse-me quase que carinhosamente: "Você abriu uma porta. Agora, precisa entrar. Não procure auxílio. Uma tal coisa se faz sozinho".

Isso ele dizia muito raramente, e cuidava para nada mais dizer. Sonne não queria dar a entender com isso que me negava *sua* ajuda: se eu a pedisse, ele não a teria recusado. Eu, porém, não lhe fizera pergunta alguma. Expusera-lhe o que para mim já estava claro, e talvez quisesse apenas que ele extirpasse de mim tais ideias, se as julgasse errôneas. Ao falar da "porta", entretanto, ele deixara claro que não as julgava errôneas. Dera--me, isso sim, um sutil sinal de advertência, como era de seu feitio. "Uma tal coisa se faz sozinho." Advertira-me contra as teorias que estavam por toda parte e que nada explicavam. Melhor do que ninguém, sabia o quanto elas vedavam o caminho ao conhecimento das coisas públicas. Sonne era amigo de Broch, a quem respeitava e talvez até amasse. Quando conversavam, o assunto certamente recaía sobre Freud, de quem Broch estava à mercê. Eu queria muitíssimo descobrir como Sonne suportava isso sem fazer objeções ofensivas a Broch, mas fazer--lhe uma pergunta tão pessoal era totalmente impossível. No entanto, constatei que Sonne fazia objeções muito sérias a Freud; certa vez, quando ataquei com veemência a "pulsão de morte", ele disse: "Mesmo que ela fosse verdadeira, ninguém poderia se permitir *dizê-lo*. Mas não é verdade. Seria simples demais se assim fosse".

O que se passava entre nós era para mim a verdadeira substância do meu dia: significava mais do que aquilo que eu próprio estava escrevendo então. Não era meu desejo concluir já àquela época os trabalhos a que me dedicava. Havia muitas razões para isso, e a mais importante era, certamente, a percepção da insuficiência de meu saber. A empreitada à qual estava me dedicando não me parecia, em momento nenhum, sem sentido: continuava inabalada a minha convicção de que cabia a nós encontrar as leis que governavam a massa e o poder e, então, aplicá-las. Contudo, ante os acontecimentos que nos acossavam, as dimensões de uma tal empreitada pareciam crescer incessantemente. As conversas com Sonne aguçavam-me, de forma inaudita, a percepção do que estava por vir. Ao contrário de minimizar a ameaça, ele me fazia percebê-la mais e mais, como se colocasse à minha disposição um telescópio único, que só ele era capaz de regular corretamente. Ao mesmo tempo, eu compreendia quão desprezível era o pouco que eu sabia. Não bastavam apenas ideias. As luzes súbitas, relâmpagos que me vinham à mente, dos quais me orgulhava, podiam também conduzir à obstrução do caminho da verdade. Havia o perigo da *vaidade* do conhecimento. A originalidade não era tudo, nem mesmo a força, e tampouco a audácia homicida para a qual me educara Karl Kraus.

Eu criticava terrivelmente os trabalhos literários que tinha em andamento, abandonando-os incompletos. Não desisti deles para sempre, mas coloquei-os de lado. Isso era, por certo, o que mais intranquilizava Veza. Uma vez, conversando seriamente, ela chegou ao ponto de dizer que a influência de Sonne sobre os outros intelectos os tornava estéreis. Ele era, com certeza, o melhor dos *críticos* — reconheceu ela, afinal, superando a própria resistência —, mas só se deveria ir até ele para mostrar-lhe algo pronto. Para a convivência diária, ele não era uma pessoa apropriada. Era um homem da *renúncia*, talvez um autêntico asceta e um sábio. Previa o pior, mas não lutava realmente, apenas o expunha. Como isso podia me bastar? Quando eu voltava de nossas conversas, parecia paralisado; ela tinha dificuldade para me fazer falar. E, às vezes — prosseguiu Veza, atingindo-me duramente —, tinha mesmo a impressão de que Sonne estava me tornando *cuidadoso*: parei de ler para ela o que estava escrevendo, nenhum capítulo de um novo romance, nenhuma peça nova. Quando ela, cautelosamente, me perguntava a respeito, minha resposta era sempre esta: "Ainda não está bom o suficiente para você, quero trabalhar mais um pouco nisso". Por que, antes, tudo era suficientemente bom para ela? Por que, antes, eu ousava mais?

Para Veza, tudo começara com a humilhação que eu sofrera de Anna. Isso ela entendera perfeitamente, e por muito tempo temera pelo efeito daquela leitura da *Komödie*, na Maxingstrasse. Por isso, tornara-se amiga de Anna, para saber como esta realmente era, já que eu a transfigurara, enaltecendo-a de todas as maneiras por ser o oposto da mãe. Agora a conhecia tão bem — afirmou Veza — que tinha certeza de uma coisa: em se tratando de Anna, não havia derrota possível — ela não amava como as demais pessoas, nem mesmo como a mãe. Tinha suas próprias leis ópticas: podia-se contemplá-la e admirá-la, achar seus olhos magníficos, mas jamais se sentir *na mira* deles. Em quem ela pusesse os olhos, com este tinha de jogar, ganhá-lo para si como um novelo, um objeto, não como um ser vivo. Nela, só esse jogo dos olhos era perigoso; no mais, era uma boa amiga, imbuída de pura lealdade, generosa, até mesmo confiável. Mas uma coisa não se podia fazer: tentar amarrá-la. Sem sua liberdade, Anna não podia viver; precisava dela, e de nada mais, para seu jogo dos olhos, mas essa era a necessidade mais profunda de seu ser, e isso jamais mudaria, nem mesmo na velhice. Quem fora dotada de tais olhos não podia evitá-lo: escrava das exigências de seus olhos tanto quanto os outros o eram — estes, na qualidade de vítimas; ela, na de caçadora.

Essa mitologia dos olhos me divertiu. Eu sabia o quanto de verdade havia nessas palavras de Veza, assim como sabia o quanto sua amizade com Anna me ajudara. Mas sabia ainda o quanto ela estava enganada com relação a outro aspecto: minha amizade com Sonne *não* era produto do infortúnio com Anna; era algo *soberano*, necessidade mais pura de minha natureza, que se envergonhava de sua própria escória e só podia melhorar-se a si mesma — ou, ao menos, justificar-se — por meio do rigoroso diálogo com um espírito muito superior.

CONVIDADOS AOS BENEDIKT

O que me agradara em *frau* Irma — a mãe de Friedl — naquele primeiro encontro no Bar Liliput, haviam sido suas frases simples, despojadas, nas quais não se podia perceber qualquer indício de pretensão: acreditava-se no que ela dizia, sem maiores preocupações. Sua cabeça tinha um formato bastante arredondado, um formato que não me era familiar; não era eslava, o que também teria sido atraente: era diferente, contudo. Soube então, por intermédio de Friedl, que sua mãe era metade finlandesa. Nascera em Viena, naturalmente, mas desde a infância fazia constantes visitas à família de sua mãe, na Finlândia.

Uma tia da mãe, de quem muito se falava em casa dos Benedikt, distinguira-se pela vida independente que levava e por seus feitos intelectuais. Tia Aline vivera muitos anos em Florença e havia traduzido Dante para o sueco. Possuía uma ilha lá na Finlândia, para onde às vezes se retirava, em completa solidão, para escrever. Jamais se casou, por orgulho e para preservar sua liberdade de lançar-se a empreitadas intelectuais. Pretendia deixar a ilha para Friedl, a sobrinha predileta. Impressionava ouvir Friedl falar dessa ilha. Ela não dava a menor importância a propriedades, mas estava encantada com a ideia de ter uma ilha. Jamais estivera lá, mas tinha dela uma imagem fantasiosa, especialmente das tempestades de inverno, quando se ficava completamente isolado do continente. Ela nunca mencionava a ilha sem oferecê-la solenemente a mim, como um presentinho, por assim dizer: era sua única maneira de manifestar seu respeito pelo escritor que tinha como modelo.

Às vezes, eu aceitava a ilha; às vezes, não. Em todo caso, ali fora feita a tradução de Dante para o sueco. Agradava-me a generosidade do presente e, muito particularmente, a longevidade que por meio dele Friedl me atribuía. Casualmente, ouvindo-a descrever a solidão e as belezas da ilha, descobri algo sobre ela que me impressionou muito mais. Certa vez, quando a conversa sobre a ilha finlandesa enveredou por temas suecos, Friedl me disse que sua madrinha era Frieda Strindberg, a segunda mulher de Strindberg, que fora amiga de infância de sua mãe e morava então em Mondsee, vindo com frequência visitar os Benedikt. Dela Friedl herdara o nome, mas não apenas isso. Quando sua mãe desesperava-se com o desleixo da filha, dizia-lhe: "Isto você herdou da Frieda, sua madrinha. Parece que junto com o nome as pessoas herdam também certas características". Segundo a afilhada, Frieda Strindberg era conhecida como a pessoa mais desleixada da face da terra. Uma vez, ainda pequenina, Friedl estivera na casa da madrinha. A confusão reinante causara-lhe tal impressão que, ao voltar para casa, quis imitá-la em seu quarto. Já o havia experimentado por diversas vezes: sempre que a deixavam sozinha, abria gavetas e cômodas, deitando fora as roupas todas, para, feliz, sentar-se em meio à desordem. Assim, tinha em casa um quarto igual ao da madrinha. Nunca, porém, *confessara* à mãe de onde havia tirado a inspiração para aquela terrível confusão. Esse era seu maior segredo, e, por isso, precisava revelá-lo a mim. Eu jamais deveria visitar o seu quarto de surpresa, pois se o visse algum dia ficaria tão horrorizado que nunca mais a levaria comigo em meus passeios. Como eu não pretendia ver-lhe o quarto, não quis refletir mais detidamente sobre o assunto. Contudo, a ligação com Strindberg intrigou-me, e creio ter sido isso o que conferiu à casa dos Benedikt uma nova dimensão para mim.

A fim de me atrair para uma visita, Friedl deve ter atormentado terrivelmente a mãe com a escolha e distribuição dos convidados. Por mais tediosas que ela própria julgasse as recepções, por mais raramente que se prestasse a delas participar, logo pressentira, por nossas conversas, que eu farejara algo de maligno e suspeito onde, para ela, nada havia além de afetação e tédio. Desde pequena, Friedl ouvira apenas nomes famosos. Por algum tempo — estava já na escola —, chegou a pensar que todos os adultos pertenciam à categoria das pessoas famosas, o que, para ela, não recomendava particularmente nem uns nem outros. Quando um novo nome passava a ser mencionado com frequência em sua casa, só havia duas explicações possíveis para isso: ou alguém de repente se tornara famoso (e, nesse caso, a questão era fazê-lo aceitar um convite), ou, então, alguém que já o era havia tempos (sempre o fora, ela imaginava) tinha vindo a Viena e, *naturalmente*, jantaria com eles. Jamais lhe teria ocorrido que pudesse haver algum outro motivo: era sempre a mesma coisa e, por isso mesmo, uma chateação. Agora, porém, quando nos víamos e ela mencionava alguém que frequentava sua casa, Friedl percebia meus sobressaltos e, então, ouvia a pergunta: "O quê? Ele também?" — como se fosse proibido pôr os pés naquela casa. Ela notava que a muitos desses nomes eu não esboçava qualquer reação: não me espantava que eles frequentassem sua casa, pois, de acordo com as regras da *Fackel*, pareciam combinar com o ambiente. Eram outros, no entanto, que me preocupavam, aqueles que começaram a ser de interesse para Friedl, pois ela logo compreendeu ser apenas com estes que podia atrair-me para sua casa. Mas isso também demandava tempo e preparativos mais extensos.

"Thomas Mann almoçou conosco hoje", disse-me ela certa vez, observando-me cheia de expectativa.

"É? Mas sobre que ele conversa com seu pai?"

Não pude evitar a pergunta, e só tarde demais percebi minha falta de tato, pois podia-se deduzir daí o desprezo que eu sentia por seu pai, negando-lhe a capacidade de manter uma conversa com Thomas Mann.

"Sobre música", respondeu ela. "Falaram o tempo todo sobre música, particularmente sobre Bruno Walter."

Friedl acrescentou ainda que, como não entendia nada de música, não poderia contar os detalhes da conversa. Por que eu simplesmente não ia até lá e ouvia pessoalmente? A mãe gostaria tanto de me convidar mas não se atrevia a fazê-lo. Eu era tido como uma pessoa tão reservada; todos pensavam que eu era como o Kien do romance: alguém que desprezava as mulheres e, ainda por cima, era rude. "Eu sempre conto a ela como o senhor diz coisas divertidas. 'Ele nos despreza', diz minha mãe. 'Não entendo absolutamente por que ele a leva para passear'."

Após diversas tentativas, Friedl conseguiu me fisgar com

um convite. Da tríade de astros da Decadência vienense da virada do século — Schnitzler, Hofmannsthal e Beer-Hofmann —, apenas este último continuava vivo. Escrevera muito pouco, e era considerado o mais exclusivo dos três. Já havia décadas, estava escrevendo *uma* peça. Aparentemente, nunca ficava satisfeito com ela, não se deixando convencer por ninguém a concluí-la. Justamente por essa razão, e por nenhuma outra, é que esse antípoda de jornalista, de quem eu só conhecia *um único* poema, me interessava. Na Viena de então, sua parcimônia tinha algo de enigmático. A gente ficava se perguntando como, com uma obra tão pequena, ele alcançara sua elevada reputação. Eu imaginava que ele evitasse toda companhia "nociva", circulando apenas em meio a seus iguais. Mas o que fazia agora, uma vez que os dois outros não estavam mais vivos? Então, ouvi de Friedl que ele era convidado regular dos Benedikt, que vinha com frequência à sua casa e que se interessava pelas pessoas: um homem idoso e forte, com uma mulher muito bonita, vinte anos mais moça do que ele e dando a impressão de ser mais jovem ainda. Para mim, isso soou atraente, mas o que superou toda a minha resistência, decidindo a questão, foi um verdadeiro *coup de foudre*. Emil Ludwig — o sucesso do momento, que escrevia um livro em poucas semanas e ainda se gabava disso havia confirmado sua presença à casa dos Benedikt, a fim de conhecer o muito reverenciado Richard Beer-Hofmann. Estavam todos curiosos a respeito desse confronto, disse-me Friedl: eu não podia deixar escapar tamanha diversão. Ela imaginava que a conversa entre ambos se assemelharia à de dois personagens de ficção. Convencera a mãe a me convidar para o evento e me telefonou ainda naquele mesmo dia. Minha curiosidade havia sido atiçada: agradeci e aceitei o convite.

Em vez da criada, foi Friedl quem me abriu a porta. Da janela, ela me vira chegando e, como se fôssemos conspiradores, foi logo dizendo: "Eles já chegaram. Os dois!". Na sala, seu pai me recebeu com algumas frases marcadamente bajuladoras, mas que não se relacionavam a coisa alguma. Era um homem baixo, com uma boca que se estendia longamente para ambos os lados, mas não em igual medida, de tal modo que seu rosto tinha algo de assimétrico, a fronte baldia. As palavras saíam-lhe saltitantes da boca, como que ao ritmo de uma valsa; seu sorriso, beirando a risada, era jovial e convidativo — era como se ele me desse batidinhas nos ombros com seus gestos e palavras, não propriamente com altivez, mas insensível e inofensivo ao mesmo tempo. Ainda não lera meu livro, que estivera circulando pela casa, primeiro com as moças, depois com a esposa; hoje, finalmente, conseguira arrancá-lo delas: estava ali — apontou uma mesinha — e não mais permitiria que o tomassem dele; começaria a leitura ainda naquela mesma tarde. Juntava forças, mediante uma conversa com o autor, antes de lançar-se à perigosa empreitada; afinal, circulavam lendas acerca de quão perverso, mas também quão instigante, era o romance, coisa que um primeiro olhar para o autor não permitiria supor. Não foi sem espánto que deparei com sua inocuidade, e ele com a minha. Depois do que ouvira acerca de *Auto de fé*, ele esperava encontrar um *poète maudit*. Eu, de minha parte, enquanto a hospitaleira valsa prosseguia saltitante, procurava em seu rosto os indícios de uma condenação provinda diretamente da *Fackel*.

Ele me levou até Beer-Hofmann, o mais ilustre de seus convidados, que não escrevia mais do que duas linhas por ano. O velho e imponente senhor permaneceu sentado e disse gravemente: "Meu jovem, eu não vou me levantar. Creio que o senhor também não espera que eu o faça, não é?". Murmurei algumas sílabas de assentimento, como certamente ele esperava que eu fizesse, e fui logo conduzido até um homenzinho minúsculo, de aspecto franzino e explosivo. Como não notasse minha mão, não precisei estendê-la, e pude ouvir de imediato a admiração espumosa que derramava sobre Beer-Hofmann. Era Emil Ludwig, proclamando havia quanto tempo — desde a infância? — o reverenciava. A palavra "mestre" emergiu repetidas vezes da torrente verborrágica, assim como "perfeição" e até mesmo "plenitude" — esta última, aliás, demonstrava falta de tato, já que aplicada a alguém que alegava precisar de décadas para escrever uma peça de tamanho habitual e, ainda assim, não a concluía. Com um ar grave, Beer-Hofmann balançava a cabeça, por certo atentando para cada palavra sem deixar escapar nenhuma; estava bastante seguro de si, e quem não teria se sentido assim diante daquele escritor minúsculo, prolífico, campeão de vendas e entrevistador de meio mundo? Tratava-se ali de um peso-pesado medindo forças com um peso-pena. Mas o senhor idoso e corpulento não estava se sentindo verdadeiramente à vontade com tudo aquilo. A contradição entre o seu digno mutismo literário e a diarreia produtiva do homenzinho magro era por demais retumbante e, afinal, havia ainda outras pessoas presentes, ouvindo tudo. Beer--Hofmann interrompeu os ganidos de adoração e, num tom lamentoso mas decidido, disse: "É muito pouco".

Havia escrito tão pouco que *precisava* dizê-lo, e quem teria podido responder a uma tal afirmação? Havia, talvez, uma dúzia de pessoas na sala e todos prenderam a respiração. Mas, é claro, Emil Ludwig tinha uma resposta para isso também — dessa vez, uma única frase: "Shakespeare seria menos Shakespeare se só tivesse escrito o *Hamlet*?".

Tamanho descaramento tirou a fala de todos os demais presentes. Beer-Hofmann não balançava mais a cabeça. Até hoje acalento a esperança de que ele não se arrogasse ter escrito *Hamlet* algum, apesar da grande autoconfiança que o distinguia.

Durante a refeição que se seguiu, depois de tanto altruísmo, Emil Ludwig demonstrou uma maior preocupação consigo mesmo, enaltecendo a própria fertilidade e fluência, sua experiência de mundo, seus ilustres amigos e admiradores em todos os continentes. Conhecia todo mundo, de Goethe a Mussolini. Soube retratar com eloquência o contraste entre a casa simples — como ele a chamou — de Goethe em Weimar e o enorme salão de recepção do Palazzo Venezia, em Roma. Atravessando a passos miúdos a extensão do salão, que comparou a um continente imperial, Ludwig fora até Mussolini, o qual, resoluto, esperava por ele na outra ponta do recinto, por detrás de sua portentosa mesa. Mussolini sabia quem era aquele que vinha em sua direção. Terminada a longa travessia, estando Ludwig finalmente diante da mesa (provavelmente a maior do mundo, maior do que a dele próprio, em Ascona), fora saudado com palavras lisonjeiras, que a modéstia o impedia de reproduzir. Mussolini demonstrara um instinto certeiro para a importância de uma personalidade da literatura mundial como Ludwig, agraciando-o com muitas e longas conversas, publicadas em todos os grandes jornais do mundo e, naturalmente, também em livro. Mas tudo isso pertencia ao passado. Desde então, de seis a nove livros novos haviam sido publicados, o último deles sendo *O Nilo*. Para escrevê-lo, Ludwig estivera no Egito. Terminara-o em seis semanas. O anfitrião, à cabeceira da mesa, interrompeu-o para, com um gesto convidativo e reverente, apontar uma mesinha próxima, onde jazia, completamente só e bastante grosso, *O Nilo*. Ludwig, porém, não lhe deu atenção, estava já mais adiante, estendendo-se acerca de seus próximos três ou quatro projetos — ora trinando, ora ocultando o conteúdo destes. Nada diria sobre o que viria em seguida — afinal, ele não era ali o único convidado. "E não nos esqueçamos; a despeito de todo o saudável amor-próprio — só os patifes são modestos —, daquele que hoje, nesta mesa, representa a preciosa Jovem Viena da virada do século, o único de uma imorredoura tradição que ainda está entre nós, e o maior de todos."

Isso não era pouca coisa, mas exprimia a opinião da casa e, talvez, fosse o que o próprio Beer-Hofmann pensava de si mesmo; de outro modo, dificilmente lhe teria sido possível manter-se firme no seu retraimento em relação ao mundo. Ele dava a entender — conforme, mais tarde, ouvi dele mais de uma vez — que Hofmannsthal cedera demasiadamente às tentações do mundo; os libretos, o interesse pela ópera, toda a ligação com Salzburg, Beer-Hofmann os considerava uma aberração. No fundo de sua alma, Emil Ludwig devia ser-lhe repugnante — como o era para todos àquela mesa, à exceção do anfitrião —, mas a aclamação, situando-o como o maior dentre os três da Jovem Viena de antigamente, não podia deixar de tocá-lo.

Em pouco tempo, Ludwig conduzia novamente as atenções para si próprio. Devia a Viena uma aparição na ópera e reservara um camarote para aquela mesma noite. Contudo, não gostaria de ir sem uma acompanhante. Queria a companhia da mais bela das quatro filhas da casa. Friedl, sentada defronte dele à mesa, ouvia-o aparentemente interessada. Não o interrompeu nem tampouco riu uma única vez. Ludwig sentia-se admirado por ela, assim como, provavelmente, também *ela* por ele. Na verdade, era a atenção ilusória que Friedl lhe dispensava que o estimulava a expandir-se em suas ilimitadas efusões acerca de si próprio. Assim, Ludwig pediu-lhe que reservasse a noite para ele, acompanhando-o à ópera. Friedl percebera muito bem minha aversão por ele e, possivelmente, perguntava-se se a aceitação do convite prejudicaria sua reputação junto a mim. Um instinto lhe dizia que essa reputação não podia ser boa, uma vez que, afinal, ela era filha daquela casa amaldiçoada. Todavia, confiou no comportamento ridículo que era de esperar de Ludwig na ópera, e no relato vívido a respeito com que, depois, me divertiria. Aceitou o convite e, alguns dias mais tarde, em nosso passeio seguinte, fiquei sabendo de tudo.

No camarote, Emil Ludwig saltara continuamente de sua cadeira, a fim de ser visto pelo público. Rendera homenagens a Friedl por intermédio das árias, que cantava junto — a princípio, baixinho; depois, cada vez mais alto. Os ocupantes do camarote vizinho sentiram-se incomodados com a presença dele, mas era justamente esse o seu objetivo. Não dava ouvidos a quaisquer protestos: parecia em transe, extasiado com a presença de sua jovem acompanhante. Lograra desviar para seu camarote os olhares dirigidos ao palco. Quando alguém finalmente saiu à procura do funcionário que tomava conta dos camarotes, a fim de se queixar e exigir a supressão dos ruídos indesejados, esse mesmo queixoso descobriu quem era o rapazinho que, cantando e gesticulando, saltava incessantemente da cadeira para posicionar-se junto à balaustrada do camarote: Emil Ludwig em pessoa. A notícia espalhou-se num instante. Ludwig só sossegou ao ter certeza de que todos já sabiam da novidade. Esqueci qual ópera estava sendo apresentada, mas Friedl me disse que, na hora dos aplausos, *Ludwig* curvou-se, tomando-os para si em vez de também aplaudir. Só depois que

Friedl lhe chamou a atenção para o comportamento inoportuno, ele, a contragosto, aderiu às palmas — por um ou dois segundos no máximo.

Após a primeira visita aos Benedikt — que apresentara o confronto Beer-Hofmann versus Emil Ludwig —, comecei a tomar gosto por essas recepções. Não aceitava todos os convites, mas ia de vez em quando. Foi-me dado ver muito do que, anteriormente, evitara em Viena, por pertencer aos domínios proibidos da *Neue Freie Presse*. Não vi nada de excitante. Vinguei-me da decepcionante inocuidade de Ernst Benedikt — em quem esperara encontrar algo de infame e perigoso — fazendo troça dele. Sua ambição tinha por meta ter lido tudo. Ele não suportava desconhecer um livro sobre o qual se falasse, ainda que este tivesse 2 mil anos de idade. Eu me divertia em mencionar diante dele as obras mais longínquas. Então, em minha visita seguinte, seguramente encontrava o livro citado sobre a mesinha: ele o estava lendo e me falava a respeito. Tudo isso começou com os sábios chineses. Como eu realmente os amava, era indesculpável de minha parte empregá-los nessa brincadeira, pois Benedikt jamais teria tido sequer algo de razoável a dizer sobre eles. Era incoerente e teimoso, mas carecia de qualquer profundidade, pois jamais perseverava o suficiente no que quer que fosse, para fazer jus a essa teimosia. Estava possuído pela compulsão de gabar-se da quantidade de nomes que conhecia, citando-os às pencas. Constituía a punição justa para minha atitude sacrílega o fato de que nomes para mim sagrados fossem parar nas frases que ele matraqueava. Quando se tornava insuportável ouvi-lo falar de alguém que eu reverenciava e que, sem meu estímulo, ele jamais teria mencionado, restava-me apenas desviá-lo para um novo nome. Então, ele o agarrava rápido como o vento, cercando-se do conjunto de sua obra e (sabe Deus como) já tendo lido a maior parte dela por ocasião de minha visita seguinte. Ao conversar, ele costumava lançar a cabeça, aos arrancos, de um lado para o outro. Era sua maneira de dar ênfase ao que dizia; outra não tinha. A seu modo um tanto parvo, levava uma vida totalmente espiritual.

"ESTOU PROCURANDO MEUS IGUAIS!"

Já em minha segunda visita aos Benedikt, aconteceu algo que, para mim, transformou aquele que outrora fora domínio do diabo em um teatro oriental. Eu subira os degraus que conduziam à porta de entrada e tocara a campainha, quando percebi passos apressados e algo trôpegos às minhas costas. Espantei-me, pois tais passos dificilmente podiam ser os de um convidado adulto, e voltei-me em sua direção. Diante de mim, sem fôlego, estava a jovem "japonesa" — como eu a chamava —, a moça com que havia meses eu vinha topando na Himmelstrasse: o casaco aberto, uma mecha de cabelos negros sobre o rosto, movimentos impetuosos e miméticos, como em um dos retratos de atores feitos por Sharaku ou em uma cena de cabúqui. Seria, como eu, uma convidada? Aquela moça jovem? A ideia apossou-se de mim de tal forma que me esqueci de cumprimentá-la; ela meneou a cabeça, sem nada dizer; a porta se abriu: era Friedl, como da primeira vez. Ao nos ver um ao lado do outro sobre o tapete da porta, ela riu, dizendo:

"É você, Susi? Este é o senhor C. Esta é minha irmã mais nova, Susi."

Eu tinha boas razões para ficar constrangido, mas Susi também ficou embaraçada, pois, embora a minha pessoa lhe fosse completamente indiferente, ela por certo sabia que eu a via diariamente na Himmelstrasse. Não era, pois, uma convidada; estava voltando da escola e, como sempre, se atrasara — daí a falta de fôlego e a pressa. Desapareceu rapidamente em direção aos cômodos superiores da casa; surpresa, Friedl me disse:

"Então o senhor sempre vê a Susi. Isso o senhor nunca me disse."

"Não sabia que era ela. Você me disse que sua irmã mais nova tinha catorze anos."

269

"É o que ela tem. Mas parece ter dezoito."

"Eu pensei que fosse japonesa."

"Ela tem mesmo uma aparência exótica. Ninguém entende como ela pode ser de nossa família."

Entrei então na sala, mas sentindo-me envergonhado por mais algum tempo. Tornara-se claro para mim que eu *procurara* aqueles encontros na Himmelstrasse, descendo a rua sempre à mesma hora e arranjando tudo de forma a não perder o encontro com ela, que vinha da Strassergasse. Uma estudante de catorze anos que vinha da escola! A falta de fôlego, a agitação que me transmitira nada significavam: tratava-se apenas de uma estudante temendo atrasar-se para a refeição. É claro que os atores japoneses, inesquecíveis para mim, haviam contribuído para a impressão que eu tivera dela, assim como o amor pelas xilogravuras de Sharaku. Mas por que ela se parecia com um ator dessas xilogravuras? A aparência estrangeira de Susi era fascinante, e não se podia comparar essa inexplicável beleza com Friedl, que incorporava a exuberância e leveza de Viena. Eu sentia isso tão intensamente que nada comentei a respeito: nenhuma das irmãs ficou sabendo que, a partir daquele instante, foi o pensamento no mistério da mais jovem que me atraiu mais e mais àquela casa.

Perguntei a Friedl se num café lotado, rodeada de pessoas conversando, discutindo e cantando, ela seria capaz de ouvir várias coisas *ao mesmo tempo*. Ela me disse não acreditar que isso fosse possível, ou seja, que se pudesse ouvir mais de uma coisa ao mesmo tempo, sem deixar escapar nada. Expliquei-lhe, então, que o mais interessante em se ouvir duas, três, quatro vozes concomitantemente é o que se passa entre elas: totalmente desatentas umas às outras, desandam a falar, como um relógio ao qual se deu corda — irrefreáveis, inalteráveis. Quando, porém, as apreendemos todas ao mesmo tempo, disso resultam as coisas mais extraordinárias, como se tivéssemos uma chave própria para um relógio especial, para *interações* — por assim dizer — de que as próprias vozes não se dão conta.

Prometi a Friedl que lhe mostraria o modo como isso funciona. Disse-lhe que ela só precisaria experimentá-la algumas vezes; primeiro, por meio de meus ouvidos, colocando-se no meu lugar; logo, então, ela seria capaz de fazê-lo sozinha, e isso se tornaria um hábito sem o qual não se poderia mais viver.

Uma vez, tarde da noite, levei-a comigo ao café na Kobenzlgasse, para onde as pessoas iam após o fechamento das *Heurigen*** e a partida do último bonde da linha 38. Ali, reunia-se um grupo de pessoas mais heterogêneo do que o das *Heurigen*. Primeiro, chegavam aqueles que, desejando uma noite mais cheia, não se contentavam com o que haviam conseguido até a meia-noite. A estes juntavam-se, então, os nativos, os que haviam estado longamente a servir vinho para os outros, cujo trabalho terminara e que também queriam se divertir numa atmosfera diferente, mas não estranha. Do momento de sua chegada em diante, eram estes últimos que definiam o tom do local. Os frequentadores das *Heurigen* não mais desempenhavam o papel principal, não estavam mais em maioria, nem recebiam atenção especial — quanto mais a noite avançava, tanto mais eram impelidos à condição de espectadores. Em lugar dos cantores das *Heurigen* — ao som de cujas canções estes já haviam bebido ou juntado suas vozes —, entravam em cena, agora, os verdadeiros habitantes de Grinzing: figuras mais originais e notáveis do que teria esperado encontrar o público das *Buschenschenken* ou das *Heurigen* mais nobres. Em um tal café podia acontecer mais em uma hora do que em qualquer outro lugar ao longo de toda uma noite, e, na maioria das noites, os mesmos nativos juntavam-se à população flutuante de estranhos.

Nós havíamos chegado bastante tarde, pois importava-me introduzir Friedl na total discordância das vozes quando a expectativa dela já tivesse alcançado seu ponto máximo. O local estava superlotado: uma nuvem de fumaça e barulho nos atin-

---

* *Heurigen* e *Buschenschenken*: tabernas que produzem e servem vinho novo, isto é, o vinho ainda em seu primeiro ano. (N. T.)

giu; não havia em parte alguma um lugar disponível. Graças a Friedl, porém, cuja presença era como um sopro de ar fresco — ela mergulhou como um gato no alvoroço, os olhos faiscando —, pessoas se espremeram, impondo-nos um lugar para sentar, sem que precisássemos lutar por isso. "Não estou entendendo nada", disse-me ela, "estou ouvindo tudo, mas não estou entendendo nada." "Ouvir já é importante", respondi, "e logo acontecerá algo que vai desemaranhar a confusão."

Eu contava com a aparição de um homem a quem já vira algumas vezes. Ele sempre vinha aos sábados, e pelo resto da semana me dava muito o que pensar. Não demorou muito, a porta se abriu e a figura magra e relativamente alta apareceu: cabeça escura, semelhante à de um pássaro; olhos penetrantes. Com passos de dançarino, ele abriu caminho até o meio do recinto, afastando com os cotovelos as pessoas à sua volta, sem efetivamente empurrá-las. Então, começou a girar sobre si mesmo — as mãos erguidas a meia altura, como que suplicantes —, ao mesmo tempo que, num tom que mais se assemelhava a um canto, dizia: "Estou procurando meus iguais! Estou procurando meus iguais!". O "meus" soava imponente, como o "eu" ou o "nós" de um potentado. As mãos abraçavam no ar alguém que não existia, justamente o seu igual. Sem parar, ele girava em torno de si, girava e girava sem deixar que ninguém se aproximasse de suas mãos, cantando: "Estou procurando meus iguais! Estou procurando meus iguais!" — o canto plangente, ambicioso, de um pássaro de longas pernas.

"Mas este é o Leimer!", exclamou Friedl. Ela o conhecia, mas como o reconhecera ali? Conhecia-o à luz do dia, jamais o vira à noite, quando ele circulava por entre as pessoas com seu canto majestoso. Durante o dia, Leimer ficava na piscina de Grinzing, que pertencia a ele e a seus irmãos. Lá, distribuía cabines para os banhistas ou ficava sentado no caixa. Por vezes, quando sentia vontade, dava aulas de natação. Podia permitir-se agir de acordo com seu humor, pois a piscina era uma atração sempre muito procurada, frequentemente tão cheia que não se permitia a entrada de mais gente. De todas as partes de Viena, as pessoas vinham para a piscina de Grinzing. Os Leimer eram tidos como uma das famílias mais ricas — talvez a mais rica — do lugar. Os filhos deviam seu bem-estar a uma mãe valente. Ainda no século XIX, jovem e bela, ela se plantara no caminho do coche imperial, atirando ao imperador Francisco José uma petição por escrito, na qual solicitava permissão para utilizar a água de que necessitava para a instalação da piscina. À época, haviam acabado de construir os dutos que traziam a melhor água das fontes elevadas das montanhas para Viena: a empreendedora senhora soubera aproveitar o momento. O imperador concedeu-lhe o privilégio e, por meio desse favor, propiciou à piscina de Grinzing e à família Leimer a desejada prosperidade.

Isso era do conhecimento público, pois todos frequentavam a piscina. O que não era público, à luz do dia, era o efeito que essa graça imperial provocara naquele membro da família, nessa época em que já não havia imperadores. "Estou procurando meus iguais!" — esse clamor monárquico, posto no papel, pode parecer ridículo. Não o era, entretanto, quando acompanhado do som e dos movimentos daquele que à noite o entoava e, sempre no mesmo ritmo, o repetia, retardando longamente cada sílaba.

Prenhe da ânsia por si mesmo, ele girava por entre as mesas, sempre retornando ao apertado centro do café. Não falava com ninguém, e ninguém falava com ele. Nada o teria feito interromper seu canto. Ninguém zombava dele ou propunha-se a tentar demovê-lo de sua busca. Sua entrada em cena era conhecida e, apesar de sua seriedade, parecia não incomodar a ninguém. Na qualidade de senhor das águas, sobre as quais regia, era uma figura respeitada. Seu desassossego, no entanto, trouxe ao café uma tonalidade sinistra. Ao abrir caminho de volta para a porta, seu canto foi se extinguindo. Ele se fora, mas o canto permaneceu no ouvido de todos.

Então, um vinhateiro sentado a meu lado disse: "O francês vem vindo!". Outro, sentado à sua frente, em diagonal, aderiu ao primeiro, repetindo avidamente o anúncio. Para mim, isso era uma novidade; sem entendê-la, não pude explicar à minha acompanhante do que se tratava. Em outras mesas, as pessoas pareciam estar também à espera do "francês". Eu não conhecia nenhum francês em Grinzing, mas todos os nativos pareciam ter uma sólida ideia de quem ele era: em suas bocas, a palavra soava como se fosse uma estação do ano. Friedl ouviu as pessoas repetindo ainda algumas vezes a frase — "O francês vem vindo! O francês vem vindo!" — e ficou tão excitada com essa expectativa que perguntou ao bêbado feliz a seu lado (embora não quisesse animá-lo, pois já tivera de se defender de suas investidas): "Quando é que esse francês vai chegar?". Em seu estado, o bêbado não teria a menor condição de responder a uma pergunta de conteúdo mais complexo... "Ora, neste exato minuto! Está chegando agorinha mesmo!", respondeu ele.

Não demorou muito para que aparecesse um gigante loiro, cuja altura aparentemente superava em uma cabeça a de todos os demais presentes. Uma jovem mulher segurava-se firmemente nele, e todo um séquito o seguia. "O francês chegou! O francês chegou!" Aquele era o francês, mas seu séquito era todo composto de nativos. A mulher também era uma Leimer, irmã daquele que estivera ali à procura de seus iguais. O gigante arranjou um lugar para si, assim como todo o seu séquito. Era impressionante o número de pessoas que adentraram o café, antes já lotado. Mas todos se sentaram em uma longa mesa — os ocupantes anteriores tendo-a desocupado para eles e enfiando-se em outras mesas. A irmã de Leimer estava novamente ao lado do francês, sempre segurando-se firme nele. Agora, porém, tornara-se claro que ela o estava detendo diante de algo que ainda não acontecera, e que não deveria acontecer. Foi-me explicado que era sua esposa: casara-se com ele na França e, uma vez por ano, vinha visitar Grinzing, trazendo--o consigo. O francês era marinheiro e pertencia à tripulação de um submarino; não se sabia ao certo se ainda o era ou se o fora na última guerra. Sem compreender esta última informação, olhei-o espantado: um sujeito tão alto em um submarino? Eu imaginara que a escolha de marinheiros para submarinos recaísse preferencialmente sobre homens de baixa estatura.

Todos falavam com o francês, que não entendia alemão. As pessoas sentadas à sua mesa pareciam não estar interessadas em ninguém mais além dele. Não conversavam entre si, mas dirigiam-se exclusivamente ao francês. Faziam-lhe constantes perguntas, às quais não podia responder. Gritavam, então, para que ele entendesse, o que não melhorava a situação. O francês permanecia completamente mudo, sem dizer palavra, nem mesmo em *sua* língua. Eu jamais vira um francês tão alto e calado. Quanto maior o seu silêncio, mais as pessoas o chamavam. Também das outras mesas partiam tentativas de estimulá-lo a falar. De início, a mulher — que lhe servia de intérprete e, por isso, mantinha-se agarrada nele — fez alguns movimentos com a boca, esticando-se para alcançar-lhe o ouvido. Mas logo desistiu. Era inútil. Talvez seu domínio do idioma francês não fosse bom o suficiente; mas, ainda que o falasse tão bem quanto a língua materna, não teria de modo algum acompanhado o assédio de gritos e chamados. Ela segurava com firmeza cada vez maior o braço do marido. O caos sonoro, contendo todos os tipos possíveis de sons, logo tornou-se mais intenso, transformando-se em gritaria. De todos os lados, gritos eram dirigidos ao francês. Se em nossa mesa o barulho já era ensurdecedor, imagine-se como seria na mesa dele.

Eu podia vê-lo bem, e nem por um segundo desviava dele o olhar. Como todos os demais, também eu me voltara totalmente para o francês. Mais um pouco, e eu teria gritado alguma coisa em sua língua, mas isso lhe teria sido de pouca valia naquele clímax de agitação geral. Subitamente, ele se levantou de um salto e gritou: *"Je suis français!"*. Com dois portentosos movimentos de braço, afastou tudo o que estava nas proximidades. Num salto gigantesco, transpôs a mesa em que estava sentado, indo parar em meio a um amontoado de corpos. Assediado por todos os lados, ele prosseguia gritando. Seu grito de guerra era só o que se ouvia: *"Français! Français!"*. Com uma força incrível, dispersou a multidão ao seu redor — um feito espantoso, mesmo para um homem de seu tamanho. Abriu caminho até a porta, arrastando com pernas e braços todos aqueles que nele

275

se dependuravam. Perdera contato com a mulher, a qual ficara bem para trás, em meio aos demais componentes do séquito. Já ao saltar sobre a mesa, ele se livrara dela, que agora forçava passagem em meio àqueles que, como hostes inimigas, permaneciam nos calcanhares do marido; não estava, porém, entre os que haviam se enganchado em seus braços e pernas, não desejando largá-lo. Tendo ele já conseguido escapar, a mulher queria sair e alcançá-lo. Não pude ver o que aconteceu na rua, mas algumas pessoas que retornaram ao café disseram que ela estava levando o francês para casa. Na qualidade de cunhado, seu lugar era na piscina — isso ninguém parecia pôr em dúvida. Mesmo após sua partida, não se falou de outra coisa no café. O francês, disseram, vinha todo ano. As pessoas sabiam com antecedência de sua chegada e esperavam por ele. Todo ano, a coisa terminava do mesmo modo. Perguntei a um e outro por que o francês se levantara repentinamente, de um salto. Fazia sempre assim, foi a resposta: ninguém sabia informar mais do que isso. Levava algum tempo até que o fizesse; primeiro, ficava sentado, mudo, à mesa. Entendia o que as pessoas gritavam para ele? Não, não entendia nem uma palavra. Mas, então, para que continuavam tentando? Isso era parte do clima. E o francês gritava sempre a mesma coisa? Sim, sempre *"Je suis français!"* ao que as pessoas tentavam imitar-lhe as palavras. Ele era forte, mas ninguém ali se curvava diante desse fato.

Eu me perguntava quantas palavras estranhas, totalmente incompreensíveis, alguém, pressionado por centenas de outras pessoas, precisaria ouvir para enfurecer-se.

UMA CARTA DE THOMAS MANN

Era uma longa carta, escrita a mão, na linguagem cuidadosa e bem dosada que se conhecia de seus livros. Seu conteúdo só podia surpreender-me e alegrar-me. Exatamente quatro anos antes, eu enviara o manuscrito do romance a Thomas Mann: três grandes volumes, encadernados em linho preto, que devem ter-lhe parecido uma trilogia. Acompanhando os volumes, uma carta seca e longa, onde eu expunha meu plano para uma *Comédie Humaine an Irren*. O tom dessa carta não poderia ter sido mais orgulhoso; não havia nela uma única palavra de respeito por quem a receberia, o qual deve ter se perguntado por que eu escolhi como destinatário justamente a ele.

Veza adorava os *Buddenbrooks* quase tanto quanto *Anna Karenina*; quando seu entusiasmo por um livro atingia tais proporções, isso frequentemente refreava meu desejo de lê-lo. Em vez dos *Buddenbrooks*, eu havia lido *A montanha mágica*, cuja atmosfera me era familiar graças aos relatos de minha mãe, que passara dois anos no Waldsanatorium, em Arosa. O livro impressionara-me bastante, já devido à problemática da morte. Embora eu tivesse uma visão distinta das questões ali tratadas, a obra as confrontava com o *rigor* apropriado à sua importância. Àquela época, outubro de 1931, eu ainda não lera Musil e não tive qualquer receio de recorrer em primeiro lugar a Thomas Mann. Uma única razão teria me refreado: o fato de já ter lido algumas obras de Heinrich Mann, preferindo-o ao irmão. O espantoso, no entanto, era minha autoconfiança. Naquela primeira carta, não rendi homenagem alguma a Thomas Mann, o que certamente teria podido fazer pela *Montanha mágica*. Era, porém, da opinião de que ele só precisaria passar os olhos por meu manuscrito para *ter de*, necessariamente, prosseguir com a leitura: para um autor pessimista — o que ele me parecia ser —, *aquela* obra seria irresistível. Contudo, o enorme pacote retornou sem ser lido, acompanhado de uma carta gentil, na qual ele se desculpava pela insuficiência de suas forças. Foi um golpe bastante duro, pois, se ele não o havia lido, quem mais poderia querer ler um livro tão sombrio? Eu esperara dele não apenas aprovação, mas algo como entusiasmo. O veredicto favorável de Thomas Mann poderia abrir caminho para o livro — um veredicto de que a obra era merecedora e que seria pronunciado com convicção, e não meramente por uma amigável disposição de ajudar-me. Eu não via qualquer obstáculo à minha frente, e por isso, talvez, tenha escrito a Thomas Mann com tal arrogância.

A carta que continha sua recusa foi a resposta dele a essa arrogância — e, provavelmente, uma resposta justa, pois ele não conhecia a obra. O manuscrito permaneceu engavetado por quatro anos. É fácil imaginar o que isso significou para minha vida exterior. Significou mais ainda, porém, para meu orgulho. Senti-me ofendido por sua rejeição ao livro, e decidi não tentar mais coisa alguma para publicá-lo. Só paulatinamente (ao conquistar, por meio de leituras públicas, alguns simpatizantes para a obra), fui persuadido a fazer tentativas junto a este ou aquele editor. Tais tentativas foram infrutíferas, conforme eu já esperava, após o golpe que Thomas Mann me desferira.

Mas agora, em outubro de 1935, o livro fora publicado, e eu estava firmemente decidido a mandar um exemplar para Thomas Mann. A ferida que ele abrira em mim permanecia aberta. Ele era o único que podia curá-la, na medida em que *lesse* o livro e compreendesse que havia sido injusto, que rejeitaria algo merecedor de *seu* respeito. Dessa vez, a carta que escrevi não era impertinente: descrevi-lhe simplesmente o que se passara, já por isso situando-o, sem maiores esforços, na posição de injusto. Ele me respondeu com uma longa carta. Seu caráter e rigor de consciência o levaram a reparar a "injustiça". Depois de tudo que acontecera, fiquei feliz com sua carta.

À mesma época, como um fato totalmente marginal, foi publicada a primeira resenha sobre o romance, na *Neue Freie Presse*. Fora escrita em um tom efusivo, mas por um autor que eu não levava a sério, que não se podia levar a sério. Apesar disso, a resenha produziu seu efeito, pois quando, naquele mesmo dia (ou terá sido no dia seguinte?), fui ao Café Herrenhof, Musil veio ao meu encontro, cordial como eu jamais o vira. Estendeu-me a mão; não sorria simplesmente, estava radiante — o que me chamou a atenção, pois, segundo acreditava, ele jamais se permitia mostrar-se radiante em público. Disse-me: "Parabéns pelo grande sucesso!". Lera apenas uma parte do romance, mas afirmou que, se o resto fosse tão bom quanto o que lera, eu *merecia* aquele sucesso. Partindo dele, a palavra "merecia" deixou-me extasiado. Musil fez ainda alguns comentários muito positivos a respeito do romance, comentários que eu não gostaria de reproduzir, pois, em vista dos acontecimentos que se seguiram, talvez ele os tivesse retirado mais tarde. Diante de tais comentários, perdi o juízo. De repente, senti o quanto esperava por seu veredicto, não menos, talvez, do que pelo de Sonne. Estava extasiado e confuso. Devia estar *muito* confuso, pois do contrário como teria podido cometer a mais terrível das gafes?

Eu o ouvi até o fim, e então disse-lhe, prontamente: "Imagine o senhor que recebi também uma longa carta de Thomas Mann!". Rápido como um raio, Musil se transformou. Era como se tivesse saltado de volta para dentro de si mesmo: seu rosto tornou-se cinza, dele só restava agora a carapaça. "Ah, sim?", respondeu-me, estendendo-me a mão, mas não de todo, de tal modo que pude tocar-lhe apenas os dedos. Então, bruscamente, deu-me as costas. Com isso, despedira-se de mim.

Despedira-se de mim para sempre. Musil era um mestre da distância, tinha prática nisso: uma vez que rejeitasse alguém, a rejeição permanecia. Ao encontrá-lo em algum grupo de pessoas — o que aconteceu algumas vezes, no correr dos dois anos seguintes —, ele não me dirigia a palavra, conservando, porém, a polidez. Não mais se permitiu conversar comigo. Quando meu nome era mencionado em algum grupo, ele silenciava, como se não soubesse de quem se estava falando e não tivesse vontade alguma de receber qualquer informação a respeito.

O que se passara? O que eu fizera? Que erro indesculpável cometera, pelo qual ele nunca mais poderia me perdoar? Mencionara o nome de Thomas Mann no mesmo momento em que ele, Musil, prestava-me seu reconhecimento. Falara de uma carta de Thomas Mann, uma longa carta, imediatamente após ele, Musil, ter me cumprimentado e fundamentado seu cumprimento. Ele tinha, portanto, de supor que eu enviara o romance a Thomas Mann com uma dedicatória respeitosa, semelhante à que eu lhe escrevera. Não conhecia o resto da história, não sabendo que o envio do manuscrito a Mann ocorrera quatro anos antes. Mas, ainda que o tivesse sabido, mesmo que estivesse a par de cada detalhe daquela velha história, nem por isso teria deixado de encarar meu comportamento como um grave delito. O amor-próprio de Musil era o mais suscetível que já vi, e não há a menor dúvida de que eu, em minha feliz embriaguez, o ferira. Assim, era compreensível que ele me fizesse pagar por isso. Doeu-me muito a pena que me aplicou: na verdade, jamais superei o fato de Musil ter se afastado de mim no mais sublime dos momentos que vivi a seu lado. Todavia, precisamente por ser ele a infligir-me tal pena, eu a acatei. Compreendi o quanto o magoara naquele estado de arrebatamento que caminha de mãos dadas com o reconhecimento súbito, e disso me envergonhei.

Musil só podia julgar que eu colocava Thomas Mann acima dele, coisa que não podia admitir da parte de alguém que, por todo lugar, proclamara o contrário. Para ele, todo respeito tinha de estar fundamentado no intelecto; do contrário, não poderia ser levado a sério. Era-lhe sempre importante que as pessoas se definissem claramente entre ele ou Thomas Mann. Tivesse se tratado meramente de uma outra personalidade qualquer — como Stefan Zweig, por exemplo, cujo prestígio repousava no trabalho intenso —, a questão de uma tal definição jamais teria se apresentado. Mas Musil tinha plena consciência de quem era Thomas Mann, e era principalmente a *medida* do prestígio deste comparado ao seu próprio que o irritava. Justamente por aquela mesma época, o próprio Musil, à sua maneira, estivera cortejando Thomas Mann (sem que eu nem sequer tivesse suspeitado disso), mas o fizera certo de ser *mais* do que ele, e sentindo-se no direito de *arrebatar-lhe* uma parte da fama. Todas as cartas de Musil a Thomas Mann que sugerem que este o ajude soam como *exigências*. Caso distinto era o de um jovem que, por profunda convicção, sempre o reverenciara e — no mesmo instante em que tem sua obra aceita e reconhecida por ele, Musil — menciona precisamente o nome que, por direito, cabe a Musil desbancar, e a quem este — momentaneamente — ataca ainda em vão. Como essa atitude, todas as homenagens prestadas anteriormente tornam-se suspeitas. Tratando-se de uma questão do intelecto, tal atitude equivale a um crime de lesa-majestade, merecendo como pena a proscrição.

Senti duramente o afastamento de Musil. No momento mesmo em que esse afastamento se dera no plano puramente físico, no Herrenhof, pressenti que algo irreparável acontecera.

Assim sendo, eu agora não conseguia responder à carta de Thomas Mann. Após o efeito provocado por sua menção a Musil, fiquei como que paralisado. Durante alguns dias, não consegui sequer pegá-la nas mãos. Abstive-me por tanto tempo de responder, agradecendo-a, que se tornara simplesmente impossível fazê-lo. Então, voltei-me novamente para a carta, relendo-a com uma alegria ainda maior. Durante todo o tempo em que não reagira a ela, minha alegria conservara seu frescor. A cada dia, era como se a tivesse acabado de receber. É possível que, após a espera de quatro anos, eu também desejasse fazer com que o remetente esperasse algum tempo, mas essa é uma suposição que faço hoje. Amigos que ficaram sabendo da carta perguntavam-me qual havia sido minha resposta. Tudo que eu podia lhes dizer era: "Ainda não, ainda não!". Passados alguns meses, diziam-me: "Como você vai se explicar? Como você vai justificar o fato de não ter ainda respondido a uma carta dessas?". Também para isso, eu não tinha resposta alguma.

Em abril de 1936, depois de mais de *cinco meses*, fiquei sabendo pelos jornais que Thomas Mann viria a Viena para uma conferência sobre Freud. Essa pareceu-me a última oportunidade de reparar minha falta. Escrevi-lhe a carta mais efusiva de minha vida — de que outra maneira eu poderia explicar o que perpetrara? Hoje me seria um tanto embaraçoso reler aquela carta, pois outrora, ao escrevê-la, eu já conhecia a obra de um escritor que significava mais para mim: os dois primeiros volumes do *Homem sem qualidades*. Estava realmente agradecido a Thomas Mann, pois aquela minha ferida se fechara. Em sua carta, ele escrevera coisas que me encheram de orgulho. No fundo, eu fizera após quatro anos — e sem admiti-la para mim mesmo — o mesmo que Thomas Mann: reparara uma falta. Ele lera *Auto de fé* e se manifestara a respeito; eu substituí minha primeira e arrogante carta por uma outra, na qual multiplicara a manifestação de respeito que lhe ficara devendo anteriormente.

Acredito que ele tenha ficado contente com minha carta, mas o círculo ainda não se fechara. Nela, eu havia declarado o quanto me alegraria encontrá-lo durante sua estadia em Viena. Os Benedikt o convidaram para um almoço. Em casa destes, Thomas Mann perguntou por mim, dizendo que gostaria muito de me ver. Broch, que também estava presente, informou que eu morava bem próximo, do outro lado da rua, e ofereceu-se para ir até em casa buscar-me. Veio e não me achou: eu acabara de sair para encontrar Sonne no Café Museum. Assim foi que, embora eu tenha ouvido Thomas Mann proferir sua conferência, jamais o conheci pessoalmente.

RAS KASSA. O BERREIRO

Um grupo de indianos, à noite, em uma *Heurigen* da Kobenzlgasse. Cinco ou seis limusines de luxo descarregam diante da porta; um grupo de umas trinta pessoas ocupa o local, todos indianos — querem o recinto só para si; solícitos, os demais fregueses, que haviam chegado ali primeiro, desocupam seus lugares, mudando-se para o outro recinto. Homens indianos de pouca idade vestidos elegantemente à europeia, reluzentes anéis de pedras preciosas nos dedos; belíssimas mulheres em sáris — todos, homens e mulheres, de pele escura, nenhum branco entre eles. Parecem exclusivistas, pois, sorridentes mas determinados, expressando-se em inglês (nenhum fala alemão), pretendem esvaziar uma parte do local para si.

Estando já todos sentados, os músicos da *Heurigen*, vindos do outro recinto, aproximam-se, preparando-se para cantar para eles. Decidido, o porta-voz dos indianos balança negativamente a cabeça: querem entreter-se com sua própria música. Provindo de um canto da sala, ouve-se já um trinado insólito e sombrio — silêncio total. Em seguida, uma canção, parecendo melancólica aos nativos, como um canto fúnebre em plena *Heurigen* — haviam, pois, silenciado para ouvir aquilo? A canção chega ao fim, e os nativos querem saber que tipo de música era aquela; o porta-voz, um sorriso convidativo nos lábios, pedindo compreensão para sua música, explica: "An Indian low song". Ninguém entende. O que é uma *low song*? Desde que os indianos começaram a tocar sua música, paira no ar uma tensão peculiar; mais cabeças aparecem no vão da porta, pessoas se comprimem. Nenhuma delas está ainda no recinto dos indianos. "Low song?" "Low song?" Então, alguém — talvez tenha sido eu mesmo — encontra a solução: *"love song"*, *"love song"*, uma canção de amor indiana. Decepção geral: "Uma canção de amor? Aquilo? Ouviu essa?". E por causa dela a música da *Heurigen* teve de calar. Eles chamam aquilo de canção de amor?

Os indianos esperavam aplausos para sua canção. Em vez disso, sentem a hostilidade reinante, gritos, como que vindos das canções das *Heurigen*, sentindo-se suplantadas e ofendidas. Eles hesitam: talvez não tenham escolhido a canção certa. Tentam outra, mas o cantor não vai muito longe: para ouvidos inexperientes, soa igual à primeira. Os nativos, antes comprimindo-se à porta, estão já no recinto. Lá fora, os automóveis foram inspecionados com ódio. O porta-voz dos indianos continua sorrindo, mas pressente-se seu mal-estar ante a presença dos inferiores se aproximando; as mulheres, ainda sentadas, encolhem-se, não mais sorrindo radiantes; as vozes dos intrusos tornam-se mais altas e rudes; um indiano trina ainda. Ninguém lhe dá ouvidos; no meio do recinto, alguém grita raivoso: "Ras Kassa!".

Esse é o nome do comandante abissínio que luta ainda contra os italianos. Mussolini invadiu a Abissínia, que, em face dos aviões e bombas, põe-se na defensiva. A foto de Ras Kassa está em todos os jornais. É admirado por sua coragem. Tem pele escura. Além da cor da pele, nada mais tem em comum com os indianos na *Heurigen*, mas seu nome, uma vez pronunciado, atua como um grito de guerra. Apesar da pronúncia vienense, também os indianos compreendem o que foi dito, mas o entendem como uma ameaça. Trinado e canto submergem em meio ao barulho crescente. Os indianos se levantam e — primeiro, hesitantes; depois, com maior pressa — dirigem-se para a saída. Permite-se-lhes que saiam. Ecoam ainda alguns gritos de "Ras Kassa!". Do lado de fora, as pessoas se aglomeraram em torno dos grandes carros. A admiração por tanta riqueza é substituída pela repulsa ante um tal luxo. Trata-se ainda de uma hostilidade hesitante, não ativa, mas muito próxima disso. Sua verdadeira expressão é o grito de "Ras Kassa!", transformado em insulto — a última coisa que se poderia esperar com relação à guerra da Abissínia: pensava-se que todas as simpatias estavam do lado dos fracos, dos invadidos, que travavam uma luta sem esperanças para se defender. Ras Kassa! Os indianos desaparecem dentro de seus carros. Todos os que têm *pele escura* são agora Ras Kassa. Os indianos partem.

À noite, eu ia até o jardim que, nos fundos da casa, se estendia amplamente pela encosta abaixo. No princípio do verão, rastros de luz iluminavam o ar, e por toda parte havia vaga-lumes, nos quais eu procurava fixar os olhos, mas os perdia: eram muitos. Seu número era medonho, como se algum poder misterioso os tivesse mandado, decidido a abolir a noite. Enquanto via apenas alguns deles, o caráter sedutor de sua luz me encantava; mas, multiplicando-se quase instantaneamente, eles me aturdiam. Alegrava-me que se mantivessem próximos do chão, que não voassem mais alto e que não se afastassem mais em seus voos.

De longe, eu ouvia o som de berros, vindo de todos os lados, não demasiadamente próximos nem aflitivos, particularmente da direção do povoado lá embaixo: os berros dos bêbados das *Heurigen*, suas canções misturando-se indistintamente, um bramido entre o riso e o choro, não o uivar de lobos. Era a voz de um animal particular, que ali se instalava de bom grado; um animal que se contentava em sentar-se e regalar-se em autocomiseração — menos ameaça do que um anseio de felicidade na voz. Mesmo àquele que não tivesse talento algum para a música era permitido que mergulhasse nessa fonte da juventude e, como integrante dessa espécie particular de animal, berrasse junto com os demais.

Todas as noites eu ficava ali, ouvindo, no jardim da casa na Himmelstrasse. Enquanto apreendesse em mim a totalidade daquele bramido, podia justificar o fato de estar morando ali. Embora ele me causasse uma espécie de desespero, parecia-me também que, enfrentando-o, eu o superava.

Tratava-se de um caso crível daquilo que, mais tarde, denominei massas festivas. Quando eu descia ao povoado com amigos e me sentava em uma daquelas tabernas ao ar livre, também nós, à nossa maneira, tomávamos parte naquilo tudo. Não berrávamos, mas bebíamos e fanfarronávamos. Outros o faziam em outras mesas. Podia-se ouvir de tudo, e tudo era tolerado. Era cômico, podia mesmo ser desavergonhado, mas também nós estávamos livres para sermos igualmente desavergonhados. A tendência geral era a da multiplicação, mas ninguém tomava nada de ninguém; nada se dava por meio de lutas; apesar da crueza dos desejos, cada um parecia conceder também ao outro o direito de multiplicar-se. O ato de beber, sempre presente, era o elixir mágico dessa multiplicação: enquanto se bebia, tudo se intensificava — não parecia haver quaisquer impedimentos, proibições ou inimigos.

Quantas pedras enormes a serem esculpidas eu pude ver, quando me sentava ali com Wotruba! E, no entanto, ele tolerava que um jovem arquiteto, que nos acompanhava, erguesse cidades inteiras nesse meio-tempo. Wotruba se permitia até mesmo ser alvejado com o nome de Kokoschka — o que, em outras circunstâncias, raramente acabava bem. Kokoschka era o maior nome de que, então, pintores e escultores vienenses podiam se ufanar; embora ele estivesse à época vivendo em Praga, nem sequer querendo saber de Viena, todos os que estavam em busca da fama orgulhavam-se dele: consideravam-no inatingível. Quando seus amigos queriam contê-lo, quando aos olhos deles Wotruba se mostrava demasiadamente senhor de si, logo o nome de Kokoschka vinha à baila. Ainda que Wotruba não tivesse absolutamente nada em comum com Kokoschka — Wotruba era exatamente o oposto daquilo que na Áustria provinha, em última instância, do barroco —, via no nome deste, em razão de seu peso, uma clava com que lhe golpeavam a cabeça.

Notei isso em muitas ocasiões. Era como se, de repente, o medo de não chegar tão longe quanto Kokoschka o paralisasse. Tal atitude não combinava com Wotruba, e eu costumava chamar-lhe a atenção, advertindo-o para que não superestimasse Kokoschka — cujos últimos trabalhos, aliás, ele tinha em baixa conta. Somente na *Heurigen*, revolvendo enormes blocos de pedra — quando falava do desejo de Michelangelo de esculpir montanhas inteiras nas proximidades de Carrara, visíveis desde os navios mar adentro, em vez de meramente embarcar para Roma os blocos para a tumba do papa; quando se percebia o quanto ele sentia por Michelangelo não tê-lo feito (Wotruba falava como se, naquele momento, ele próprio o estivesse encorajando a fazê-lo; e, na verdade, eram seus próprios blocos que de súbito misturavam-se aos de Michelangelo, de quem, sem maiores cerimônias, assumia o trabalho) —, somente então o nome de Kokoschka, caso alguém fosse tão idiota a ponto de pronunciá-lo, soava tolo, algo assim como um galinho, enquanto Wotruba parecia poderoso como as montanhas.

Em Wotruba, vivenciei literalmente a multiplicação e o engrandecimento: via as pedras crescerem. Nunca o vi cantar nem tampouco berrar — no máximo, rosnar. Quando o fazia, porém, é porque estava furioso, e não era para ficar furioso que ele ia até as *Heurigen*.

Mas, à noite, eu ia sozinho ao jardim, ouvia os berros, envergonhava-me por morar tão perto deles, e dali não saía antes de tê-los absorvido completamente e superado a vergonha. Às vezes, eu me perguntava se lá embaixo não haveria outros como Wotruba, que não se entregavam ao ato de berrar, mas extraíam da vontade geral de multiplicar-se a força para um intento singular e legítimo. Nunca respondi a essa minha pergunta — a mim teria sido absolutamente impossível profanar minha fé na singularidade de meu amigo —, mas o mero fato de ter sido capaz de formulá-la abrandava um pouco a altivez do espreitador que se acreditava superior a todo o berreiro.

De tempos em tempos — não com frequência —, eu ia às *Heurigen* com amigos e, principalmente, com visitantes estrangeiros. Nesse último caso, eu dificilmente podia evitar fazer as honras de Grinzing. Foi também em tais ocasiões que percebi, com a ajuda de olhos estranhos, o que elas tinham a oferecer. Essas *Heurigen* — onde a atmosfera era ainda verdadeiramente rústica, onde se podia sentar em um jardim, na companhia de não muitas pessoas — lembravam a muitos a antiga pintura holandesa, a de Ostade, de Teniers. Havia muito o que dizer em favor dessa maneira de vê-las, e ela temperou um pouco minha aversão pelos berros. Auxiliado por essa lembrança, eu compreendi finalmente o que me incomodava naquela forma de diversão. Eu continuava, sempre, um apaixonado por Brueghel. Amava, e sempre amarei, o que quer que tivesse sua riqueza e dimensão. A redução de suas enormes vistas de conjunto para recortes pequenos e comedidos — justamente o que se deu na pintura de gênero holandesa — era-me insuportável. Nesse caso, tanto a domesticação quanto a fragmentação ali presentes pareciam-me um logro. Era somente quando ocorriam certas cenas (como a daquela visita de indianos elegantes que, em uma dessas *Heurigen*, haviam se entretido com suas canções de amor e, com isso, despertado hostilidade) que o local subitamente me parecia, de novo, o mundo real — como em Brueghel.

O BONDE Nº 38

Não era um trajeto longo; a viagem de um ponto final ao outro levava menos de meia hora. Por mim, ela poderia até ser mais demorada, pois era um trajeto interessante, e não havia nada que eu gostasse mais de fazer do que me instalar num bonde no ponto final de Grinzing, no princípio da tarde. Ao tomá-lo, ele estava ainda quase vazio. Com liberdade, sentava--me e abria o livro, um dos vários que carregava comigo. O guinchar dos trilhos completava minha partitura, na qual eu ia profundamente absorto. Ainda assim, ela não exigia de mim todos os sentidos: eu ia atento a cada parada e observava cada um que se sentava no banco defronte ao meu. Era a distância correta para se observar as pessoas. Primeiro, sentavam-se dispersas, algo distantes umas das outras. A cada parada, sobrava um espaço menor entre elas. Os que se sentavam no meu lado do bonde escapavam à minha contemplação. Os mais distantes eram encobertos pelos que estavam mais próximos de mim — só podia vê-los quando embarcavam e, mais tarde, quando novamente se levantavam para descer. Porém, uma quantidade suficiente de pessoas acumulava-se diante de mim, e, uma vez que isso se dava paulatinamente, podia-se apreendê-los com calma: surgiam, um após o outro, a intervalos como que cuidadosamente calculados.

Em Kaasgraben, a primeira parada, Zemlinsky embarcava. Conhecia-o como regente, não como compositor — cabeça preta, semelhante à de um passarinho; rosto dotado de um protuberante nariz triangular, mas totalmente desprovido de queixo. Via-o com frequência, mas ele não me dava atenção: ia realmente pensativo, absorto em pensamentos sonoros, por certo, enquanto eu apenas fingia ler. Eu nunca olhava para ele sem procurar pelo queixo. Assim que ele surgia na porta do bonde, acometia-me um ligeiro sobressalto, e então eu dava início à busca. Tinha queixo? Não tinha? Encontrara-o, finalmente? Nunca tinha, e mesmo sem ele levava uma vida bastante ativa. Eu o considerava o representante de alguém que, à minha época, não estava em Viena: Schönberg. Apenas dois anos mais novo do que Zemlinsky, Schönberg fora seu discípulo e mostrara sua gratidão com o respeito que era a pedra fundamental de sua natureza e que, depois, seus próprios discípulos — Berg e Webern — demonstraram pelo mestre. Sob que condições Schönberg, que era pobre, tivera de viver em Viena! Durante longos anos, orquestrara operetas. Rangendo os dentes, tivera de colaborar para o brilho mais barato de Viena — ele, que ressuscitou a fama mundial da cidade como nascedouro da grande música. Em Berlim, fora-lhe oficialmente permitido ensinar composição. Depois, demitido por ser judeu, emigrou para os Estados Unidos. Lembrava-me dele toda vez que via Zemlinsky, cuja irmã fora mulher de Schönberg por 22 anos.

Ao ver Zemlinsky, eu sempre ficava intimidado; pressentia a concentração daquela cabeça tão pequena, o rosto marcado pela pura espiritualidade, austero, quase minguado, nem um traço da altivez que se poderia esperar de um regente. A reputação que Schönberg desfrutava entre pessoas sérias e mais jovens era incomensurável, sendo essa, possivelmente, a razão pela qual nunca se falava da música do próprio Zemlinsky. Ao observá-lo, eu nem suspeitava da existência de composições suas. Certamente sabia, no entanto, que Alban Berg dedicara a ele sua *Suíte lírica*. Berg já não estava mais vivo; Schönberg não estava em Viena — eu sempre ficava comovido quando Zemlinsky, o represen- tante, subia no bonde, em Kaasgraben.

Mas a viagem também podia começar de um modo total- mente diferente. Às vezes era Emmy Wellesz, a esposa do com- positor Egon Wellesz, quem embarcava em Kaasgraben. Egon Wellesz conquistara notoriedade graças a sua pesquisa da músi- ca bizantina, tendo sido agraciado pela Universidade de Oxford. Por certo, era conhecido como compositor, mas não tanto quanto ele próprio o teria desejado. Aparentemente, não se via com bons olhos o fato de ter se destacado em um outro campo de atuação. Sua mulher era historiadora da arte. Quando a conheci, numa recepção, fazia já algum tempo que eu a vinha observando no bonde. Tinha um olhar inteligente, um tanto brando demais, como se tivesse se decidido pela brandura em detrimento de sua natureza, talvez, mais incisiva. Então, numa longa conversa com ela, descobri de onde vinha aquela brandu- ra. Era apaixonada por Hofmannsthal, a quem conhecera; e, quando falava de como este aparecera para ela, muitos anos antes, num passeio — uma visão sobrenatural —, suas feições críticas e inteligentes iluminavam-se; por causa da emoção, sua voz transformava-se num falsete, e ela reprimia uma lágrima. Falava como se tivesse encontrado Shakespeare naquele passeio. Achei aquilo ridículo e, a partir de então, passei a não levá-la mais a sério. Somente muito mais tarde compreendi o quanto ela já estava em consonância com a germanística do século XX. Ao saber do trabalho atual para a edição completa de suas obras, em 188 volumes, comecei a sentir vergonha de minha miopia. O que não daria hoje para poder estimular a formação daquela lágrima de outrora e banhar-me em sua brandura!

De vez em quando, próximo ao Parque Wertheimstein, onde a linha 39 bifurca, conduzindo ao Sievering, subia no bonde um jovem pintor que morava perto dali, na Hartärkerstrasse. Certa vez, eu o visitara em seu ateliê, quando estava mostrando suas pinturas. Ele era o senhor de uma mulher de cabelos bem negros, excepcionalmente bonita, tão sedutora quanto uma antiga Yakshini hindu, sem ter absolutamente nada de hindu. Chamava-se Hilde, um nome ao qual tinha direito por sua ascendência germânica. Devotava-se ao pintor como uma escrava — uma escrava que lança olhares lânguidos em torno de si, à procura de um libertador, mas que, quando a libertação lhe sorri (e nada teria sido mais fácil, considerando-se sua beleza), corre de volta para o chicote de seu senhor: jamais, sob circunstância alguma, se teria deixado libertar. Ela sofria sob a rígida dominação do pintor, mas o fazia de bom grado. Eu já ouvira falar desse relacionamento invulgar e, sobretudo, da beleza da mulher. Talvez por isso eu tenha aceitado o convite para uma visita ao ateliê, embora jamais tivesse visto um único dos quadros do pintor.

Ele era cubista, e fora influenciado por Braque. Sua exposição obedeceu a uma celebração de caráter algo ritualístico. Os quadros foram sendo dispostos vagarosamente sobre os cavaletes, de maneira impessoal, a intervalos regulares, sem a menor tentativa de conquistar o observador por meio de charme ou bajulação. Julguei apropriado reagir a eles de forma igualmente homogênea.

Um escritor que morava no andar de cima da mesma casa estava presente à exposição com sua namorada. Seu rosto careteiro e os braços longos chamaram-me a atenção — um homem imponente, que se acomodara a uma distância correta dos cavaletes. Sua apagada namorada, uma loira um tanto insípida, estava sentada a seu lado e, como ele, sorria quando um novo quadro aparecia, só que com um sorriso bem mais modesto.

Em meio a uma tal uniformidade, a compreensão adocicada que irradiava do escritor era-me desagradável: a cada quadro, ele revelava a mesma alegria bem dosada, e tanto fervor quanto demonstrariam na igreja de San Marco, em Florença, admirando um Fra Angelico após o outro. Fiquei tão fascinado com aquela reação (um desempenho que ele repetia regularmente) que eu olhava mais para o escritor do que para os quadros, sendo certamente injusto para com estes. Esse era precisamente o objetivo do escritor; sua presença e seu jogo de aplausos transformaram-se na atração principal daquela pequena reunião — feito respeitável, se considerar que a escrava local não poupava esforços no sentido de chamar a atenção para sua condição de mulher subjugada.

Do alto de sua inabalável autoconfiança, como se montado num cavalo, o escritor sorria — um cavaleiro que jamais duvidara de si, velho amigo da morte e do diabo, unha e carne com ambos. Entretanto, ele não via a prisioneira, que, não muito longe dele, enroscava-se na própria corrente. Parecia-me até que não via nem mesmo os quadros dispostos à sua frente, tão instantâneo e idêntico era o sorriso com que respondia à presença deles. Terminada a exposição, agradeceu efusivamente pela grande experiência. Não ficou um único minuto a mais: recolheu-se imediatamente, com sua namorada. A escrava sorriu em vão. Só então soube o nome do escritor, nome que julguei um pouco ridículo, ainda que combinasse com as caretas: chamava-se Doderer.

(Eu o revi vinte anos mais tarde, em circunstâncias bastante diversas. Tornara-se famoso e veio me visitar em Londres. Disse-me, então, que a fama, uma vez adquirida, era irresistível como um encouraçado. Perguntou-me se eu já matara alguém e, à minha resposta negativa, concentrou em uma careta todo o desprezo de que era capaz, dizendo: "Então o senhor é uma virgem!".)

Mas foi o jovem pintor quem tomou o bonde 38 naquele ponto, cumprimentando-me à sua maneira pálida e correta. Estava sempre sozinho; quando perguntei pela mulher, respondeu-me, da mesma maneira reservada com que me cumprimentara: "Ela está em casa. Não sai. Não sabe se comportar". "E como vai o escritor com longos braços de macaco que mora no andar de cima?" Ele adivinhou meus pensamentos. "Aquele é um cavalheiro. Sabe se comportar devidamente. Só vem quando *eu* o convido."

Daquele ponto em diante, na Billrothstrasse, mais pessoas tomavam o bonde, geralmente pondo fim à tranquilidade da contemplação. Mas, para mim, o trajeto tinha ainda outros atrativos, de caráter histórico. Depois do cinturão, vinha finalmente a Währingerstrasse, e logo eu estava passando defronte ao Instituto de Química, onde desperdiçara alguns anos, sem qualquer propósito ou proveito. Eu jamais perdia a oportunidade de olhar para o Instituto, no qual, desde 1929, não mais pisara. Ficava aliviado ao pensar que escapara dali; ligeiro, o bonde deixava o Instituto para trás, repetindo minha fuga, a qual eu não me cansava de abençoar. Quão rapidamente podemos olhar novamente para o passado, e com que alegria revivemos a nossa salvação dele! Eu chegava a Schottentor munido desse sentimento sublime, que se repetia a cada vez que eu passava pela Währingerstrasse. Ao nos visitar em Grinzing, Broch perguntou-me se era por essa razão que eu estava morando ali. Se ele não tivesse tentado me examinar com o olhar penetrante de um analista, talvez eu lhe desse uma resposta afirmativa.

292

V. A SÚPLICA

REENCONTRO INESPERADO

Ludwig Hardt, a quem eu conhecera em 1928, em Berlim, por ocasião de uma de suas récitas, vivia agora em Praga, como emigrante; de vez em quando, vinha a Viena para apresentações. Eu fui a uma delas, e, como no passado, ele novamente me arrebatou. Embora tivesse certeza de que ele não mais se lembraria de mim, fui assim mesmo aos bastidores, para agradecer-lhe. Mal eu abrira a boca, ele correu ao meu encontro, assustando-me com um tiro certeiro: "O senhor perdeu seu ídolo e nem foi ao enterro!".

Karl Kraus falecera recentemente, e eu, de fato, não estivera no funeral. Minha decepção com ele, após os acontecimentos de fevereiro de 1934, fora enorme. Kraus declarara-se a favor de Dollfuss; aceitara a guerra civil nas ruas de Viena, aprovando o que havia de mais pavoroso. Todos, literalmente todos, o renegaram. Às ocultas, continuaram ocorrendo pequenas leituras públicas, das quais ninguém sabia nem queria saber; ninguém teria, em hipótese alguma, tentado assistir a elas. Era como se a pessoa de Karl Kraus não mais existisse. Eu ainda tinha comigo as *Fackel* de outrora, mas nem sequer as tocara naqueles últimos dois anos. Quanto a Kraus, eu — assim como muitos outros — o reprimira em mim, extinguira-o: simplesmente não existia mais, em lugar algum. Era como se ele tivesse proferido um discurso *contra si próprio* diante de todo o seu público, aniquilando-se. Durante aqueles últimos dois anos de sua vida, ainda que sempre com certa repugnância, ele era *citado* nas conversas, mas como se estivesse morto. Absorvi a notícia de sua morte real — em junho de 1936 — sem qualquer emoção. Nem mesmo guardei a data de sua morte — aliás, tive de verificá-la há poucos instantes. Em nenhum momento cogitei de ir ao funeral. Nada li a respeito no jornal, nem vi nisso qualquer omissão.

A primeira pessoa que, em minha presença, desperdiçou uma palavra com o assunto foi Ludwig Hardt. Após oito anos, ele me reconhecera de imediato e lembrara-se de uma conversa em Berlim, na qual, graças à minha veneração cega por meu semideus, eu fizera um papel ridículo. Hardt sabia o que se passara nesse meio-tempo e tinha certeza de que eu não fora ao funeral. Pela primeira vez, vi nessa omissão uma culpa. Para reparar o efeito que sua observação provocara em mim, ele mesmo se convidou a nos visitar em Grinzing.

Minha expectativa era a de uma grande discussão, uma conversa penosa, mas eu estava tão enfeitiçado pela arte de Ludwig Hardt que desejava render-me a ele. Contudo, eu achava improvável que uma atitude de simples intransigência partisse dele. Hardt iria, talvez, apiedar-se de mim, esperando com isso uma confissão: a confissão de que eu me equivocara com Karl Kraus. Mas como eu teria podido renegar o homem a quem devia *Die letzten Tage der Menschheit* e inúmeras leituras de Nestroy, do *Lear*, do *Tímon* de *Die Weber* [Os tecelões]? Eu era *composto* dessas leituras, não havia como alterar esse fato. A última e pavorosa atitude de Karl Kraus, poucos anos antes de sua morte, era inexplicável e assim tinha de permanecer. Uma discussão a respeito seria impensável; o silêncio era a única possibilidade. Tratava-se da mais profunda decepção em relação a um grande intelecto que eu já experimentara ao longo de meus trinta anos; uma ferida tão grave que nem em outros trinta anos cicatrizaria. Existem feridas que carregamos conosco até a morte, e tudo que podemos fazer é escondê-las dos olhos dos outros. Não faz o menor sentido remexê-las em público.

Eu não estava certo de como me comportaria na conversa com Ludwig Hardt, mas tinha certeza de uma coisa: nunca, sob quaisquer circunstâncias, renegaria o que Karl Kraus significaria para mim. Eu não o havia superestimado, ninguém o fizera: ele próprio se transformara, e — assim eu supunha — as consequências dessa transformação o haviam levado à morte.

Ludwig Hardt chegou e não disse palavra sobre Karl Kraus. Nem sequer fez uma alusão a ele. A observação com a qual me assustara após o término de sua leitura não fora nada mais do que um sinal de que me reconhecera. Uma outra pessoa talvez tivesse dito: "Lembro-me muito bem do senhor, embora oito anos já tenham se passado e, desde então, nunca mais conversamos um com o outro". Hardt, no entanto, precisava prová-lo de imediato, de um salto, como era de seu feitio. Também eu o conservara na memória, o modo como outrora, na casa daquele anfitrião berlinense, ele subia nas mesas para dizer alguma coisa ou declamar Heine.

Logo que chegou, levei-o para o quarto onde estavam meus livros e a mesa na qual escrevia. Devia-lhe isso, mas também o fiz porque não queria que a paisagem o distraísse. De meu quarto, não se via coisa alguma: nem os vinhedos, nem a planície, nem a cidade, só o portão da edificação e o curto caminho até a porta de entrada. Talvez eu me sentisse mais seguro ali, já que esperava por um embate. Queria, ainda, que ele visse que, entre meus muitos livros, continuavam sempre presentes as obras completas daquele que seria o motivo de nossa briga.

Contudo, ele não prestou a menor atenção nelas; aquele homem elegante, de baixa estatura, extraordinariamente agitado, que não parava quieto um só instante e não queria se sentar, falava sobre Praga. Andando no quarto para lá e para cá, mantinha a mão direita enterrada no bolso da jaqueta, brincando com um objeto que me parecia ser um livrinho. Por fim, tirou-o do bolso — era, de fato, um livro —, estendeu-o com um gesto solene e perguntou: "O senhor quer ver a coisa mais cara que possuo? Carrego-a sempre comigo, não a confio a pessoa alguma e, quando vou dormir, coloco-a sob o travesseiro".

Era uma pequena edição do *Schatzkästlein* de Hebel, datada do século XIX. Eu a abri e li a dedicatória:

"A Ludwig Hardt, para dar uma alegria a Hebel, de Franz Kafka".

Era o exemplar do *Schatzkästlein* que pertencera ao próprio Kafka, o qual também costumava carregá-lo consigo. Hardt

295

contou-me que Kafka ficara tão comovido, na primeira vez em que o ouvira recitar Hebel, que lhe dera o exemplar de presente, com aquela dedicatória. "Quer saber o que Kafka me ouviu recitar?", perguntou ele. "Claro, claro!", disse eu. Então, ele se pôs a recitar Hebel — de cor, como sempre; o livro permaneceu na minha mão —, na seguinte sequência: "A noite insone de uma nobre mulher", ambos os "Suvarov", "Equívoco", "Moses Mendelsohn" e, por último, "Reencontro inesperado".*

Desejaria que todos pudessem ouvi-lo recitar "Reencontro inesperado". Doze anos após a morte de Kafka, eu ouvia da mesma boca as mesmas palavras que ele, outrora, ouvira. Quando Hardt terminou, emudecemos os dois, pois sabíamos que havíamos vivenciado uma nova variação daquela mesma história. Então, Hardt me perguntou: "Quer saber o que Kafka me disse a respeito dessa história?". E, sem esperar por minha resposta, acrescentou: "Ele disse: 'É a história mais maravilhosa que há!'". Essa era também, e sempre seria, a minha opinião acerca de "Reencontro inesperado". Mas já era notável ouvir um tal superlativo da boca de Kafka, dito por alguém que fora agraciado com o *seu Schatzkästlein* como presente por ter recitado "Reencontro inesperado". Como se sabe, podem-se contar nos dedos os superlativos de Kafka.

Daquele dia em diante, meu relacionamento com Ludwig Hardt se modificou: ganhou uma intimidade que só experimentei com muito poucas pessoas. Hardt passou a me visitar com frequência. Sempre que vinha a Viena, ia logo à nossa casa. Passou muitas horas na Himmelstrasse, recitando quase que incessantemente; seu repertório era inesgotável, e eu jamais me cansava de ouvi-lo. Ele tinha tudo na cabeça, e talvez eu não tenha ouvido sequer a maior parte do que ele guardava na

---

* As obras mencionadas são pequenas narrativas que integram o *Schatzkästlein des Rheinländischen Hausfreundes* do escritor suíço Johann Peter Hebel (1760-1826). Os títulos originais são, respectivamente: "Einer Edelfrau schlaflose Nacht", "Suwarow" e "Der General-Feldmarschall Suwarow" ("ambos os 'Suwarow'"), "Missverstand", "Moses Mendelsohn" e "Unverhofftes Wiedersehen". (N. T.)

memória. A lembrança do Hebel que recitou jamais perdeu seu colorido. Às vezes, quando tais récitas nos faziam demasiadamente solenes, íamos até a salinha apainelada de Veza, onde Hardt declamava outras coisas, obras às quais também Veza era afeiçoada: muito Goethe e, invariavelmente, *Die Liebe auf dem Lande* [Amor no campo], poema de Lenz que parece de Goethe, e no qual este está presente. A seguir, vinha uma animada conversa sobre Lenz, por cujo destino Hardt não lamentava menos do que eu. Certa vez, quando eu disse que aquele poema estava impregnado do que Goethe provocara em Lenz, e que o próprio Lenz, como Friederike, esperava por Goethe a cada momento de sua vida — razão pela qual este, por não poder suportá-lo, destruíra Lenz —, Hardt correu ao meu encontro e me abraçou, um raro sinal de que concordava comigo. Para Veza, e para mim também, ele declamava Heine, de cujo valor me convencera outrora, em Berlim. Ainda para ela, recitava Wedekind e Peter Altenberg.

Havia dois poemas que nunca os dispensávamos de declamar, ambos de Claudius: a *Kriegslied* [Canção da guerra] —

> *'s ist Krieg! 's ist Krieg! O Gottes Engel wehre*
> *Und rede du darein!*
> *'s ist leider Krieg — und ich begehre,*
> *Nicht schuld daran zu sein!**

—, da qual ainda hoje gostaria de copiar aqui cada uma das seis estrofes, e o *Schreiben eines parforcegejagten Hirschen an den Fürsten, der ihn parforcegejagt hatte* [Carta de um cervo capturado ao príncipe que o capturou].

Ao final dessa "Carta", acontecia a metamorfose milagrosa que, desde então, tenho sempre diante dos olhos: a transformação de Ludwig Hardt em um cervo moribundo. Se eu tivesse alguma dúvida quanto à metamorfose ser a melhor de todas as coisas

---

* É a guerra! É a guerra! Ó anjo do Senhor, evita/ Impeça com tua palavra/ É a guerra, infelizmente — e eu almejo/ Por ela não ser culpada.

de que o ser humano é capaz — sua justificativa, sua coroação, após todos os crimes que cometeu —, teria encontrado ali uma evidência avassaladora. Hardt *era* o cervo moribundo: que expirasse e ressuscitasse como tal, transformando-se novamente em Ludwig Hardt, era-me incompreensível. Ainda que ele saboreasse nosso espanto, a morte do animal caçado nunca era menos verdadeira — e isso nos comovia, pois se tratava da morte de um ser humano, e de um ser humano que era amado por sê-lo.

A GUERRA CIVIL ESPANHOLA

Dois anos da amizade que me uniu a Sonne transcorreram paralelamente à Guerra Civil espanhola. O assunto dominava nossas conversas diárias. Todas as pessoas que eu conhecia e apreciava estavam do lado dos republicanos. Nossa simpatia pelo governo espanhol era franca e manifestava-se apaixonadamente.

De um modo geral, as conversas a respeito partiam da leitura de jornais, indo pouco além disso. Somente com Sonne elas se tornavam mais amplas, abrangendo a consideração precisa da situação espanhola e dos efeitos que os acontecimentos — que, por assim dizer, se desenrolavam diante de nossos olhos — necessariamente provocariam sobre o futuro imediato da Europa. Sonne mostrou-se conhecedor da história espanhola: da guerra de séculos em solo espanhol, do período mouro e de todos os pormenores da Reconquista. As três culturas do país eram-lhe tão familiares que ele parecia em casa em todas elas, como se elas ainda existissem, como se bastasse o domínio das três línguas — o espanhol, o árabe e o hebraico — e o contato com suas literaturas para que se adquirisse o sentimento de sua presença. Com ele, fiquei conhecendo um pouco da literatura árabe. Como se tratasse da Bíblia, Sonne traduzia-me livremente poemas mouros, explicando-me sua influência sobre a Idade Média europeia. Muito casualmente, sem que Sonne jamais o tivesse pretendido, resultava daí a constatação do quanto ele era fluente na língua árabe.

Quando eu tentava explicar acontecimentos contemporâneos ou passados da história espanhola baseando-me nas formações de massas peculiares à península Ibérica, ele me ouvia sem tentar me desencorajar. Eu tinha até mesmo a impressão de que ele não expressava nenhuma reação porque percebia que minhas ideias ainda eram fluidas, e que seria melhor para seu posterior desenvolvimento não solidificá-las com uma discussão.

Era natural, à época, que se pensasse em Goya e suas gravuras sobre os *Desastres da guerra*, pois foi a vivência de seu tempo que o transformou no primeiro e maior de todos os pintores modernos. "Ele não fechou os olhos", disse-me Sonne, e eu pressenti o peso que essa frase, dita do fundo do coração, tinha para ele. Quão espantoso é contrastar o rococó das primeiras obras com *essas* gravuras e os últimos quadros! Sabíamos que Goya tinha uma postura, que tomou um partido: como alguém que via a família real com aqueles olhos poderia não ter posição alguma? Entretanto, ele via os acontecimentos como se pertencesse a ambos os lados, pois seu conhecimento era o conhecimento humano; tinha horror à guerra e sabia como ninguém antes dele — e, com tamanha paixão, talvez como ninguém hoje o saiba — que não existe guerra boa, pois a cada uma perpetua-se o que há de mais maligno e perigoso, o que há de incorrigível na tradição humana. A guerra não se deixa abolir pela guerra, apenas solidifica o que há de mais profundamente repulsivo no homem. O testemunho de Goya superou sua tomada de partido: o que viu foi monstruoso, mais até do que desejaria ter visto. Desde o *Cristo* de Grünewald, ninguém retratara como ele o horror, sem retoques — nojento, aflitivo, mais incisivo do que qualquer profecia —, mas também sem sucumbir a ele. A pressão que exerceu sobre o observador, a direção inalterável que imprimiu ao seu olhar, constituiu sua última esperança, muito embora ninguém teria ousado chamá-la por esse nome.

A situação para aqueles que não esqueceram a lição aprendida com a Primeira Guerra Mundial era a do mais duro tormento espiritual. Sonne percebeu a natureza da Guerra Civil espanhola e sabia para onde esta conduziria. Ele, que odiava a guerra, considerava necessário e imprescindível que a República espanhola se defendesse. Com olhos de Argos, ele acompanhou cada passo das potências mundiais, as quais procuravam impedir a propagação daquela guerra para o resto da Europa. Sonne lastimou que as forças democráticas expusessem sua fraqueza ao declararem a política de não intervenção, deixando-se assim, conscientemente, enganar pelo lado contrário. Ele sabia que essa fraqueza provinha do horror à guerra, cuja propagação pretendiam impedir a todo custo. Sua maneira de agir era alimentada por esse horror, que Sonne também compartilhava, mas traía o desconhecimento do inimigo e uma assustadora miopia. Todo escrúpulo, toda hesitação, toda cautela encorajavam Hitler, que só queria testar até onde poderia ir: seus planos belicosos alimentaram-se da fobia que seus inimigos tinham pela guerra. Sonne era da opinião de que tal decisão de Hitler era imutável — tratava-se de um princípio básico, a lei natural desse homem (adquirida com base na experiência de guerra *dele*, Hitler), lei à qual obedecia e por meio da qual chegara ao poder. Na opinião de Sonne, qualquer tentativa de influenciar a decisão de Hitler seria fútil. Mas era necessário quebrar a cadeia de êxitos de Hitler enquanto ainda havia na Alemanha resistência à guerra. Tal resistência só poderia ser intensificada por ações claras e inequívocas provindas do exterior. A marcha triunfal de Hitler transformara-se num perigo mortal para todos — inclusive para os alemães —, pois sua cegueira para a história implicava a ideia de que precisava arrastar para aquela guerra todos os poderes e povos, e como a Alemanha teria podido vencer todo o restante da terra?

Sou incapaz de transmitir uma ideia satisfatória da clareza com que Sonne via tudo isso. Suas concepções estavam muito à frente de uma época em que os políticos cambaleavam de uma solução paliativa a outra. Embora para ele o infortúnio vindouro se desenhasse cada vez mais nitidamente, Sonne interessava-se por cada minúsculo detalhe dos acontecimentos na Espanha. Estranhamente, esse espírito lúcido achava que nada era definitivo: de um fato insignificante que ninguém previra podia resultar uma nova esperança, e esta não podia ser ignorada. Era necessário que se tivesse olhos para tudo — nada era desimportante.

No decorrer da Guerra Civil, nomes espanhóis passaram a ser mencionados, lugares aos quais se vinculava uma memória histórica ou literária. Essa memória foi-me, então, transmitida, e para mim permanecerá sempre espantoso o modo tardio e premente pelo qual fiquei conhecendo a Espanha.

Anteriormente, eu sentira receio de ocupar-me mais profundamente da Idade Média espanhola. Não me esquecera dos provérbios e canções de minha infância, mas nada resultara deles além da lembrança; estavam encravados em mim, congelados na altivez de minha família, que se arrogava um direito sobre tudo o que fosse espanhol, contanto que servisse a seu orgulho de casta. Entre os sefarditas, eu conhecia pessoas que viviam numa indolência oriental, menos desenvolvidas intelectualmente do que qualquer um que tivesse frequentado a escola em Viena, e para cuja felicidade bastava a crença em sua superioridade sobre os demais judeus. Também não estava sendo injusto com minha mãe quando observava que ela estava impregnada de quase todas as literaturas europeias, mas pouco sabia da espanhola. Ela havia visto peças de Calderón, no Burgtheater, mas nunca lhe teria ocorrido lê-las no original. Para ela, o espanhol não era uma língua literária. Da Espanha ela herdara apenas a memória de uma Idade Média gloriosa, cujo valor consistia unicamente, talvez, no fato de ser uma memória *oral* e determinar certa postura nobre ante as pessoas à sua volta. Ela não podia dar-me qualquer impulso que me aproximasse da literatura espanhola. Mesmo os modelos que alimentavam seu orgulho, que tinha muito de espanhol, ela ia buscá-los em Shakespeare, no *Coriolano*. Viena, e não sua origem, havia sido a influência determinante em sua respeitável cultura.

Eu tinha trinta anos quando aprendi alguma coisa acerca dos poetas que fundaram o que houve de permanente nos primórdios da literatura espanhola. Aprendi-o com Sonne, a quem,

301

por ser ele um *tudesco* (judeu alemão) — sua família provinha da Galícia austríaca —, minha mãe não teria concedido qualquer direito sobre "nossos" poetas, que ela própria nem sequer conhecia. Ele os traduzia oralmente do hebraico e os explicava para mim. Podia acontecer de, na mesma tarde, ele já ter feito o mesmo com poemas mouros, que traduzia do árabe. Uma vez que os mostrava a mim em sua *totalidade*, não os arrancando do contexto de sua época com o propósito ridículo de jactar-se, despi-me de toda a minha desconfiança para com a deturpada cultura sefardita, passando a olhá-la com respeito.

Essas minhas conversas com Sonne descreviam uma trajetória singular. Seu ponto de partida eram os relatos jornalísticos sobre os combates na Espanha. Estes eram, então, tratados com objetividade: a avaliação das forças adversárias, as suposições acerca do tempo que o esperado auxílio levaria para alcançá-las, os possíveis efeitos de uma retirada republicana sobre o clima no exterior — resultaria em maior ou menor ajuda? —, as modificações no governo, a influência crescente de *um* partido, o peso próprio dos anseios regionais por autonomia — tudo isso era discutido por Sonne com uma objetividade que nada excluía ou esquecia. Frequentemente eu tinha a impressão de estar sentado diante de um homem para cujas mãos confluíam os fios do destino. Mas Sonne queria também transmitir-me o sentimento e isso era evidente — de que todas essas coisas estavam se passando em um país que me deveria ser familiar, cuidando ele próprio para que efetivamente o fosse. À sua maneira sucinta e precisa, ele me impeliu para as esferas espirituais que, não menos do que aquela guerra terrível, constituíam a Espanha.

Ainda hoje tenho em mente as motivações que me levaram a esta ou aquela obra. Em geral, estão vinculadas aos nomes daquela época. Incorporou-se a cada uma dessas obras o choque provocado por uma notícia que ouvi, de modo que elas não mais existem apenas por si só. A partir dos acontecimentos daqueles dias, moldou-se um cristal secreto, sua segunda e imutável estrutura.

Fui levado, então, para os *Sonhos* de Quevedo, que, depois de Swift e Aristófanes, transformou-se em um de meus antepassados. Um escritor precisa de antepassados, alguns dos quais tem de conhecer pelo nome. Quando acredita estar sufocando no próprio nome, que carrega sempre consigo, ele se recorda de seus antepassados, que possuem seus próprios, felizes e não mais mortais nomes. É possível que estes riam da impertinência do escritor, mas não o repelem. Também a eles importam os outros, isto é, seus descendentes. Passaram por milhares de mãos, e ninguém lhes fez mal algum; transformaram-se em antepassados porque, sem lutar, lograram defender-se dos mais fracos; tornam-se mais fortes em função da própria força que emprestam a outros. Mas também existem antepassados que desejam descansar um pouco. Estes adormecem por cem, duzentos anos. São despertados — pode-se confiar nisso —, e subitamente, ressoam por toda parte, como fanfarras. Logo, porém, anseiam novamente pelo abandono de seu sono.

Talvez para Sonne fosse insuportável mergulhar totalmente nos acontecimentos da época. Talvez não suportasse seu curso porque não podia influenciá-lo. Seja como for, ele não perdia uma única oportunidade de chamar a atenção para minha origem, justamente porque eu atribuía tão pouca importância a ela. Sonne julgava importante que nenhum aspecto de uma vida se perdesse. Para ele, o ser humano carregava consigo tudo o que havia tocado. Se esquecesse disso, precisaria ser lembrado. Com isso, Sonne não se referia ao orgulho pelas origens — algo sempre questionável —, mas à não renegação do vivido. Para ele, o valor de uma pessoa consistia em conter em si tudo o que houvesse vivenciado e seguisse vivenciando. Isso incluía os países nos quais vivera, as línguas que falara, as pessoas cujas vozes ouvira e, também, sua origem, se desta houvesse alguma vivência a ser extraída. Por origem, no entanto, Sonne entendia não algo meramente pessoal, mas a totalidade do tempo e do lugar do qual se provinha. Às palavras de uma língua com a qual se estivera familiarizado — usada, talvez, apenas na infância — vinculava-se a literatura em que essa língua houvesse desembocado. As notícias acerca de um banimento vinculava-se tudo o que o precedera, e não meramente as reivindicações posteriores à queda; outros haviam caído antes, de outras maneiras, e também estes eram parte da história. Dificilmente se pode fazer ideia da *justiça* de tal postulação da história. História, para Sonne, era a totalidade do reino da culpa. Nós deveríamos saber não apenas o que aconteceu aos homens no passado, mas também do que eles foram capazes; deveríamos saber do que nós próprios fomos capazes. Para isso, precisaríamos conhecer tudo, buscar o conhecimento em qualquer lugar e a qualquer distância que se apresentem, exercitarmo-nos nele, conservá-lo fresco, regá-lo e fecundá-lo com nossa vivência. Sonne não se intimidou em utilizar a presença daquela Guerra Civil (que nos afetava mais profundamente do que os acontecimentos da própria cidade em que vivíamos) para fortalecer em mim o meu passado, que só por intermédio de Sonne se tornou real. Cuidou, assim, para que *mais* de mim partisse comigo quando, logo depois, tive de deixar Viena. Preparou-me para que eu levasse comigo uma língua e a ela me apegasse com tamanha força que em nenhuma circunstância ela correu o perigo de se perder.

Jamais me esquecerei do dia em que, bastante agitado, fui até Sonne no Museum e ele me recebeu sem dizer nenhuma palavra. O jornal jazia diante dele, sobre a mesa; com a mão pousada sobre ele, Sonne não se levantou para estendê-la a mim. Esqueci-me de cumprimentá-lo; as palavras com as quais pretendia assaltá-lo ficaram presas em minha garganta. Ele estava petrificado, e eu me sentia como num delírio. Era a mesma notícia que havia atuado sobre nós de maneiras tão diversas: Guernica fora bombardeada e destruída por aviões alemães. Eu queria ouvir de Sonne uma maldição, uma maldição em nome de todos os bascos, de todos os espanhóis, de todos os seres humanos. O que eu não desejava era sua petrificação, pois esta significava impotência, e eu não podia suportar a impotência de Sonne. Senti minha raiva voltando-se contra ele. Permaneci em pé, esperando por uma palavra sua *antes* de me sentar. Ele não me deu atenção. Parecia acabado, como se já havia muito tempo estivesse morto e seco. "Uma múmia!", foi o que me passou pela cabeça. "Ela tem razão. Ele é uma múmia." Assim Veza o chamava quando o criticava. Tive certeza de que ele *sentiu* meu insulto, embora eu não o tivesse pronunciado. Mas Sonne tampouco deu atenção a ele. Disse: "Tremo pelas cidades". Ele o disse de maneira quase inaudível, mas eu sabia que ouvira direito suas palavras.

Não o entendi. Àquela época, não era tão simples compreender aquelas palavras como o é hoje. Ele está confuso, pensei, não sabe o que está dizendo. Guernica foi destruída, e ele fala de *cidades*. Eu não suportava vê-lo confuso: para mim, sua clareza transformara-se na coisa mais importante do mundo. Era como se duas notícias terríveis tivessem me atingido ao mesmo tempo: uma cidade destruída por bombas e Sonne acometido de loucura. Nada perguntei. Não procurei apoiá-lo. Sem nada dizer, fui embora. Mesmo lá fora, já na rua, não senti por ele qualquer compaixão. O que senti — e digo-o enojado — foi pena de mim mesmo. Para mim, era como se Sonne tivesse sucumbido em Guernica, e eu procurava encarar o fato de que perdera tudo.

Não havia ido muito longe quando, subitamente, ocorreu-me que ele podia não estar se sentindo bem: parecera terrivelmente pálido. Assaltou-me, então, o pensamento de que ele absolutamente não estava morto: falara, eu ouvira suas palavras, e o que tanto me atingira fora a falta de sentido destas. Dei meia-volta, e ele me recebeu sorrindo: era o Sonne de sempre. Eu teria esquecido de bom grado o que se passara naquele meio tempo, mas ele disse: "O senhor queria um pouco de ar. Eu compreendo. Talvez eu devesse também tomar um pouco de ar". Ele se levantou, e eu o acompanhei. Lá fora, conversamos como se nada tivesse acontecido. Sonne jamais voltou a dizer, nem naquele momento nem mais tarde, aquelas palavras que haviam me deixado tão consternado. Talvez por isso eu nunca tenha podido esquecê-las. Muitos anos depois, durante a guerra — eu estava na Inglaterra —, vim a compreendê-las claramente.

Estávamos muito distantes um do outro, mas, como eu, Sonne estava vivo, em Jerusalém. Nós não nos escrevíamos. Pensei comigo: jamais existiu um profeta que menos desejasse sê-lo. Sonne viu o que aconteceria com as cidades, assim como viu também todo o resto. Tivera motivos de sobra para tremer. Não justificou os horrores com outros horrores. Deixara para trás a vingança sangrenta da história.

CONFERÊNCIA NA NUSSDORFERSTRASSE

Hermann Scherchen estava planejando uma revista em quatro línguas que deveria se chamar *Ars Viva*, o mesmo nome da série de concertos que àquela época estava dando em Viena, para os quais montara uma orquestra especial. A revista não deveria ser um instrumento apenas da nova música; a literatura e as artes plásticas deveriam também estar representadas ali em igual medida. Scherchen perguntou-me, então, acerca de possíveis colaboradores em Viena, e eu mencionei Musil e Wotruba. Com a rapidez e a determinação habituais, ele sugeriu uma reunião a quatro, para discutir as perspectivas de um trabalho conjunto na tal revista. Deveria ser um encontro íntimo, sem testemunhas. Em tempos de tamanha pressão política, um café parecia ser um local demasiadamente público para tanto. Pela primeira vez na vida, Wotruba deixara a mãe e a irmã morando sozinhas na Florianigasse e se mudara para uma casa só sua, na Nussdorferstrasse. Esse parecia o local apropriado para a reunião: bem situado e, além disso, neutro. A Himmelstrasse, em Grinzing, era por demais afastada. Scherchen e sua esposa chinesa estavam hospedados em nossa casa; mas, desde que eu o irritara com minha desastrada menção a Thomas Mann, um ano antes, Musil se comportava friamente para comigo, e eu não podia convidá-lo a vir até minha casa. Wotruba o conhecera por ocasião de minha leitura na Schwarzwaldschule, havia quase dois anos. Cumprimentavam-se desde então, e, ainda que não tenha havido uma aproximação maior, nada se passara entre eles que pudesse *dificultar* um convite. Após consultar-me, Wotruba escreveu-lhe uma carta firme mas respeitosa, e Musil aceitou o convite.

O convite se estendia à sua esposa, e, como era próprio a alguém como Musil, foi tudo muito complicado desde o princípio. Sabíamos que ele não gostava de ir sozinho a lugares que não conhecia. Mas, além da esposa, trouxe consigo duas outras pessoas que ninguém convidara. Uma delas era Franz Blei — uma figura esguia, arrogante, um tanto afetada demais, cuja presença nenhum de nós desejara; a outra, um jovem que ninguém conhecia. Sem maiores cerimônias, quase que alegremente, Musil apresentou este último como um admirador do *Homem sem qualidades*, ao que, a título de complemento, Blei acrescentou: "Do Café Herrenhof!". Portanto, ali estavam eles, em quatro. Musil parecia sentir-se confortável sob a proteção da esposa, do velho amigo Blei e do jovem admirador — que não abriu a boca, mas prestou muita atenção à conversa. Blei apossou-se da palavra, como se fosse *ele* quem estivesse fundando uma revista. Musil, por sua vez, falou abertamente, sem receio, o que pensava.

Do outro lado, a reunião já começou sob o signo da discordância: os melindres "estéticos" de Blei repugnavam Wotruba profundamente. Ao entrar no cômodo pintado de branco, Blei notara dois quadros de Merkel na parede e, surpreso, pusera-se a fazer um elogio que quase descambou para a ofensa:

"Ele tem seu encanto", principiou, acrescentando após uma pausa: "É algum jovem pintor?".

Wotruba, com razão, tomou para si o "jovem", pressentindo que Blei não o considerava mais do que isso e nada mais sabia a seu respeito. Com uma rudeza calculada, respondeu: "Ora essa, ele tem a mesma idade que o senhor!".

Na verdade, isso era um exagero: Georg Merkel não tinha a mesma idade de Blei, mas pertencia à geração de Musil. Wotruba, porém, tomou por um desaforo que alguém cujo quadro estivesse pendurado em sua parede só pudesse ser um "jovem pintor" e, logo depois, quando Marian entrou trazendo um café, disse-lhe bem alto, interrompendo sem cerimônia a conversa:

"Você sabe o que o Merkel é? Um jovem pintor!"

Scherchen começou a expor o plano de sua revista. Importava-lhe que fosse original e de alta qualidade: deveria ser algo realmente novo. Tudo que fosse acadêmico já estava, desde o início, fora de cogitação. No entanto, ele não desejava filiar-se a nenhuma tendência moderna específica; todos deveriam ter voz, qualquer que fosse a língua — as traduções necessárias seriam sempre providenciadas. Musil quis saber acerca da extensão possível dos artigos. A resposta de Scherchen o agradou:

"Qualquer extensão." Mas logo acrescentou: "Pode inclusive ser uma obra integral. Eu gostaria de publicar uma peça do meu amigo Canetti. Na verdade, ele não quer, mas nós ainda vamos persuadi-lo".

Passados mais de três anos, ele não esquecera *Hochzeit*. Contudo, eu queria publicá-la somente em livro. Não era o momento de tocar nesse assunto, mas Scherchen queria que se notasse que ele não desconhecia a literatura moderna. *Hochzeit* continuava parecendo-lhe algo "novo" .

Mal anunciara seu desejo, Blei tomou da palavra:

"Drama não é literatura", proclamou. "Está fora de cogitação para uma revista literária."

Disse-o com tamanha determinação que nos tirou a fala — a de Scherchen, a de Wotruba e a minha. Musil sorriu, satisfeito.

Creio que Musil pensasse que Blei se firmara, tendo já as rédeas da revista em suas mãos. Seguiu-se até mesmo um discurso mais longo de Blei, pronto para ser impresso, acerca de como a revista teria de ser: a cada frase, ele parecia mais seguro de que ela efetivamente *seria* daquele jeito. Para minha surpresa, Scherchen — um ditador — permitiu que ele prosseguisse por tempo suficiente para que o ódio fervilhante de Wotruba começasse a me inspirar preocupação. Ele ainda vai agarrá-lo e jogá-lo pela janela afora, pensei. A despeito de minha própria raiva, comecei a temer pela vida do nobre intruso. Se àquela época eu soubesse que ele fora um dos descobridores de Robert Walser, eu lhe teria perdoado toda a arrogância, e minha conderação por Musil não seria minha única razão para tratar Blei com respeito. Subitamente, porém, Sch. cortou-lhe a palavra:

"Eu e meus amigos temos uma opinião totalmente diversa a esse respeito", disse ele. "Tudo o que o senhor está dizendo contraria os nossos propósitos. Queremos uma revista cheia de vida, não um fóssil escolástico. *O senhor* defende todo tipo de restrição; *Ars Viva* deve ser um instrumento de *ampliação*. Além disso, não temos medo algum dos tempos atuais. Para os fósseis, existem já revistas em número suficiente."

Ao longo de todos os anos em que estive em contato com ele, essa foi a única vez em que Sch. tirou-me as palavras da boca. Enraivecido, Wotruba disparou: "A opinião de *herr* Blei não me interessa. Ninguém o convidou para esta reunião. Quero saber o que *herr* Musil pensa a respeito da revista".

Wotruba era famoso por sua rudeza, e ninguém a levava a mal. Quem ainda não o conhecesse pessoalmente teria ficado decepcionado se, ao conhecê-lo, ele se comportasse de maneira diversa. Sua sinceridade era pungente. Um esforço de sua parte no sentido de ser delicado teria resultado ridículo, algo assim como se tentasse gaguejar em uma língua estrangeira e desconhecida. Senti que Musil gostava dele: não parecia ter se ofendido por Blei, embora não tivesse deixado de emitir sinais de aprovação ao ouvir o discurso deste.

Agora, porém, Musil abandonava a sombra de Blei — por assim dizer — para expor-se tão abertamente quanto o próprio Wotruba. Disse que não estava seguro, que não poderia dizer nada ainda. Tinha um trabalho sobre Rilke que poderia servir para a revista, e talvez lhe ocorresse alguma outra coisa que pudesse escrever para ela. Seu modo bastante determinado de falar contrastava visivelmente com o conteúdo do que dizia. Não prometia coisa alguma. Estava indeciso. Contudo, fora convidado e recebido com tanto respeito que não podia simplesmente recusar-se a colaborar. Sentia-se seguro ali, com seu séquito. Uma velha amizade o unia a Franz Blei, mas este era imprevisível e instável; aliás, fora ele que, subitamente, alçara os *Schlafwandler* de Broch às alturas do próprio Musil. Broch não fora sugerido como colaborador da revista, nem sequer estava em Viena à época; cientes do que Musil pensava a seu respeito, havíamos provisoriamente tomado o cuidado de não mencioná--lo. Se um de nós o tivesse feito, Musil teria imediatamente recusado o convite para a reunião. Em suas recusas, ele era áspero e cortante. Wotruba e eu nos deleitávamos com as lendas que corriam acerca das negativas de Musil.

Mas ali, na companhia de três guarda-costas e diante de três homens a fazer-lhe a corte, não havia sinal *daquele* tipo de negativa. Sua indecisão era fruto do cuidado de um homem que não queria deixar-se usar, mas tampouco desejava desprezar uma boa oportunidade. Musil queria tempo para refletir e, por isso, não disse nem sim nem não, tencionava obter mais informações. Sch., que jamais se colocara numa posição tão modesta e a cada frase situava seus "jovens amigos" a frente do "eu", não podia ser do agrado de Musil. Era evidente que Sch. não tinha qualquer noção de assuntos literários e que confiaria em mim para tanto. *Eu*, porém, fora banido, em virtude daquela herética menção a Thomas Mann. A teimosia com que, apesar disso, eu insistira na superioridade de Musil pesava a meu favor apenas o suficiente para que ele aceitasse minha presença ali. Ele se sentia atraído por Wotruba: excepcionalmente, Musil gostara dele. Embora Wotruba não tivesse qualquer conexão com a literatura, suas palavras tinham força e feriam como balas. Quando Musil gostava de alguém, seu rosto denunciava sua admiração. Era uma admiração controlada, que nunca degenerava em exaltação. Ele dispunha do poder de determinar o peso exato de suas reações e não cometia erros. Sua admiração era limitada, mas nada perdia de sua pureza nessa limitação: Musil não a subordinava a quaisquer propósitos.

Quando ele dizia algo, agora, era como se ficasse esperando por *uma única* reação — a de Wotruba —, como se nenhuma outra contasse. Musil não levou muito a sério o discurso pronto de Blei: conhecia-o de longa data e, com certeza, já o assimilara. Tive a impressão de que as palavras de Blei o entediaram. Aceitou-as porque foram proferidas por um dos seus, mas não lhes deu suporte, distanciando-se delas com um sorriso indulgente. A rejeição rude de Blei por parte de Wotruba, seguida da exigência de que o próprio Musil dissesse o que pensava, soou correta a este último, que, sem qualquer timidez, começou a sondar cuidadosamente o projeto para a revista. Insistiu, então, no seu desejo de escrever sobre poesia, querendo informações mais precisas acerca de nossas intenções.

Sch. considerou o tema bastante apropriado. Sua mulher, que não estava presente à reunião, tinha grande interesse por assuntos ligados à poesia e, sendo chinesa, antigos direitos adquiridos sobre o tema. Para ela, a poesia significava mais até do que a própria música. De fato, ela o conhecera na qualidade de aluna de um curso de regência que Sch. ministrara em Bruxelas — viera da China com o único propósito de estudar com ele —, mas Sch. estava cada vez mais convencido de que a poesia era ainda mais importante para ela. Lamentava, agora, não tê-la trazido consigo. Ela esboçara alguns planos para a revista, relativos exclusivamente à lírica, e anotara uma série de sugestões, o que chamava de sua "lista". Ela certamente teria apreciado expor imediatamente tais sugestões, mas ninguém dissera a ele, Scherchen, que *herr* Musil era também poeta, razão pela qual lhe parecera inapropriado que ela falasse a respeito já naquela primeira reunião. Mas, claro, tempo não faltaria, e tudo deveria ser preparado com cuidado. Ele enviaria a *herr* Musil as reflexões de sua mulher sobre o tema, juntamente com a lista de sugestões, sugestões dignas de consideração. Infelizmente, sua mulher só falava francês; *ele*, por necessidade, era capaz de se entender com ela, mas conversar não era muito fácil; também por essa razão, hesitara em trazê-la consigo já naquela oportunidade. Seu francês escrito, porém, fora elogiado por todos em Bruxelas. Além disso, por precaução, Veza se oferecera para revisar cuidadosamente suas anotações em francês, de modo que *herr* Musil não teria dificuldades com elas.

Defesas minuciosas dessa ordem não eram habituais em Scherchen. Em geral, ele se contentava em dar ordens ou fornecer explicações relativas à área musical. Sobre sua recente esposa chinesa, no entanto, ele gostava de falar. Sentia orgulho dela, pois causava sensação em sua companhia. Era uma mulher encantadora e bastante refinada, provinda de boa família. Vivenciara a invasão japonesa na China e, quando falava a respeito, representava para seus interlocutores os acontecimentos terríveis que presenciara. Sch. se apaixonara por ela ao vê-la reger Mozart em Bruxelas — delicada, frágil, vestida com sedas chinesas. Mas quando ela falava da guerra, ecoava em sua boca o rá-tá-tá-tá das metralhadoras. De volta a Pequim, escrevera a Scherchen, o qual, cancelando todos os seus concertos, tomou o trem transiberiano e foi a seu encontro. Cinco dias era o tempo de que dispunha para a viagem: mais ele não se permitia. Tinha cinco dias para casar--se com Shü-Hsien. Ao chegar à China, disseram-lhe que não era possível fazê-lo tão rapidamente, que para casar-se precisaria de mais tempo, mas até lá ele impôs a sua vontade, casando-se com Shü-Hsien no espaço de cinco dias. Deixando-a provisoriamente na casa dos pais, pôs-se de novo no trem e, em pouco mais de um mês, estava de volta à Europa e a seus concertos.

Alguns meses mais tarde, Shü-Hsien o seguiu, e ambos estavam morando conosco em Grinzing. Ali, Veza e eu testemunhamos os primeiros tempos do casamento. Para se entenderem, precisavam falar francês: o dela, correto, mas soando como um *staccato* monossilábico; o dele, um alemão-francês indizivelmente bárbaro, cheio de erros e totalmente incompreensível. Imediatamente, Scherchen colocou-a para trabalhar: durante todo o dia, ela tinha de ficar copiando partituras para a orquestra. Eu me pergunto quando foi que arranjou tempo para encontrar os temas poéticos para a planejada revista. É possível que, numa ocasião qualquer, ela tenha falado ao marido sobre poesia chinesa, e ele, que tinha um uso para tudo, a incumbira de pôr suas ideias no papel. Agora, em meio à discussão sobre a revista, Sch. se lembrara disso, e a lembrança viera a calhar: podia prometer alguma coisa a Musil, uma série de temas que talvez o atraíssem e cuja formulação não daria trabalho algum a Shü-Hsien, que conhecia bem a literatura francesa.

Sch. estava tão impregnado de seu amor chinês que tinha

312

sempre prazer em falar da mulher. Eu gostava dele, por essa época. O rancor que eu trazia comigo desde os tempos de Estrasburgo parecia ter evaporado. Tudo começou quando recebi dele um inesperado telegrama, no qual me pedia encarecidamente que fosse tal dia e tal hora — a indicação de tempo era precisa — à estação ferroviária, onde ele teria de esperar uma hora, entre um trem e outro. Lá fui eu, mais por curiosidade do que por simpatia. Seu trem entrou na estação, e, ainda pela janela aberta, ele gritou: "Estou indo a Pequim para me casar!".

Depois, assim que pisou na plataforma, contou-me a história toda de um fôlego só. Falava extasiado de sua namorada chinesa. Descreveu-me o que se passara com ele ao vê-la reger Mozart em trajes chineses. Tinha palavras, e palavras arrebatadoras, para outro ser humano que não fosse ele próprio. Prometera casar-se com Shü-Hsien assim que ela lhe escrevesse — imediatamente, por assim dizer. Pois agora ela lhe escrevera, e era como se ele, que era sempre quem dava as ordens, estivesse sob o comando de uma estranha ordem que atravessara metade do globo e à qual, cego e feliz, ele se submetia. Eu jamais o vira assim. Enquanto Sch., sem fôlego, prosseguia falando, percebi repentinamente que gostava dele.

Era incompreensível que aquele escravo do trabalho tivesse cancelado todos os seus concertos e ensaios por cinco semanas.

Em sua embriaguez matrimonial, Sch. se esquecera de um detalhe importante. Subitamente, Dea Gombrich — a violinista, a quem ele também convocara à estação — chegou correndo: havia se atrasado. Sch. disse-lhe apenas que estava indo a Pequim para se casar e perguntou se ela podia ir correndo comprar uma gravata, pois ele se esquecera de trazer uma consigo e precisaria de uma gravata para a cerimônia. Imediatamente, ela saiu correndo e voltou antes que o trem se pusesse em movimento. Dea ergueu a gravata até a janela do trem; Scherchen sorriu e agradeceu — seus lábios não tão finos como de costume. Ele já estava a caminho da Sibéria quando contei toda a história a Dea, que ainda resfolegava de tão rápido que correra.

313

Eu o vira subjugado, e a simpatia que passei a sentir por ele perdurou por um bom tempo. Então, como já disse, os dois moraram conosco na Himmelstrasse durante um período de tempo relativamente longo. Veza ficou encantada com Shü--Hsien, que, inteligente, via o marido como ele era e até mesmo zombava dele, a despeito de toda a paixão.

Agora, na discussão sobre a *Ars Viva*, eu não condenava Sch. por usar a mulher diante de Musil, como fazia com tudo e com todos. Pressentia que precisava gabar-se dela porque ainda estava apaixonado. Talvez, pensei, aconteça um milagre e a paixão não se esgote, como tudo o mais para ele; talvez *fique* com sua esposa chinesa. Em virtude de meu amor por tudo que se referisse à China, eu estava preocupado com o que aconteceria. Preocupava-me mais com Shü-Hsien — vivendo em um lugar tão estranho para ela — do que me preocuparia com qualquer uma das mulheres europeias de Sch. Naquela discussão na Nussdorferstrasse, porém, ela subitamente se fizera muito presente. Musil, cuja preocupação central evidente era não prometer para a revista qualquer obra sua, razão pela qual sugerira artigos sobre poesia, invocara Shü-Hsien por meio de suas perguntas desconfiadas. Todos ali haviam ouvido algo a respeito dela, e nela pensavam com prazer: Shü--Hsien era ela própria seu tema poético. A ideia da revista não resultou em coisa alguma, mas aquela discussão preliminar permaneceu para todos, creio eu, uma lembrança agradável, graças à chinesa.

HUDBA. CAMPONESES DANÇANDO

Em 15 de junho de 1937, minha mãe morreu.

Algumas semanas antes, em maio, fui pela primeira vez a Praga. Sentindo-me ainda leve e livre, hospedei-me num quarto do último andar do Hotel Julis, junto à praça Wenceslas. Do amplo terraço do quarto, via-se o movimento da praça lá embaixo e, à noite, suas luzes. Era uma vista como que criada especialmente para o pintor que morava no quarto vizinho ao meu: Oskar Kokoschka.

Em comemoração ao seu quinquagésimo aniversário, uma grande exposição fora inaugurada no Museu de Arte Aplicada de Viena, na Stubenring. Ali eu adquirira uma visão mais profunda de sua obra, que anteriormente só conhecia de quadros isolados. Kokoschka se recusara a ir a Viena por ocasião da comemoração, permanecendo em Praga, onde estava pintando o retrato do presidente Masaryk. Carl Moll, seu velho paladino em Viena, me pedira que fosse visitá-lo em Praga, incumbindo-me de entregar-lhe uma carta. Eu deveria contar a Kokoschka sobre a exposição e lembrá-lo de quantos admiradores ele tinha em Viena. Moll contou-me sobre o profundo rancor que Kokoschka nutria contra a Áustria oficial, fruto não apenas do desprezo demonstrado por sua obra, mas também do fato de que ele não conseguia superar a lembrança dos acontecimentos de fevereiro de 1934. Sua mãe, a quem era afeiçoado mais do que a qualquer outro ser humano, morrera de desgosto, em virtude da guerra civil nas ruas de Viena. De sua casa, em Liebhartstal, ele pudera ver os canhões disparando contra os novos conjuntos habitacionais dos trabalhadores. Havia sido em razão da vista de Viena que se tinha dali que o filho comprara aquela casa para a mãe, a qual desde o princípio acreditara nele e se engajara apaixonadamente em sua pintura. E o que se fizera daquela vista!

Próxima o suficiente para ouvir o trovejar dos canhões, ela fora incapaz de furtar-se a ver os combates. Pouco depois, adoeceu e nunca mais se recuperou da enfermidade. Carl Moll, que a conhecera, estava convencido de que sem a ajuda da mãe o filho jamais teria encontrado seu próprio caminho. Para Moll, o fato de que aquela senhora, que tinha o maravilhoso nome de Romana, não estivesse mais viva representava um perigo: agora Kokoschka romperia definitivamente com a Áustria. Para o novo regime alemão, ele era um pintor degenerado; ali estava, pois, uma oportunidade para que a Áustria recebesse de braços abertos seus maior pintor. Contudo, mesmo que o governo austríaco tivesse tido visão suficiente para, com honras, chamá-lo de volta, como ele poderia retornar a um país sob um regime ao qual atribuía a responsabilidade pela morte da mãe?

Eu já ouvira muito falar de Kokoschka. Por intermédio de Anna, eu travara contato com uma fase turbulenta da vida do pintor. Sua paixão por Alma Mahler tornara-se legendária, graças a alguns de seus melhores quadros. Por ocasião de minha primeira visita à Hohe Warte, eu vira o retrato dela como "Lucrécia Bórgia", conforme ela o chamava. Vira-o pendurado na parede da sala dos triunfos da incansável viúva, que o exibia pomposamente, enfatizando que, infelizmente, o artista não dera em nada — um pobre emigrante.

Agora, pela primeira vez, via-o em pessoa, de um terraço a outro. Por causa dos diversos autorretratos, seus traços me eram familiares. O que me surpreendeu bastante foi sua voz. Kokoschka falava tão baixo que eu mal o escutava. Prestava bastante atenção para não deixar escapar uma única frase e, ainda assim, perdi várias delas. Minha visita fora anunciada por Carl Moll diretamente a Kokoschka, por carta, mas o fato de sermos vizinhos de quarto fora pura coincidência. Além de falar baixo, Kokoschka expressava-se também com grande modéstia. Ainda sob o efeito da grande exposição, fiquei um tanto embaraçado por ele me tratar de igual para igual. Perguntou por meu livro, que desejava ler e sobre o qual Moll lhe escrevera muito elogiosamente. Ali, naquele terraço, tive a impressão de que estava curioso a meu respeito. Sentia seu olho de polvo sobre mim, mas seu olhar não me parecia hostil.

Kokoschka desculpou-se por não estar livre naquela noite, como se sentisse obrigado a dedicá-la prontamente a mim. Sua brandura tornava-se tanto mais espantosa quando eu me lembrava de um relato de Anna sobre seu tempo de menina. Sentada no chão, num canto do ateliê — chamavam-na Gucki, então —, ouvira assustada uma cena de ciúme entre sua mãe e ele. Ao sair, Kokoschka ameaçara trancar Alma no ateliê, ameaça que, possivelmente, chegou a cumprir em uma ocasião. Anna jamais me falou de qualquer outra coisa com tanta emoção. Imaginei que aquela cena tivesse sido barulhenta e violenta; por isso, esperei encontrar um homem passional, que dirigiria raivosas imprecações contra o governo austríaco assim que ouvisse de mim a notícia sobre a exposição. No entanto, o que fez foi apenas murmurar algumas palavras de desdém, também estas num tom de voz baixo. Seu traço mais agressivo pareceu-me ser o queixo, bastante pronunciado, quase tanto quanto costumava pintá-lo em seus autorretratos. Verdadeiramente impressionante, porém, era o olho, imóvel, opaco, inabalavelmente à espreita; bastante estranhamente, eu pensava sempre em *um* olho, como acabei de escrever. Suas palavras eram desprovidas de cor ou sonoridade, como se ele as pronunciasse casualmente e a contragosto. Ele marcou um encontro comigo para o dia seguinte. Eu fiquei confuso: não conseguia conciliar seus modos velados nem com seus quadros, nem com tudo o que ouvira a seu respeito.

No dia seguinte, encontrei-o num café. Kokoschka estava acompanhado do filósofo Oskar Kraus, discípulo de Franz Brentano. Kraus, professor de filosofia e figura conhecida em Praga, herdara de seu mestre o gosto por charadas. Sentado diante de nós, apossou-se da palavra, conseguindo prender a atenção de Kokoschka com todo tipo de charadas e assuntos afins. Este novamente me transmitiu uma ilusória impressão de modéstia e mesmo de simplicidade. Só mais tarde compreendi que, na realidade, ele era tudo, menos simples — sua mente apreciava trilhar caminhos tortuosos. Tampouco era modesto, mas adorava desaparecer em meio a certos ambientes, como se adaptasse a uma determinada cor — naquele caso, ali, à cor dominante. Esse seu caráter opalescente constituía seu dom. Também nessa sua troca fácil e natural de cores ele se assemelhava a uma lula, ao passo que o olho — bastante grande e, como disse, dando a impressão de ser um só — ficava inapelavelmente à espreita da vítima.

Dificilmente, porém, haveria o que espreitar naquela reunião no café. Kokoschka conhecia bem o velho professor Kraus, sendo improvável que a tagarelice e a aparência absolutamente segura deste pudessem entusiasmá-lo. Havia algo de servil na forma como um homem de sua idade ainda ficava invocando o mestre Franz Brentano à menor oportunidade — ou, pelo menos, assim, me pareceu, pois àquela época eu pouco me dedicara a Brentano, tendo uma ideia insuficiente da multiplicidade de sua obra. Considerei de mau gosto a incansável ladainha que Kraus desfiava diante de Kokoschka, o qual, no entanto, parecia apreciá-la e, sem a menor vontade de dizer ele próprio alguma coisa, persistia em seu colorido espreitar.

Eu, porém, desejava ardentemente ouvir dele algo sobre Georg Trakl. Sabia que Kokoschka o conhecera e dele tomara emprestado o título maravilhoso de um de seus quadros: *Die Windsbraut* [A noiva do vento]. Estava convencido de que o quadro não existiria sem esse título, de que, fosse outro o seu nome, ninguém lhe teria prestado atenção. Foi por volta daquela época que Trakl me cativou: nenhum outro poeta moderno significou tanto para mim. Seu destino ainda me toca tão profundamente quanto no momento em que dele fui informado. Ali, na presença daquele estéril homenzinho das charadas, certamente não era o momento apropriado para se falar de Trakl, mas o fiz assim mesmo, perguntando discretamente a Kokoschka se ele o conhecera. "Conheci-o muito bem", respondeu ele, palidamente. Mais não disse. Ainda que o tivesse desejado, nada mais poderia dizer, pois o professor tinha já uma nova charada à mão e novamente o atropelava com sua voz de cabra.

A impressão que tive foi a de que Viena não *importava* mais para Kokoschka, desde que ele a abandonara. Em seus primeiros tempos, quando Kokoschka, subitamente emergia em toda parte, trazido pela mão de Adolf Loos, a cidade representara algo para ele. Agora, porém, não era Viena que o banira, mas o contrário. O velho e bom Moll, havia décadas seu incansável defensor, não era o homem certo para fazer com que Kokoschka voltasse a se interessar por aquela cidade. Em que pese toda a sua arte de desaparecer, na qual era mestre, eu pressenti que, naquele momento, Kokoschka a exercitava apenas para que o deixassem em paz.

Eu estava quase perdendo a esperança de ter uma verdadeira conversa com ele quando, de repente, Kokoschka se animou e começou a falar da mãe e do irmão, Bohi.

No momento, a casa em Liebhartstal, onde, após a morte da mãe, o irmão ainda morava, era só o que lhe interessava em Viena. Considerava o irmão um escritor e perguntou-me se eu o conhecia. Contou-me que este escrevera um longo romance em quatro volumes, que fora marinheiro e viajara muito e que nenhum editor queria publicar o livro. Quis saber, então, se eu não conhecia alguém que pudesse se interessar. O irmão não tinha sorte nessas coisas, prosseguiu. O que lhe faltava não era autoconfiança, mas capacidade de cálculo. Kokoschka não via desonra alguma no fato de o irmão admitir sua ajuda — ajuda que prestava de bom grado e sem resmungar. Falava do irmão com carinho e respeito. Comoveu-me aquele seu amor por Bohi, que sempre acreditara nele, mas também em si próprio. Pareceu-me um traço encantador da personalidade de Kokoschka o fato de que insistisse em estabelecer perante o mundo uma espécie de paridade entre ele e o irmão.

Entre meus companheiros vienenses, falava-se amiúde desse seu irmão. A reputação de Kokoschka era tal que qualquer tipo de conexão com ele conferia prestígio às pessoas. Um jovem arquiteto, Walter Loos, que, embora não fosse parente do grande Loos, tinha o mesmo sobrenome, sentia-se na obrigação — talvez, justamente em função da homonímia — de conhecer pelo menos o irmão de Kokoschka. Sentado comigo e com Wotruba numa *Heurigen*, ele nos brindava com entusiasmadas descrições da regurgitante beleza da filha de um limpador de chaminés, namorada ideal do corpulento Bohi. Contava-nos sobre os altos e baixos do relacionamento dos dois, sobre o ciúme de Bohi, sobre brigas selvagens e reconciliações tempestuosas. Contudo, embora todos andassem atrás da filha do limpador de chaminés, ela era totalmente fiel a Bohi: era impossível seduzi-la. Sendo um irmão *genuíno* do pintor — o verdadeiro alvo das conversas desse tipo —, o ciúme era um traço obrigatório em Bohi. Wotruba ouvia tais relatos acerca do irmão de Kokoschka quase que com devoção. O jovem Loos — como o chamávamos — vivia provocando-o com a fama de Oskar. Mantendo imperturbável o nome de Kokoschka nas alturas, como uma bandeira, o arquiteto conquistou para si certa posição em nosso círculo, pois no mais tinha pouco a dizer.

Agora, fora Kokoschka quem mencionara o irmão, e o fizera com tanta naturalidade que era como se toda Viena tivesse de saber, sem maiores explicações, de quem se tratava. Quando, aproveitando a menção, contei-lhe acerca das conversas com o jovem Loos, o nome deste pareceu irritá-lo um pouco.

"Não deveria existir outro arquiteto com esse nome. Loos só houve um."

Tampouco lhe pareceu direito que eu defendesse o nome de meu conhecido, argumentando que, afinal, tratava-se de um amigo do *irmão* e não, como o velho Loos, do amigo do próprio Kokoschka. Com isso, ele se sentiu estimulado a fazer um discurso em louvor do irmão, permitindo-me saber mais detalhes acerca da obra literária em quatro volumes que não encontrava editor. O tal "jovem" Loos não falara nada sobre isso?

Não. Falara apenas do amor de Bohi pela filha do limpador de chaminés e das cenas entre os dois. Kokoschka, que era rápido como um raio, farejou ali uma conexão entre aquelas cenas e outras, velhas conhecidas — as que haviam se passado entre ele e Alma Mahler —, repelindo o assunto sem que eu tivesse cometido a indiscrição de fazer qualquer alusão.

"Isso é puro Nestroy", disse ele. "Não tem nada a ver com a maneira de escrever do Bohi. O que chama a atenção quando eles brigam é o fato de os dois serem tão gordos. O Bohi é uma pessoa pura. Não é para ser assunto das conversas dos outros que ele faz cenas."

Suas palavras soaram como se pretendesse justificar suas próprias cenas de outrora. Quando professor, em Dresden, Kokoschka havia vivido com uma boneca que mandara fazer em tamanho natural, cuja aparência era idêntica à de Alma Mahler, eternizando assim — pode-se dizer — os rumores acerca de ambos. *Essa* história era bem conhecida de todos, mesmo daqueles que nada mais sentiam do que repulsa por sua pintura. A boneca era o que arrastava consigo das velhas cenas com Alma. Ela se sentava a seu lado nas mesas dos cafés, tinha a preferência quando o café era servido e, mais tarde — dizia--se —, era também levada para a cama. Bohi, bem ao contrário de Kokoschka, nada fazia pela própria reputação, razão pela qual este o chamava de "um homem puro" . Por isso gostava de falar do irmão: apresentava-o como se ele fosse sua própria inocência.

Num dos dias que se seguiram, um grande cortejo de camponeses teve lugar na praça Wenceslas. Podia-se vê-los muito bem do terraço de meu quarto, no Hotel Juliš. Ludwig Hardt — que agora estava morando em Praga — veio até o hotel, acompanhado de sua mulher: eu o convidara, e a alguns outros conhecidos, para assistir ao cortejo lá do alto. Nessa oportunidade, fiquei conhecendo a esposa de Hardt — uma mulher pequena como ele, graciosa e um tanto convencida. Era impossível vê-los juntos sem pensar num número de circo. A todo momento, esperava-se que os cavalos entrassem e aquela mulher pequenina e de formas bem torneadas saltasse de um para outro, ao mesmo tempo que o marido estaria executando um número não menos audacioso, em conjunto com ela ou sozinho, a uma distância milimetricamente precisa da mulher.

Agora, porém, estavam ambos ao meu lado no terraço que dominava a praça, por onde camponeses de todas as partes do país desfilavam em trajes típicos, alguns a cavalo, sob o som de música e aplausos — um quadro semelhante ao de um casamento no campo. Então, alguns deles começaram a dançar isoladamente, cada um por si, em número cada vez maior. A maneira como, desenhando linhas transversais, eles se destacavam da multidão, encontrando espaço para tanto em meio ao alvoroço da praça e desafiando o peso de seus corpos, tinha uma tal leveza que lágrimas escorreram-me dos olhos. Voltei-me para o outro lado, a fim de ocultá-las, e meu olhar encontrou o de

Kokoschka, que saíra ao terraço e, como nós, olhava os camponeses lá embaixo. Notando minha emoção, ele acenou para mim tão calorosamente que era como se estivesse falando de seu irmão Bohi.

Àquela época, eu não teria sido capaz de dizer o que me tocava tanto na dança individual daqueles camponeses que se desprendiam de seus grupos. Não havia nada em sua exuberância, em sua energia ou em seu colorido que pudesse trazer tristeza a alguém. Era um momento livre de qualquer pressentimento ruim, um momento de felicidade, ainda que eu não estivesse lá, no meio do cortejo — afinal, quem poderia ser menos camponês do que eu? Mas o que me comovia era também um reencontro: o reencontro com os camponeses dançantes de Brueghel. Quadros moldam nossa experiência, incorporam-se a nós como uma espécie de alicerce. Dependendo dos quadros de que somos formados, vivemos diferentes vidas. A emoção provocada pelos camponeses dançando na praça Wenceslas foi de muita cor e liberdade. Dois anos mais tarde, Praga deixaria de ser Praga. Mas fora-me permitido ainda experimentar a energia e a graça pesada daqueles camponeses.

Senti algo semelhante também em relação à língua, que me era totalmente desconhecida. Os tchecos constituíam uma boa parte dos habitantes de Viena, mas além deles próprios ninguém mais conhecia sua língua. Inúmeros vienenses tinham nomes tchecos: o que significavam ninguém sabia. Dentre esses, um dos mais belos era o nome de meu "irmão gêmeo", Wotruba, o qual não falava nem uma palavra da língua de seu pai. Agora, em Praga, eu ia a todas as partes, de preferência aos pátios dos edifícios onde moravam muitas pessoas, para que pudesse ouvi-las falar. Parecia-me uma língua belicosa, pois todas as palavras eram fortemente acentuadas na primeira sílaba, de modo que, ouvindo as pessoas, recebia-se uma série de pequenos golpes que se repetiam por toda a duração das conversas.

Eu já estivera estudando as guerras dos hussitas. O século XV sempre me atraíra, e quem pretendia compreender algo sobre as massas tinha muito o que meditar acerca dos hussitas.

Eu via com respeito a história dos tchecos, e é provável que, na qualidade de estrangeiro tentando ouvir-lhes a língua em todas as suas modulações, eu tenha acreditado descobrir nela coisas provenientes exclusivamente de minha ignorância. De sua vitalidade, porém, não podia haver dúvida. A singularidade absoluta de muitas palavras aturdiu-me. Fiquei entusiasmado ao saber qual era a palavra tcheca para "música": *hudba*.

Até onde eu conhecia as línguas europeias, a palavra era sempre a mesma: "música", palavra bela e sonora — ao pronunciá-la em alemão, tinha-se a sensação de um salto em queda livre. Acentuada na primeira sílaba, não parecia tão ativa, pairando um pouco no ar, antes de se propagar. Eu gostava dessa palavra quase tanto quanto daquilo que ela representa, mas, pouco a pouco, passei a encarar com desconfiança o fato de que fosse empregada para todo tipo de música. Quanto mais eu ouvia música moderna, mais incerto se tornava meu relacionamento com essa designação universal. Uma vez tive coragem de dizê-lo a Alban Berg: perguntei-lhe se não deveriam existir também outras *palavras* para música; se a incurável rejeição obstinada dos vienenses à nova música não estava relacionada à *ideia* que faziam dessa palavra — ideia com a qual teriam se identificado tão completamente a ponto de serem incapazes de suportar qualquer alteração no conteúdo que atribuíam à palavra. Talvez, se se *chamasse* diferentemente a nova música, os vienenses se dispusessem a habituar-se a ela. Berg, porém, não quis nem saber de minha sugestão. Disse-me que para ele, assim como para todos os demais compositores que o haviam precedido, o que importava era a música e nada mais; que o que ele próprio fazia derivava daquilo que seus predecessores haviam feito; e que o que seus alunos aprendiam com ele era música — qualquer outra palavra para tanto seria um *engodo*. Por fim, perguntou-me se não me ocorrera que aquela mesma palavra se espraiara pelo mundo todo. Sua reação à minha "sugestão" foi veemente, quase zangada, e de uma determinação tal que nunca mais voltei a tocar no assunto.

Mas, se silenciei, consciente de minha ignorância musical,

nem por isso aquela ideia me abandonou. Assim, em Praga, ao descobrir súbita e casualmente que *hudba* era a palavra tcheca para "música", fiquei fascinado. Essa era a palavra para *Les noces*, de Stravinski, para Bartók, Janáček e muito mais.

Como que enfeitiçado, eu ia de um pátio a outro. O que para meus ouvidos soava como uma bravata talvez fosse meramente comunicação. Mas, se o era, então era *mais carregada*, continha em si mais do que costumamos revelar de nós mesmos ao nos comunicarmos. Talvez o ímpeto com que as palavras tchecas me atingiam se devesse às lembranças do idioma búlgaro de minha primeira infância. Mas esse idioma nem sequer passava por minha cabeça, pois o esquecera completamente; quanto das línguas esquecidas permanece em nós, apesar do esquecimento, eu não era capaz de avaliar. Certo era que, naqueles dias em Praga, estava convergindo muito do que se passara comigo em diferentes períodos de minha vida. Eu absorvia os sons eslavos como componentes de uma língua que, de alguma maneira inexplicável, me tocava muito de perto.

Todavia, eu *falava* alemão com muitas pessoas — não falava outra língua, aliás —, e pessoas cujo relacionamento com esse idioma era consciente e diferenciado; em sua maioria, escritores que escreviam em alemão. Era claramente perceptível que essa língua, à qual se apegavam a despeito do poderoso pano de fundo fornecido pelo tcheco, significava para eles algo diferente do que significava para aqueles que dela faziam uso em Viena.

Auto de fé fora recentemente traduzido e publicado em tcheco. Por essa razão, eu empreendera minha viagem a Praga. Um jovem escritor, hoje conhecido pelo nome de H. G. Adler, trabalhava então numa instituição pública e havia me convidado para uma leitura. Uns cinco anos mais moço do que eu, Adler pertencia a um grupo literário de fala alemã pelo qual, em rodízio, meu romance transitava. Membro mais ativo do grupo, fora ele quem cuidara de todos os detalhes da leitura. Também foi meu guia, conduzindo-me pela cidade, preocupado em não permitir que nenhuma das belezas de Praga me escapasse.

Adler distinguia-se por um grande idealismo. Ele, que logo depois se tornaria em tão grande medida uma vítima daqueles tempos malditos, parecia absolutamente *deslocado* em relação à sua época. Dificilmente se poderia conceber, em qualquer parte da Alemanha, a existência de um homem mais marcado pela tradição literária alemã. Mas Adler estava em Praga, lia e falava tcheco com facilidade, respeitava a literatura e a música tchecas e explicava-me todas as coisas que eu não entendia, de uma maneira que as tornava atraentes para mim.

Não pretendo aqui enumerar as maravilhas de Praga, que são bem conhecidas de todos. Seria quase indecente de minha parte falar de praças, igrejas, palácios, ruas, pontes e um rio na companhia dos quais outras pessoas passaram toda uma vida, e dos quais sua obra está embebida. Nada disso descobri por mim mesmo: tudo me foi mostrado. O direito a falar dessas confrontações, só o teria aquele que as concebeu e possibilitou. Esse mesmo jovem escritor, porém, incapaz de satisfazer-se com as surpresas que engendrou para mim, fazia-me incansáveis perguntas ao longo de nossos passeios, cheio de curiosidade. Tive prazer em respondê-las: falei a ele de muitas pessoas, opiniões, juízos e preconceitos presentes em minha vida.

Mas Adler pressentiu também o quanto significava ouvir *por mim mesmo*, ouvir as mais diversas pessoas falando uma língua que eu não entendia, sem que me fosse imediatamente traduzido o que elas diziam. Para ele, era provavelmente uma novidade que alguém pudesse estar interessado no efeito provocado por palavras incompreendidas. A ação destas é de um caráter totalmente singular, não comparável àquela que a música exerce sobre nós, pois nos sentimos *ameaçados* por palavras que não compreendemos; em nossa mente, nós as reviramos de um lado e de outro, procurando embotá-las, mas elas se repetem, tornando-se mais ameaçadoras em sua repetição. Adler teve o tato de deixar-me sozinho por horas, um tanto preocupado com a possibilidade de que eu pudesse me perder e, certamente, não sem lamentar que nossas conversas fossem, assim, interrompidas. Mais tarde, com intensa curiosidade, pedia que eu lhe contasse sobre as coisas que haviam me despertado a atenção. Que me fosse difícil não lhe contar tudo, eis um sinal de minha grande simpatia por ele.

MORTE DA MÃE

Encontrei-a dormindo, os olhos fechados. Emaciada, pele pálida somente, assim jazia ela — profundos buracos negros em vez de olhos, negros buracos imóveis onde antes brincavam suas suntuosas narinas. A fronte parecia mais estreita, enco-lhida de ambos os lados. Eu esperara deparar com seu olhar, e senti como se ela tivesse fechado os olhos para mim. Diante da recusa destes, procurei por seus traços mais característicos, as grandes narinas e a fronte portentosa, mas esta não mais pos-suía qualquer amplidão, nada mais abarcava, e a ira das narinas perdera-se na própria negrura.

Assustei-me, mas imbuído ainda de *sua* velha força; tomou--me a desconfiança de que ela estava se escondendo de mim. Não quer me ver, não esperava que eu viesse. Pressente minha presença e finge estar dormindo. Ia-me pela mente o que ela própria teria pensado em meu lugar, pois eu era ela, conhecía-mos os pensamentos um do outro — eram um só.

Eu lhe trouxera rosas, um perfume ao qual ela jamais resis-tia. Aspirara-o no jardim de sua infância, em Ruschuk; quan-do, nos bons tempos, zombávamos de suas narinas — enormes como as de nenhum outro ser humano —, dizia que haviam ficado grandes daquele jeito porque, quando criança, ela as dilatara para sentir o perfume das rosas. A lembrança mais antiga que guardava era a de estar deitada em meio às rosas e, então, chorar porque a levavam de volta para dentro de casa, onde o perfume se desvanecia. Posteriormente, ao deixar a casa e o jardim do pai, provara cada perfume à procura do verda-deiro; suas narinas haviam crescido e permanecido grandes por causa dessa prática.

Quando abriu os olhos, eu lhe disse: "Trouxe isto de Ruschuk para você". Ela me olhou incrédula; não duvidava de minha presença, mas sim do que eu dissera acerca da procedência das rosas. "Do jardim", acrescentei — havia apenas um jardim. Ela me levara até lá, respirara fundo e com frutas me consolara das ofensas de meu avô. Agora, eu lhe estendia as rosas; ela absorveu seu cheiro, o quarto ficou impregnado dele. Disse-me, então: "É este o cheiro. Elas vêm do jardim". Entregou-se a minha história, aceitando também minha presença — eu era parte da nuvem de perfume —, sem perguntar por que eu estava em Paris. Seu rosto era novamente o das narinas insaciáveis. Bem maiores, seus olhos fitavam-me. Ela não disse: Eu não quero ver você! O que você está fazendo aqui? Eu não o chamei! Eu me aninhara furtivamente no perfume que ela reconhecera. Não fez perguntas, entregou-se totalmente àquele aroma; para mim, era como se sua fronte se expandisse e suas inequívocas palavras estivessem já a caminho — palavras duras, que eu esperava e temia. Podia ouvir sua amarga repreensão, como se ela a tivesse pronunciado novamente: Vocês se casaram. Você não me disse nada. Mentiu para mim.

Ela não quisera me ver. Quando Georg, alarmado com o estado de saúde da mãe, telegrafou-me avisando que eu deveria vir imediatamente, interrompi minha estada em Praga, onde estava havia oito dias, e regressei rapidamente a Viena, de onde fui para Paris. A preocupação de Georg era, então, como faríamos para que eu pudesse novamente apresentar-me perante os olhos dela. Para ele, o mais importante era diluir o que, ultimamente, recrudescera nela, ocupando seus pensamentos e atormentando-a, e evitar a todo custo uma explosão de raiva, o que mesmo no estado debilitado em que ela se encontrava, ele temia que ocorresse.

Quando, ao chegar, expliquei a Georg o que pretendia fazer — que levaria "rosas do jardim de Ruschuk" para ela e que ela *acreditaria* em mim —, ele ficou em dúvida: "Você se atreveria? Vai ser a sua última mentira!". Contudo, ele não tinha ideia melhor a oferecer; assim que sentiu que eu não queria somente superar a resistência dela à minha visita, mas sim trazer-lhe de volta o perfume das rosas, pelo qual ela tanto ansiava, Georg cedeu — um tanto envergonhado e, talvez, convertido também à minha causa. Não queria, porém, estar presente à cena, por medo de perder a confiança dela, caso meu plano falhasse e a ira dela despertasse, redobrada.

Ela mantinha as flores sobre o rosto, como uma máscara, e seus traços pareciam-me expandir-se, revigorar-se. Acreditava em mim, como no passado — pusera de lado suas dúvidas; sabia quem eu era, mas seus lábios não pronunciaram qualquer palavra hostil. Não me disse: Você fez uma longa viagem. Foi por isto que veio? Lembrei-me, porém, de algo que outrora ela me contara repetidas vezes. Antes de subir na amoreira, onde costumava ler, ela passava rapidamente por entre as rosas. Era sob o signo destas que lia, o perfume perdurando nela e saturando o que quer que estivesse lendo. Assim, era capaz de suportar os piores horrores; ainda que morresse de medo, não se sentia ameaçada.

Em nossa pior época, eu a censurara por isso. Dissera-lhe que, para mim, tudo o que ela havia lido sob tal narcose não tinha valor algum, que seu medo não fora medo algum e que tampouco era horror, o horror que aquele perfume suportara. Eu jamais havia retirado aquelas palavras duras. Talvez fosse isso o que, agora, havia me conduzido à ideia de meu ardil.

E, no entanto, o que ela me disse foi: "Você não está cansado da viagem? Vá descansar um pouco!". Ela se referia à viagem mais longa desde Ruschuk não à de Viena até Paris, e eu lhe assegurei que não estava nem um pouco cansado, que não queria já me separar dela novamente. Talvez ela imaginasse que eu viera apenas para trazer-lhe a mensagem de Ruschuk e que prontamente desapareceria de novo. Talvez tivesse sido melhor assim. Eu não calculara que, uma vez tendo deparado comigo e me reconhecido, alguma outra coisa em minha pessoa pudesse perturbá-la e que, em seu estado, ela não suportaria ter gente a seu lado por muito tempo. Pouco depois, ela me disse: "Sente--se mais longe de mim!". Afastei para mais longe da cama a cadeira na qual acabara de me sentar, mas ela prosseguiu dizendo: "Mais! Mais!". Afastei-me um pouco mais, mas não era ainda o bastante para ela. Fui me afastando até o canto do pequeno quarto e, então, compreendi que ela queria ficar em silêncio, e por isso me queria distante. Ao entrar no quarto, Georg percebeu pela posição das rosas que ela as aceitara, e, por seus traços, que recobrara o ânimo. Viu-me, então, sentado no canto, distante da cama, e ficou surpreso por eu estar *sentado* e por estar sentado *ali*. "Você não prefere ficar em pé?", perguntou-me, mas ela balançou negativamente a cabeça, quase que com violência. "E por que não se senta mais próximo da cama?", acrescentou ele, e ela mal o deixou concluir a pergunta, respondendo em meu lugar: "Ali é melhor".

Ela queria Georg a seu lado; próximo dela, ele se pôs a executar uma série de tarefas cujo sentido nem sempre me era claro. Eram coisas que ela esperava que fizesse, em uma ordem rigorosa, e que a fizeram esquecer tudo o mais. Não tinha mais sequer consciência da minha presença: naquele momento, ter-lhe-ia sido indiferente se eu tivesse partido. Debilitada como parecia estar, antecipava muitos dos movimentos dele, como que a lembrá-lo da sequência a obedecer em suas tarefas. Georg umedeceu-lhe as mãos e a testa e ajeitou-a um pouco mais alto na cama. Aproximou um copo de sua boca, e ela voluntariamente tomou um gole. Esticou, então, a roupa de cama e tentou tirar-lhe as rosas da mão. Talvez quisesse libertá-la delas, talvez pensasse em pô-las na água, mas ela não soltou as rosas, lançando a Georg um olhar penetrante, como antigamente. Georg sentiu a veemência da reação e alegrou-se com a energia de que ela havia se nutrido. Ele a observava havia semanas e temia pelo declínio de suas forças. Deixou que ela ficasse segurando as flores sobre a coberta; ocupavam bastante espaço e eram tão importantes quanto ele. Durante todo esse tempo, eu ficara relegado ao meu canto e duvidava de que ela estivesse consciente de minha presença.

De repente, ouvi-a dizer a Georg: "Seu grande irmão está aqui. Veio de Ruschuk. Por que vocês não se cumprimentam?". Georg olhou para o meu canto, como se só agora me tivesse notado. Veio a meu encontro, eu me levantei, e nós nos abraçamos. Abraçamo-nos de fato, não ligeiramente como antes, quando da minha chegada. Mas ele permaneceu mudo, e eu a ouvi dizer: "Por que você não pergunta nada a ele?". O que ela esperava era uma conversa sobre a minha viagem, sobre a visita ao jardim. "Fazia muito tempo que ele não ia até lá", ela disse, e Georg, que não gostava de invenções, embarcou relutante na minha história: "Vinte e dois anos. Desde a Primeira Guerra Mundial" . Ele queria dizer que, desde minha visita em 1915, eu nunca mais estivera em Ruschuk. Naquela ocasião, minha mãe mostrara-me novamente o jardim de sua infância; seu pai já não estava mais vivo, mas a amoreira estava lá; no pomar, logo atrás, os damascos estavam amadurecendo.

Os olhos dela se fecharam, e, enquanto eu e Georg estávamos ainda em pé, um ao lado do outro, ela pegou no sono. Depois que Georg se certificou de que ela dormira por um bom tempo, nós nos retiramos para a sala de estar, e ele falou-me sobre o estado de saúde dela, afirmando que não havia nada que pudesse salvá-la. Muitos anos antes, quando éramos ainda crianças, ela pensara estar doente dos pulmões; algum tempo depois, a doença tornara-se realidade. Por causa dela, Georg — à época, um jovem médico de 26 anos —, especializara-se em doenças do pulmão. Dia e noite, a cada momento livre, estivera ao lado da mãe. Ainda estudante, adoecera ele próprio de tuberculose: na opinião dos amigos, ela o contagiara. Passara então alguns meses em um sanatório nas montanhas perto de Grenoble, lá trabalhando como médico; depois, ao receber alta, regressara, dedicando-se novamente a cuidar da mãe.

O temor de Georg eram as dificuldades respiratórias dela, que havia anos sofria de asma. Ao longo do último mês, o estado de saúde dela piorara tão rapidamente que Georg acabou por tomar a decisão de me chamar. Percebia o significado de tal confronto, que poderia ter consequências perigosas, mas para ele o mais importante era a ideia de uma reconciliação. Naquele momento, esta parecia ter sido bem-sucedida. Embora conhecesse bem as bruscas mudanças de humor dela, e não se pudesse com segurança excluir a possibilidade de uma explosão tardia e terrível, Georg viu com alívio o meu bom começo e, para minha surpresa, não me repreendeu — nem mesmo quando estávamos a sós — por eu não ter estado no jardim de meu avô, enganando-a com rosas de Paris. "Ela continua acreditando em você", disse-me, "da mesma forma como você sempre acreditou nela. É isso o que une vocês dois. Vocês têm o poder de matar um ao outro. Você tinha seus motivos para proteger Veza contra ela. Eu compreendo. Mas eu presenciei o efeito que tudo isso teve sobre ela. Por isso não posso perdoá-lo. Mas isso não importa agora. Para ela, você veio do lugar que não lhe sai do pensamento."

Não havia lugar para mim na casa pequena e barulhenta da Rue de la Convention. Eu dormia fora e vinha visitá-la várias vezes ao dia. Ela não suportava ver-me por muito tempo, mas o mesmo acontecia com qualquer visita mais longa. Constantemente, eu precisava deixar o quarto e ficar esperando do lado de fora.

Não me aproximava muito da cama. Seus olhos haviam ganhado em tamanho e brilho; assim que os via, a cada manhã, sentia-me possuído por aquele olhar. A respiração rareava, mas o olhar tornava-se mais forte. Quando não queria ver, ela não desviava os olhos, fechava-os. Observava-me até me odiar. Então, dizia: "Vá!". Dizia-o certo número de vezes por dia, e quando o fazia era porque estava decidida a punir-me. Isso me magoava, ainda que eu estivesse consciente de seu estado de saúde e compreendesse que estava ali para ser punido e humilhado — era o que ela, agora, precisava de mim. Eu ficava esperando no cômodo vizinho até que a enfermeira entrasse e sinalizasse, com um gesto de cabeça, que ela perguntara por mim. Então, eu entrava no quarto, e ela me dirigia um olhar que me prendia com tal força que eu temia pudesse lhe ser estafante demais; o olhar tornava-se mais vasto e forte, ela não dizia palavra, até que, de súbito, tornava a murmurar: "Vá!". Era como se eu estivesse, para todo o sempre, condenado a permanecer longe de sua vista. Curvava-me ligeiramente, um condenado consciente de sua culpa, e saía. Embora tivesse certeza de que ela perguntaria novamente por mim, de que logo voltaria a me chamar, eu levava a sério aquela ordem, não me habituava a ela e, a cada vez, recebia-a como uma nova punição.

Ela emagrecera muito. Tudo o que lhe restava de vida concentrara-se nos olhos; pesados da injustiça que eu lhe perpetrara. Era apenas para dizê-lo que olhava para mim; eu me fixava em seu olhar, suportava-o, queria suportá-lo. Não havia raiva nele, mas sim o tormento de todos os anos em que eu não a deixei por um minuto sequer. Para desvencilhar-se de mim, ela se sentira doente, fora a médicos, viajara para lugares distantes, para as montanhas, para o mar, para qualquer parte onde eu não estivesse, e lá levara sua vida, ocultando-a de mim nas cartas; por minha causa, acreditara estar doente e, anos depois, adoecera de fato. Era isso que ela, agora, me apresentava, e estava tudo em seus olhos. Então, cansava-se e dizia: "Vá!". E, enquanto esperava no cômodo ao lado, um falso penitente, eu escrevia àquela cujo nome seus lábios não pronunciavam, compartilhando com Veza a confiança que devia a minha mãe.

Depois de dormir um pouco, ela novamente exigia minha presença, como se eu tivesse acabado de chegar de viagem. Seu olhar, que no sono recarregara-se das coisas do passado, dirigia-se novamente a mim, dizendo-me, silente, que eu a abandonara, enganara e magoara por causa de um outro ser humano.

Quando Georg estava presente, porém, seus afazeres todos demonstravam-me como tudo deveria ter sido. Georg não se ligara a ninguém. Existia apenas para ela, servindo-a a cada movimento; tudo que fazia só podia ser bom, pois era feito por ela. Ao sair do quarto, pensava já no momento do retorno para junto da mãe. Tornara-se médico por causa dela e trabalhara no hospital para adquirir experiência acerca de sua enfermidade. Condenava-me como ela o fazia, mas por si próprio: ela não o incumbira de fazê-lo. O irmão mais moço era o que o mais velho deveria ter sido: renunciara a uma vida própria, estivera

332

sempre pronto a servir à mãe e até mesmo adoecera como ela, quando o fardo se tornou pesado demais para ele. Havia ido às montanhas respirar o ar da vida, mas apenas para poder retornar e cuidar dela. Não tinha tanto quanto eu a lhe agradecer, pois eu é que nascera integralmente de seu espírito; mas eu falhara, deixara-me iludir por um punhado de quimeras, permanecera em Viena, vendera a alma àquela cidade; então, quando finalmente criei algo de valor, revelou-se que era dela a criação: *ela*, e não minhas quimeras, a ditara para mim. Portanto, toda a infelicidade teria sido desnecessária: eu poderia trilhar o meu caminho ao lado dela e chegaria ao mesmo resultado.

Tal é a força do moribundo que se defende do sobrevivente, e é bom que assim seja, que o direito do mais fraco se imponha. Àqueles que não somos capazes de proteger deve ser permitido que nos acusem por nada termos feito para salvá-los. Em sua repreensão está embutida a insolência que eles nos legam: o delírio divino de acreditar que conseguiríamos vencer a morte. Aquele que nos mandou a serpente, o tentador, os chama de volta. A pena já foi suficiente. Vossa é a árvore da vida. Vós não morrereis.

Para mim, é como se tivéssemos seguido o caixão a pé, atravessando a cidade inteira no trajeto até o Père Lachaise.

Eu sentia uma enorme insolência em mim e queria dizê-lo a todos que perambulavam pela cidade naquele dia. Sentia orgulho, como se estivesse sozinho ao lado dela, lutando contra tudo e contra todos. Para mim, pessoa alguma era tão boa quanto ela. "Boa" foi o que pensei, mas não no sentido daquilo que ela nunca fora; "boa", sim, porque mesmo morta seguiria vivendo. À minha direita e à minha esquerda iam meus dois irmãos. Não sentia qualquer diferença entre mim e eles; enquanto caminhávamos, éramos um — não havia mais ninguém. Todos os demais que a seguiam pareciam-me muito poucos. O cortejo deveria estender-se pela cidade inteira, tão longo quanto o caminho a percorrer. Amaldiçoei a cegueira dos que não sabiam quem estava sendo conduzida à sepultura. O tráfego não cessou; parou apenas para deixar passar o cortejo, retomando sua agitação habitual tão logo havíamos passado, como se pessoa alguma houvesse acabado de atravessar carregada num caixão. Foi um longo caminho, e por toda sua extensão perdurou em mim a insolência, como se precisássemos abrir caminho em meio àquele enorme número de pessoas; como se, à direita e à esquerda, vítimas tombassem em sacrifício a ela, nenhuma bastando, nenhuma capaz de satisfazer sua demanda: é a extensão do trajeto que dá ao funeral sua justa medida. "Vejam-na! Aqui está ela! Vocês sabiam? Vocês sabem quem jaz aqui, trancada? *Ela* é a vida. Sem ela, nada existe. Sem ela, suas casas ruirão e seus corpos minguarão."

Isso é o que ainda lembro do cortejo. Vejo-me caminhando, desafiando com sua fronte insolente a cidade de Paris. Sinto ambos os meus irmãos a meu lado. Não sei como Georg suportou o percurso. Eu o amparei? Quem o amparou? Carregava consigo o mesmo orgulho? Não vejo nesse trajeto quaisquer outros rostos e não sei quem estava presente. Com ódio, eu assistira ao fechamento do caixão; enquanto ela permaneceu na casa, era como se uma violência estivesse sendo praticada. Não foi isso o que senti durante o longo trajeto; o caixão se transformara nela própria, nada mais se interpunha à minha admiração por ela, e é desse modo que um tal ser humano tem de ser conduzido ao túmulo, a fim de que se lhe admire livre de quaisquer máculas. Meu sentimento permaneceu inalterado, não cedeu, manteve sempre a mesma intensidade; deve ter perdurado por duas ou três horas. Não havia nele qualquer traço de resignação, talvez nem mesmo de luto, pois como teria sido possível conciliar o luto com tão furiosa insolência? Eu teria sido capaz de lutar por ela, teria podido matar. Estava disposto a tudo. Não se tratava de uma paralisia, mas de querer desafiar o mundo. Com sua fronte, eu lhe abria caminho pela cidade, rodeado de pessoas cambaleantes por todos os lados, esperando pela afronta que me obrigaria a lutar por ela.

* * *

Ele queria ficar sozinho para falar com ela. Por uns dias, fiquei ao lado de Georg, para que ele nada tentasse contra si próprio. Depois, ele me pediu que o deixasse sozinho por uns dois ou três dias, para que pudesse estar com ela; era só o que ele desejava, nada mais. Confiei nele e retornei no terceiro dia. Georg não queria deixar a casa onde ela estivera doente. Sentado na mesma cadeira na qual passara as noites ao lado da cama, ele prosseguia falando. Enquanto seguia dizendo suas velhas palavras, ela estava viva para ele. Não admitia para si próprio que ela não o ouvia mais. A voz dela tornara-se muito fraca, mais baixa do que o ruído da respiração, mas ele a ouvia e prosseguia falando. Contava-lhe sobre o seu dia, sobre as pessoas, os professores, amigos, sobre os transeuntes na rua, pois ela sempre queria saber tudo. Contava-lhe do mesmo modo como fazia outrora, quando chegava do trabalho; agora, não ia a lugar algum, mas mesmo assim tinha o que contar. Não se recriminava por estar inventando coisas para dizer a ela, pois toda sua invenção era um lamento — quieto, uniforme, contínuo —, porque em breve, talvez, ela não mais o ouviria. Georg não queria que aquilo tudo tivesse um fim; seus afazeres todos prosseguiam nas palavras. Suas palavras a despertavam, e ela, que havia sufocado, podia novamente respirar. Quando suplicou a ela que respirasse, a voz dele era baixa e fervorosa, como antes. Não chorou, para não perdê-la por um só momento; quando estava sentado naquela cadeira, tendo-a diante de si, ele não se permitia nada que pudesse resultar em alguma perda para ela. A súplica não teve fim; eu ouvia aquela voz, desconhecida para mim, alta e límpida como a de um evangelista; não deveria ouvi-la, pois ele queria ficar só, mas a ouvia porque me preocupava em saber se deveria mesmo deixá-lo sozinho, como era seu desejo; examinei-a longamente antes de tomar uma decisão — durante todos esses anos, ela permaneceu em meus ouvidos. Como examinar uma voz? O que medir? Em que confiar? Ouve-se o seu falar baixinho com a morta, a quem jamais abandonará, até que possa segui-la; fala-lhe como se ainda tivesse o poder de detê-la, poder que pertence a ela, e a ela o entrega — ela precisa senti-lo. A voz dele soa como se fosse cantar baixinho para ela, não a respeito de si próprio, não um lamento, mas somente a respeito dela — só ela sofreu, só a ela é permitido lamentar-se; mas ele a consola, suplica, promete-lhe a cada momento que ela está ali, ela apenas, a sós com ele e ninguém mais; todos a incomodam, por isso ele quer que eu os deixe a sós por dois ou três dias, e, embora esteja enterrada, ela jaz ali, na cama onde esteve doente; em suas palavras, ele a busca, e ela não pode deixá-lo.

ELIAS CANETTI nasceu em 1905 em Ruschuk, na Bulgária, filho de judeus sefardins. Sua família estabeleceu-se na Inglaterra em 1911 e em Viena em 1913. Aí ele obteve, em 1929, um doutorado em química. Em 1938, fugindo do nazismo, trocou Viena por Londres e Zurique. Recebeu em 1972 o Prêmio Büchner, em 1975 o Prêmio Nelly-Sachs, em 1977 o Prêmio Gottfried-Keller e, em 1981, o prêmio Nobel de literatura.

Além da trilogia autobiográfica composta por *A língua absolvida*, *Uma luz em meu ouvido* e *O jogo dos olhos*, já foram publicados no Brasil, de sua autoria, os romances *Auto de fé*, *As vozes de Marrakech* e o ensaio *Massa e poder*, este último pela Companhia das Letras.

COMPANHIA DE BOLSO

Jorge AMADO
Capitães da Areia

Hannah ARENDT
Homens em tempos sombrios

Philippe ARIÈS, Roger CHARTIER (Orgs.)
*História da vida privada 3 — Da Renascença
ao Século das Luzes*

Karen ARMSTRONG
Em nome de Deus
Uma história de Deus

Paul AUSTER
O caderno vermelho

Marshall BERMAN
Tudo que é sólido desmancha no ar

Jean-Claude BERNARDET
Cinema brasileiro: propostas para uma história

David Eliot BRODY, Arnold R. BRODY
*As sete maiores descobertas científicas
da história*

Bill BUFORD
Entre os vândalos

Jacob BURCKHARDT
A cultura do Renascimento na Itália

Peter BURKE
Cultura popular na Idade Moderna

Italo CALVINO
O barão nas árvores
O cavaleiro inexistente
Fábulas italianas
Um general na biblioteca
Por que ler os clássicos

Elias CANETTI
O jogo dos olhos
A língua absolvida
Uma luz em meu ouvido

Bernardo CARVALHO
Nove noites

Jorge G. CASTAÑEDA
Che Guevara: a vida em vermelho

Ruy CASTRO
Chega de saudade
Mau humor

Louis-Ferdinand CÉLINE
Viagem ao fim da noite

Jung CHANG
Cisnes selvagens

Catherine CLÉMENT
A viagem de Théo

J. M. COETZEE
Infância

Joseph CONRAD
Coração das trevas
Nostromo

Robert DARNTON
O beijo de Lamourette

Charles DARWIN
*A expressão das emoções no homem e nos
animais*

Jean DELUMEAU
História do medo no Ocidente

Georges DUBY (Org.)
*História da vida privada 2 — Da Europa
feudal à Renascença*

Mário FAUSTINO
O homem e sua hora

Rubem FONSECA
Agosto
A grande arte

Meyer FRIEDMAN, Gerald W.
FRIEDLAND
As dez maiores descobertas da medicina

Jostein GAARDER
O dia do Curinga
Vita brevis

Jostein GAARDER, Victor HELLERN,
Henry NOTAKER
O livro das religiões

Fernando GABEIRA
O que é isso, companheiro?

Luiz Alfredo GARCIA-ROZA
O silêncio da chuva

Eduardo GIANNETTI
Auto-engano
Vícios privados, benefícios públicos?

Edward GIBBON
Declínio e queda do Império Romano

Carlo GINZBURG
Os andarilhos do bem
O queijo e os vermes

Marcelo GLEISER
A dança do Universo

Tomás Antônio GONZAGA
Cartas chilenas

Philip GOUREVITCH
Gostaríamos de informá-lo de que amanhã
seremos mortos com nossas famílias

Milton HATOUM
Cinzas do Norte
Dois irmãos
Relato de um certo Oriente

Eric HOBSBAWM
O novo século

Albert HOURANI
Uma história dos povos árabes

Henry JAMES
Os espólios de Poynton
Retrato de uma senhora

Ismail KADARÉ
Abril despedaçado

Franz KAFKA
O castelo
O processo

John KEEGAN
Uma história da guerra

Amyr KLINK
Cem dias entre céu e mar

Jon KRAKAUER
No ar rarefeito

Milan KUNDERA
A arte do romance
A identidade
A insustentável leveza do ser
O livro do riso e do esquecimento
A valsa dos adeuses

Primo LEVI
A trégua

Danuza LEÃO
Na sala com Danuza

Paulo LINS
Cidade de Deus

Gilles LIPOVETSKY
O império do efêmero

Claudio MAGRIS
Danúbio

Naghib MAHFOUZ
Noites das mil e uma noites

Javier MARÍAS
Coração tão branco

Ian McEWAN
O jardim de cimento

Heitor MEGALE (Org.)
A demanda do Santo Graal

Evaldo Cabral de MELLO
O nome e o sangue

Patrícia MELO
O matador

Luiz Alberto MENDES
Memórias de um sobrevivente

Jack MILES
Deus: uma biografia

Ana MIRANDA
Boca do Inferno

Vinicius de MORAES
Livro de sonetos
Antologia poética

Fernando MORAIS
Olga

Toni MORRISON
Jazz

Vladimir NABOKOV
Lolita

V. S. NAIPAUL
Uma casa para o sr. Biswas

Friedrich NIETZSCHE
Além do bem e do mal
Ecce homo
Genealogia da moral
Humano, demasiado humano
O nascimento da tragédia

Adauto NOVAES (Org.)
Ética
Os sentidos da paixão

Michael ONDAATJE
O paciente inglês

Malika OUFKIR, Michèle FITOUSSI
Eu, Malika Oufkir, prisioneira do rei

Amós OZ
A caixa-preta

José Paulo PAES (Org.)
Poesia erótica em tradução

Georges PEREC
A vida: modo de usar

Michelle PERROT (Org.)
História da vida privada 4 — Da Revolução Francesa à Primeira Guerra

Fernando PESSOA
Livro do desassossego
Poesia completa de Alberto Caeiro
Poesia completa de Álvaro de Campos
Poesia completa de Ricardo Reis

Ricardo PIGLIA
Respiração artificial

Décio PIGNATARI (Org.)
Retrato do amor quando jovem

Edgar Allan POE
Histórias extraordinárias

Antoine PROST, Gérard VINCENT (Orgs.)
História da vida privada 5 — Da Primeira Guerra a nossos dias

Darcy RIBEIRO
O povo brasileiro

Edward RICE
Sir Richard Francis Burton

João do RIO
A alma encantadora das ruas

Philip ROTH
Adeus, Columbus
O avesso da vida

Elizabeth ROUDINESCO
Jacques Lacan

Arundhati ROY
O deus das pequenas coisas

Murilo RUBIÃO
Murilo Rubião — Obra completa

Salman RUSHDIE
Haroun e o Mar de Histórias
Os versos satânicos

Oliver SACKS
Um antropólogo em Marte
Vendo vozes

Carl SAGAN
Bilhões e bilhões
Contato
O mundo assombrado pelos demônios

Edward W. SAID
Orientalismo

José SARAMAGO
O Evangelho segundo Jesus Cristo
O homem duplicado
A jangada de pedra

Arthur SCHNITZLER
Breve romance de sonho

Moacyr SCLIAR
A majestade do Xingu
A mulher que escreveu a Bíblia

Amartya SEN
Desenvolvimento como liberdade

Dava SOBEL
Longitude

Susan SONTAG
Doença como metáfora / AIDS e suas metáforas

I. F. STONE
O julgamento de Sócrates

Keith THOMAS
O homem e o mundo natural

Drauzio VARELLA
Estação Carandiru

John UPDIKE
As bruxas de Eastwick

Caetano VELOSO
Verdade tropical

Erico VERISSIMO
Clarissa
Incidente em Antares

Paul VEYNE (Org.)
História da vida privada 1 — Do Império Romano ao ano mil

XINRAN
As boas mulheres da China

Ian WATT
A ascensão do romance

Edmund WILSON
Os manuscritos do mar Morto
Rumo à estação Finlândia

Simon WINCHESTER
O professor e o louco